U0647922

音爲樂所以樂

「四感三層」理念下的音樂課堂

高峯 著

序一

日前，我拿到了高峰老师《音为爱　所以乐——“四感三层”理念下的音乐课堂》的书稿，顿时在我的眼前映现出一群可亲可爱、朝气蓬勃的年轻音乐教师身影，他们是西湖音乐教育辛勤的耕耘者。书中看到的“西湖音乐课堂”是那么的熟悉、那么的亲切！高峰老师嘱我为书写个序，我欣然应允。

高峰老师的《音为爱　所以乐——“四感三层”理念下的音乐课堂》是一本聚焦核心素养及其培育，从音乐艺术的特征和学生音乐学习的普遍规律的角度，探索中小学音乐课堂教学改革，体现杭州市西湖区音乐教育特色，具有理论性和实践性的专著。

该书提出“四感三层”多感官体验的音乐教学理念，是基于音乐学习的规律和中小学生音乐学习的特点，根据美国心理教育学家詹里姆·布鲁诺提出的“多感官参与学习比单一感官参与学习效果要好，视听并用以及更多感官参与学习的实践活动的学习效果明显提高”的理论，提出音乐课堂教学中应将学生的被动学习活动转换为主动学习活动，以节奏先行、旋律行进、和声融合及音色和谐为导向，以整体感知、多感官体验/局部探究、多层次展开/多元综合、全方位表现为路径，通过无意识体验、有意识表达，与音乐本体建立联系，运用多种感官体验、感知和表现音乐的方式，培养学生的乐感，丰富他们的音乐经验，从而全面提高他们的音乐素养。

书中的音乐课堂教学范例是借鉴了国内外先进的音乐教育思想和教学经验，立足于当前和本区的音乐课堂教学实际，运用了理论指导实践所形成的具有西湖区特色的典型音乐课堂教学课例，这些优秀音乐教学范例所具有的特色在欣赏、歌唱、器乐等不同的教学领域中又有不同的体现。如歌唱教学范式的歌唱性、音准性和层次性，欣赏教学范式的聆听性、结构性和思维性，器乐教学范式的演奏性、技巧性与合作性，综合教学范式的综合性、多元性与融合性。本书还列举了在探索音乐课堂教学策略方面的优秀课例，如对主体开放性策略、重复变化性策略、精教泛教式策略、合作教学式策略进行了具体的阐述和举例。主体开放性策略强调音乐课堂以开放式教育活动为途径，以教育效果最优为最终归宿，关注学生的“学习权”。通过自主性探究、选择性开放、多感官体验、全方位合作、立体化综合等策略实现一个开放型的课堂。这些优秀的案例均具有理论性、实践性、可操作性和应用价值。

从该书中我们可以看到逐渐形成的“西湖音乐课堂”教学特色。例如：教师在解读教材文本时，不仅从音乐的角度分析作品的文化特点与内涵，还以人文的视角分析作品的音乐特点与规律，并用创新的视角提出个性化的独特见解，从而在音乐课堂的教学实践中实现人文性与音乐性的统一。又如：老师们认为音乐课堂的教学如果没有以学生为主体的主导是没有课堂生命力的，而失去主导的主体是没有学习的方向和目标的。因此在如何既有效发挥学生学习的主体性，又能体现教师的主导性，或是如何在教师的主导下体现学生的主体性方面进行了积极的探索，形成良好的教与学的平衡。

“西湖音乐课堂”的教学既面向全体学生，又关注音乐活动中不同学生音乐潜能的开发，是把全体学生的普遍参与和学生中不同个性发展进行了有机结合。这种音乐课堂共性与个性相统一的教学是指向人的生命成长的。“西湖音乐课堂”的教学强调目标性与生成性的统一，学习活动以目标为导向，且始终围绕实现学习目标而进行。目标的设定基于学生学习起点和音乐经验，针对同样的学习内容，不同的班级、不同的学生制定相应的学习标准和要求，使学习目标更切合教学实际。同时，在教学实践的过程中关注教学的生成性，巧妙地做出相应的调整，使学生在潜移默化中获得非预期的发展，产生意想不到的精彩。

我国基础教育设立的“教研员”制度分为省、市、县（区）三级，而县（区）教研员的工作最为关键，需要直接面对学校和教师，同时担任多项工作任务，如教学指导、观摩交流、课题研究、教材建设、专业提升、业务学习、评价测试、检查督促等。高峰老师是杭州市西湖区教育发展研究院综合部主任、西湖区中小学音乐教研员。该区有将近 90 所中小学，300 多位音乐教师，他身上的担子无疑是不轻的。他虽说是一名年轻的教研员，实际上从事音乐教育工作也有 26 年了，曾多次在省、市、区执教公开课、展示课，并荣获一、二等奖，也曾获杭州市教坛新秀、杭州市优秀教师等称号。他主持过多项省市课题，有30余篇论文在《中国音乐教育》《中小学音乐教育》等专业刊物上发表，并在全国、省、市论文评比中获奖。

高峰老师有着丰富的音乐教学经验，但他更勤于思考和研究。在这本书中，我们可以看到他善于把科学的理论研究和现实的教学实践相结合，真正做到“以研促教、以教助研”。他善于从音乐学科的特征和学生的认知的特点出发，探索音乐课堂教学的改革，真正做到“音为爱　所以乐”。他善于根据地区音乐教学的实际和音乐教师的个性特长打造具有地区特色的“西湖音乐课堂”，展现教师个人的教学风采。在他的带领和指导下，多位教师在全国、省、市优质课和论文等评比中获一、二等奖。一群爱音乐、爱音乐教育事业的青年教师在他的带领下凝聚在一起，乘风破浪，踏浪前行。

《音为爱　所以乐——“四感三层”理念下的音乐课堂》是作者和杭州市西湖区全体音乐教师在长期的教学实践和研究中形成的音乐教学思想和经验的结晶。我期待高峰老师和西湖区的音乐教师在音乐教学的改革上有更大的突破；我期望广大的一线音乐教师和教研员等音乐教育工作者在音乐实践和研究工作中，能从这本书中有所借鉴、有所启发，共同推进音乐教育事业的发展。

谨以此为序。

杭州师范大学督学、浙江省特级教师、《中小学音乐教育》编委　王家祥

2021年4月于杭州师范大学

序二

这几年我一直在思考一个问题，为什么我们在音乐课堂上投入了那么多的精力，我们一直在努力地上好每一节音乐课，但到了最后却收效甚微，孩子们的音乐素养与我们的期待相去甚远，甚至有2016年国家中小学艺术学业质量抽测中“全国有一大半的学生唱歌跑调”的耸人听闻的结论。这些结论与我们的实际感受并无多大出入：在一个班里能独立唱准歌曲的学生有几个？真正会欣赏音乐的学生又有几个？这种投入与产出严重不平衡的现象也引起众多音乐教育者的反思。当然，原因是多方面的，然而我个人觉得造成这一问题最重要的原因在于我们的教学时间非常有限，每周只有一两节音乐课。我们的音乐课往往被赋予太多的内容，要承载太多的教育要求，可结果却适得其反。但是，我们又不能无限制地增加教学时间，所以，我们要思考如何在最短的时间内达成最有效的教学，从而实现大面积提高国民音乐素质的目标。这就使得我们近年来把目光聚焦到了核心素养的培养上。大家意识到只有在最短的时间内聚焦体现核心素养的关键能力、必备品格和价值观，才能真正做到深度学习和有效教学。传统的那种面面俱到、蜻蜓点水般的教学不仅加重了学生的学习负担，而且也只能是浮光掠影或走马观花，最后来了个“落叶无痕”。

正是基于这样的思考，西湖区音乐教研团队在他们的教研员高峰老师的带领下，开展了基于“四感三层”学理的多感官体验音乐、多课型教学范式的课题研究。该课题紧紧围绕“四感”——节奏感、旋律感、和声感与音色感，把它们作为体现学生音乐素养的关键能力和音乐教学的核心内容，通过音乐学习的三个层次——无意识体验（感官层次）、有意识表达（表达层次）和与音乐本体建立联系（纯音乐层次）梯级渐进的学习顺序，运用多感官体验的方式学习音乐，通过多感官体验、探究与综合，发展学生的感性音乐经验，建立其内心听觉和音感等，在有限的教学时间内达到大面积、有效提高学生音乐基本素养的目的，并以此为研究方向，探索形成与之相适应的歌唱、欣赏、器乐、综合等多课型音乐教学范式，积累了丰富的实践经验，也形成了一套具有“西湖音乐课堂”特征的教学理论。

在课题研究的基础上，他们趁势而进，集聚智慧，将这几年的研究成果转化成了这份沉甸甸的书稿，让人在陡生敬意之余更多了一份钦佩之情。

该书不仅系统梳理和总结了西湖区教研团队这几年对“四感三层”多感官体验教学理念的践行和心路历程，还回顾了我国基础音乐教育的发展历程、“西湖音乐课堂”发展与变革历史，分析比较了有代表性的国际先进音乐教学法，研判了当代基础音乐课程改革的新动态、新要求，旗帜鲜明地提出了西湖音乐课堂的教学理念，精准提炼了“西湖音乐课堂”六大特征，让读者对“四感三层”的多感官体验教学理念的萌生、发展和成熟过程有了清晰的了解。在此基础上，该书侧重从操作层面向读者展示基于素养导向和“四感三层”多感官体验教学理念指导下的音乐教材与教学内容的再构建。值得称道的是，他们的再构建不仅使教学内容更加聚焦节奏感、旋律感、和声感与音色感这四个关键能力，脉络清晰，层次分明，而且较好地解决了当下我们使用的教材存在生活经验逻辑下音乐经验系统性不够突出的问题，使得两者很好地进行了融合和互补，对我们在教学实践中如何处理、整合、实施教学内容有较高的借鉴价值。其后三章的重点是基于素养导向和“四感三层”多感官体验教学理念指导下的音乐课堂策略、方法与路径、音乐课堂教学范式和音乐课程学习评价。阅毕，感觉干货满满，因为这些都是西湖区音乐教师在长期实践中积累的宝贵经验，如今毫无保留地分享给了大家。这部分内容不仅有具体的理论阐释，更有翔实、优秀的案例呈现，很多案例都曾在国家级、省市级层面获奖，历经千锤百炼，颇具实操性。这对于一线音乐教师而言是一个极大的福利。而这也正是我个人一直以来认为的一线专家著书与高校专家著书最大的区别。一线专家著书更多是从实践经验出发，因此会有很多来自教学一线的生动鲜活的案例，以及丰富实用的经验和方法，这也成为本书后半部分的亮点之一，相信定会受广大读者，尤其是一线音乐教师们的欢迎和喜爱。

如今，“四感三层”多感官体验教学理念已经深入西湖区全体音乐教师之心，他们的区域学科教改特色也逐渐凸显。这本凝聚了西湖音乐教育人集体智慧和心血的著作是他们的昨日之果，更是明日之路。这本书，一定也会让更多的同行受益。

“欲把西湖比西子，淡妆浓抹总相宜。”西湖以它美不胜收的魅力吸引了五湖四海的游客纷至沓来，而西湖音乐教育也正以老师们精致而有品位的课堂赢得众人的瞩目。西湖音乐教育正踏浪而歌，追梦而行！

浙江省教育厅教研室音乐教研员、浙江省特级教师　杜宏斌

2021 年 2 月

目录

一群人的音乐之船

1=♭B 4/4 ♩=108

词 高峰
曲 高峰

小朋友：一只鸡二会飞，三个铜板买来滴，四川带来滴，

五颜六色滴，七高八低滴，酒里浸过滴，实在没有滴。

妈妈：西西，你哪里听来滴？

小朋友：我们老师教我滴！

有 那么一群人， 热爱音乐热爱教育 热爱孩子， 扎根西湖
就是 那么一群人， 深耕课堂畅游乐海 抚慰心灵， 谱写西湖

教育的土 壤。 有 那么一群人， 唱念坐打吹拉弹唱 技艺非凡，
音乐新篇 章。 唯有 这一群 人， 坚守信念怀揣理想 未来可期，

散发音乐 教师的光 芒。 西湖教育 踏浪而 行，
创造西湖 音乐 新 辉 煌。

音乐之船 乘风破浪， 船的力量在 帆 上， 人的力量 在 心上。

西湖教育 踏浪而行，音乐之船 乘风破浪，音乐的力量在 情

上，教育的力量 在 美 上。 我们就是那一群 可

爱 的 西湖音乐 教育人。

一群人的音乐之船 1　一群人的音乐之船 2

第一章

我国音乐教育历史与课堂教学概述

电能，开启人类的光明，

数能，开启数字经济时代，

乐能，开启美好的人生。

——高峰

第一节‖ 我国音乐教育发展轨迹

中国作为文明古国，素有“礼乐之邦”的美誉。此所谓之“礼乐之邦”，即包括音乐教育活动在内的文化教育。从上古时期的“祭祀活动”到夏商周时期的“礼乐教育”，到春秋战国时期官学和私学中的音乐教育及孔孟的“乐教”，礼、乐、射、御、书、数成为读书人必须学习的六种技艺（其中的乐即为乐舞），再到秦汉时期的“汉乐府”和琴学教育，魏晋时期的清商乐和宫廷雅乐，隋唐及宋元时期的宫廷音乐教育，然后到明清时期的琴乐和戏曲音乐教育。[①] 在上千年的漫漫历史长河中，音乐教育基本以宫廷、私塾和个别传授的形式存在着，并为我国古代的音乐教育做出了重要贡献。此时的音乐教育更多地与祭祀、礼教、宫廷等活动相结合，与现今的音乐教育大相径庭。伟大的思想家、教育家孔子曰：“兴于诗，立于礼，成于乐。”他在易学中明确提出了“美在其中”“见仁见智”等著名美学命题。孔子认为，一个完人应该在诗、礼、乐方面修身成性。乐是各种美育教育形式的总称，内涵极其广泛，与诗歌舞曲密切结合。乐的作用表现在对个人而言可以陶冶情操、净化心灵，对社会而言可以移风易俗、改造社会。其思想核心为“美”和“善”的统一，在思想内容上要善，在艺术形式上要美，形式与内容要和谐统一。[②]

到了近现代，清朝末期在教育事业方面，我国主要采纳、接受以李鸿章的幕僚冯桂芬和洋务运动后期的张之洞为代表的洋务派主张的“中学为体，西学为用”的思想。[③] 而以康有为为代表的维新派在《大同书》[④] 中对从婴幼儿到大学教育都有具体设想。如婴幼儿以“养儿体，乐儿魂，开儿知识为主”，并提出“婴儿能歌，则教仁慈爱物之旨以为歌，使之浸渍心目中”；小学院阶段倡导“儿童好歌，当编古今仁智之事令为歌诗，俾其习与性成”；在中学院阶段“养体开智之外，又以育德为重，可以学礼习乐矣”。这些均不同程度地提到了音乐教育的重要性。

民国时期，蔡元培先生发表了《对于新教育之意见》[⑤] 一文，提出了五育之军国

① 修海林．中国古代学校音乐教育［M］．上海：上海教育出版社，2010.
② 孙培青．中国教育史［M］．上海：华东师范大学出版社，2000：29–49.
③ 伍雍谊．中国近现代学校音乐教育（1840—1949）［M］．上海：上海教育出版社，2010：5–6.
④ 舒新城．中国近代教育史资料下册［M］．北京：人民教育出版社，1981：899–908.
⑤ 高平叔．蔡元培教育论著选［M］．北京：人民教育出版社，1991：1–7.

民教育、实利主义教育、公民道德教育、世界观教育和美感教育，并倡导“五育并重”“美育救国”等主张，提出将美感教育列入学校教育。这在我国教育史上具有重大意义，并对中国早期音乐教育给予了很大的支持。其中萧友梅是坚实的拥护者，他不仅为我国音乐教育出谋划策，并亲自编撰了多种音乐教材。[①]

中国共产党领导下的革命根据地工农民主政权的教育思想以共产主义思想为核心。在抗日战争和解放战争时期，课外音乐教育活动的实践性成果要远大于课堂教学，音乐人才的培养也在此类活动中进行。如陕甘宁边区的抗日歌咏，晋察冀边区的歌剧社、鼓乐社等。尤其是 1938 年 4 月成立的鲁迅艺术学院，成为革命根据地新文艺运动和艺术教育的核心，其教育思想和实践成果对包括音乐教育在内的各类艺术教育活动均有影响。[②]1949 年 10 月 1 日中华人民共和国成立后，我国开始改造旧的教育体制，并逐步完善新的教育体制。20 世纪 50 年代革命群众性歌咏活动异常活跃，民间音乐受到人们喜爱，苏联的音乐和音乐教育理论得到传播。在教育领域，清华大学、浙江大学、上海交通大学等高校的音乐教育逐步恢复，音乐课外活动也十分红火。1980 年后，沈阳、西安、武汉、四川等音乐艺术院校开始举办音乐教育专业，在短期内为我国培养了一大批音乐教育人才。同时，我国的高师音乐教育也逐步发展起来。到 1993 年，全国有 136 所高等师范院校设有音乐系科。而为我国培养了一大批优秀小学教师的中等师范学校，截至 1993 年达到 918 所，其中包括 67 所幼儿师范学校。这为中小学校和幼儿园提供了开展音乐教育的必备师资。[③] 同时，随着中小学音乐教学大纲的颁布，教材的建设也都紧跟时代发展的需求，学校音乐教育得到重视。包括各级少年宫在内的校外音乐教育的发展，合唱团、乐队等音乐教育活动的蓬勃开展，使得各层面音乐教育逐步走向规范，并持续发展。

第二节‖ 我国音乐课堂教学概述

前文从音乐教育的角度简明扼要地梳理了我国上千年的音乐教育发展轨迹。而真正以班级授课的方式开展音乐课堂教学，则要从清末民初开始。19 世纪末，我国开启

① 金桥．萧友梅与中国近代音乐教育［M］．上海：上海音乐学院出版社，2006.
② 伍雍谊．中国近现代学校音乐教育（1840—1949）［M］．上海：上海教育出版社，2010：127-132.
③ 姚思源．中国当代学校音乐教育研究文集（1949—1995）［M］．上海：上海教育出版社，2010.

了学科教育研究。1897 年，在南洋公学师范诞生了我国第一堂现代意义上的音乐课，从那时至今仅有短短的百余年历史。1903 年新学制产生，1907 年开设学校音乐教育课程。[①] 在维新变法思潮的影响下，人们积极倡导“废科举”“兴学堂”等。“引进西方先进教育体制，创办新式学堂，开展现代科学教育”成为教育潮流。1904 年，清政府颁布了《奏定学堂章程》。1907 年颁布的《奏定女子小学堂章程》将音乐定为随意科，这是第一次出现关于音乐课的规定。1905 年，当时的政治改革家们主张废除科举等旧教育制度，效仿欧美，建立新型学校。康有为、梁启超等主张在新式学堂中开设乐歌课，以发展学校音乐教育。习乐的作用是涵养其性情，调和其气血，节文其身体，发越其深思。[②] 于是一批新型的学校逐渐建立起来。当时把这类学校称作“学堂”，因此，在新式学堂开设的乐歌课被称为“学堂乐歌”。这是借鉴西方教育体系的“班级授课制”，把年龄和知识程度相近的学生编成固定人数的班级集体，并按照教学大纲规定的要求，设计教材内容，选择教学方法，开展教与学活动的全过程，也被称为“课堂教学”，与“个别教学”相对应。

学堂乐歌从清末民初一直延续到 20 世纪三四十年代，类似当今的校园歌曲。学堂乐歌活动是我国音乐史上一次具有启蒙意义的音乐教育运动，在我国近代音乐史上占有举足轻重的地位。在从事学堂乐歌活动的音乐教育家中，最具代表性、最突出的有沈心工、李叔同、曾志忞等人。他们的代表作品《黄河》《采莲曲》《春景》《送别》《西湖》等歌曲，长期为青年学生所喜爱，促进了新乐的发展。传唱学堂乐歌成为当时社会文化生活中的一种新风尚。

学堂乐歌产生于特定的历史时期，因此它具有以下特点。

1. 借鉴效仿

在旧中国缺乏现代作曲人才的时候，引用来自日本和欧美的现有曲调，并填入新词，成为一首首特点鲜明的新型歌曲。《送别》《春游》等都是当时的代表作。

2. 内容单一

由于课程与教材限制，那时的音乐课程内容单一，主要任务就是教唱学堂乐歌，使集体歌唱这一歌唱形式深入人心，为后来的群众歌咏运动打下基础。

3. 普及面广

学堂乐歌不需要硬件设备，通过口口相传的方式传播，普及便捷迅速，在城市、农村都传唱度极高。通过乐歌的传唱和学校音乐教育，西方的基本音乐理论和技能开

---

① 曹理．何瑞碁整理．曹理音乐教育文集［M］．上海：上海音乐出版社，2016：10.

② 伍雍谊．中国近现代学校音乐教育（1840—1949）［M］．上海：上海教育出版社，2010：7-11.

始系统地、大范围地在中国传播。

4. 影响深远

学堂乐歌不仅在课堂上，更是在意识形态领域发挥了重要作用，在音乐文化概念、音乐审美观念上影响了无数青少年，许多作品直至今天仍在传唱。学堂乐歌活动培养了中国近代音乐史上最早的一批传播、创建和发展学校音乐教育的人才，为后来中国近现代音乐的发展做出了突出的贡献。老一辈歌唱家王昆在晚年总结自己的艺术生涯时曾说，民间音乐和学堂乐歌给她打下了最初的音乐基础。这便是一个生动的例子。

5. 划时代性

学堂乐歌的广泛传唱影响着传统的音乐审美，成为新的文化变迁的开端。学堂乐歌为中国近现代音乐史贡献了一批早期的优秀声乐作品，开"新音乐"创作之先河。学堂乐歌活动使中国的音乐教育体制和教学方式发生了改变，意味着中国音乐教育历史古代阶段的结束和新的历史阶段的开始。因此，它开辟了中国近现代音乐教育的新篇章——学堂乐歌时代。①

20 世纪二三十年代，一些师范院校开始设置艺术课程，开设唱歌教学法。例如，1926 年前后，北京师范学校开设了"唱歌教学法"课程，以培养中小学教师的音乐课教学能力。到 20 世纪三四十年代，以缪天瑞、朱稣典为代表的音乐教育家出版的《小学音乐教材及教学法》(1947 年)、《小学教师应用音乐》(1935 年)，更是进一步规范了中小学校的音乐教育，为音乐课堂教学提供了教学内容、方法和策略。② 1929 年 8 月，当时的国民政府中小学课程标准起草委员会拟定了《音乐课程标准》，并于 1932 年 10 月、11 月分别颁布了小学、初中和高中的音乐课程标准。其中小学音乐课程标准的目标为："一、顺应儿童快乐活泼的天性，以发展其欣赏音乐、应用音乐的兴趣和才能。二、发达儿童的听音和发声的官能。三、涵养儿童和爱、勇敢等情绪，并鼓励其团结、进取等精神。" ③ 这些标准在各个学段都有相应的教学要求，包含了音乐技能的训练、音乐欣赏能力的培养，以及情感的陶冶等。

中华人民共和国成立后，教育部于 1956 年颁布了《中小学音乐教学大纲》，编写了中小学音乐教材，并培养了一批音乐教师，使得我国基础音乐教育得到了一定发展。此时的音乐教育受苏联的影响比较大。在经历了"文革"的动荡后，直到改革开

① 伍雍谊. 中国近现代学校音乐教育（1840—1949）［M］. 上海：上海教育出版社，2010：103-112.

② 曹理. 何瑞碁整理. 曹理音乐教育文集［M］. 上海：上海音乐出版社，2016：11.

③ 伍雍谊. 中国近现代学校音乐教育（1840—1949）［M］. 上海：上海教育出版社，2010：80.

放、解放思想，教育才重新回到正常的轨道上。1979 年，教育部颁布了全日制中小学音乐教学大纲。1988 年，国家制定了《全国学校艺术教育总体规划》，并成立了国家艺术教育委员会。这为我国音乐学科的基础教育迈上新台阶打下了坚实基础。此时，中小学校音乐课的开课率逐渐增高。通常小学低段每周开设 2 节音乐课，小学高段和中学每周开设 1 节音乐课。①

浙江省作为经济发达地区，教育也走在全国前列。在 20 世纪 90 年代初，浙江省义务教育阶段拥有了自己的音乐教材——浙教版中小学音乐教材。随着各级师范院校为中小学校培养了一大批音乐教师，浙江的中小学音乐教育也随之蓬勃发展起来。20 世纪七八十年代的中小学音乐课堂主要以传统的方法教唱歌曲，并结合一些简单的游戏和律动开展教学。音乐教师踩着木制的脚踏式风琴，采用教师一句、学生一句的传统教授方式，教会了孩子们一首首童年的歌谣。20 世纪 80 年代中后期开始的音乐课堂已经逐渐受到奥尔夫、达尔克罗兹等国际著名音乐教学法的影响，并结合中国传统的音乐课堂教学方法来开展音乐课的教学，主要的课型也从单一的唱歌课逐渐丰富到音乐欣赏课、课堂乐器课和歌唱课等。到了 20 世纪 90 年代，教育教学设施设备逐步更新，随之逐步配置了音乐专用教室。教师的教育理念也随之日渐更新，在教学中也不再一味地教唱歌曲，而是增加了游戏、律动和音乐活动的设计，出现了当时风靡一时的“唱游课”。课堂有了明确的教学目的，引导学生参与音乐活动，课堂教学中的师生互动也逐渐频繁起来，音乐课变得越来越生动了。

第三节 西湖音乐课堂教学回顾

西湖的音乐课堂教学一直紧跟时代的步伐。在 20 世纪七八十年代，以学军小学贾敏老师为代表的西湖区音乐教师，在资源相对匮乏、条件相对艰苦的环境下，仍然积极投身于音乐教学改革中，通过设计唱游课、自制打击乐器、将乐器引入课堂、创作儿童歌曲等举措，极大地丰富了音乐课堂教学。跨入 21 世纪以后，随着国家实施义务教育阶段新课程改革，西湖区的音乐教育在历任领导的大力支持下，在历任教研员和广大音乐教师的共同努力之下，取得了长足的进步和丰硕的成果，出台了西湖区

① 姚思源．中国当代学校音乐教育研究文集（1949—1995）［M］．上海：上海教育出版社，2010：2-3.

中小学音乐课堂教学常规建议、西湖区中小学音乐教学评价意见与操作细则等教学规范制度，中小学音乐课堂教学的师资配备、设施设备、教学常规、教学目标与实施、教学方法与策略、教学评价等均逐渐完善，走在了全省乃至全国的前列，涌现了一批优秀的音乐教师。例如：任一波、王鸣、高荣老师分别在全国第三、第四、第五届中小学音乐课堂教学评比中荣获一、二等奖；陈端阳、陆平平、陈俏等老师先后获得“一师一优课”教育部全国优课奖；高峰、邬淑颖、张燕群、胡潇、王晓玲、叶萌、胡丽红、张琼茜、葛静、赵燕娜、陈秀月、蒋麒、南霞、夏飞、张玉、金帆、郭志倩、姜盼婧、阮洁、丁敏波等一批优秀教师在全国、省市音乐教师基本功，省市优质课，一师一优课及论文等评比中脱颖而出，取得优异成绩。

音乐犹如甘泉，是人们的精神食粮。音乐在陶冶情操、激发与培养想象力和创造力、丰富人们的精神生活、促进身心健康、开启人类的智慧等方面起着不可估量的作用。因此，音乐对人的教育意义显而易见。西湖音乐教育在发展的过程中，大致经历了三个阶段：第一，课堂教学起步阶段；第二，新课程改革初始阶段；第三，课堂教学特色阶段。这其中包括两次比较大的课堂教学变革：一次是 2002 年在全国开始试点、2003 年全面铺开的义务教育阶段新课程改革的课堂变革；另一次就是当下正在发生的能力与素养指向的音乐课堂教学变革。这两次变革对全国各地的音乐课堂教学产生了深远的影响，尤其是在北、上、广和江、浙等经济和教育发达地区，西湖区的音乐课堂当然也不例外。这两次课堂变革主要表现在教学理念、教学目标、教学实施、教学评价等几个方面。

1. 教学理念层面

新课程改革之前的音乐课堂更多体现的是传统的教学理念，师本理念是主流，音乐课是副课。新课程改革的音乐课堂提倡以音乐审美为核心，以兴趣爱好为动力；强调音乐实践，鼓励音乐创造；突出音乐特点，关注学科综合；弘扬民族音乐，理解音乐文化多样性；面向全体学生，注重个性发展。而现阶段的课堂教学变革，又在新课程改革的基础上，走向全面的人的培养，强调对核心素养的培养，即通过音乐课堂教学培养人格健全，具有一定音乐感知与欣赏、音乐表现、音乐创造和音乐文化理解能力的人。西湖区紧跟教育改革的步伐，不断提出诸如“以生为本，主体开放”“民族音乐教学”“多感官体验音乐”“基于‘四感三层’学理的音乐教学”“‘四感三层’的多感官体验音乐教学”[①] 等音乐课堂教学理念与实践做法。

① 高峰 . 基于“四感三层”学理的多感官体验歌唱教学实践研究［J］. 中国音乐教育，2018（6）：8-13.

2. 教学目标层面

新课程改革之前的音乐课堂的目标指向是基础知识和基本技能。我们称之为“双基时代”。这样的目标定位根植于传统的文化课学习体系。而音乐是审美艺术、听觉艺术，需要更多的实践体验，才能有效地积累能力与素养。新课程改革时期的音乐课堂是三维目标指向，即情感态度与价值观、过程与方法、知识与技能。我们称之为“三维目标时代”。这样的目标更多关注于音乐学习的情绪情感及音乐能力的形成，未考虑一个人的全面发展和终身发展。而现阶段的音乐课堂应该是能力与素养指向的音乐课堂，即审美感知、艺术表现和文化理解，是真正的指向人的能力习得、素养养成和全面发展的音乐课堂。这就是课堂教学目标从双基时代到三维目标时代再到核心素养时代的转变和更迭，目标定位也从师本到生本再到人本。教学只是达到教育目标的一种方式，计划应先于教学。也就是说，教师应将设置教育目标置于规划学习活动之前，利用教育目标开发相应的教学活动。[①] 西湖区在音乐教学设计上，首先引导教师在目标表述上，从教的目标到教与学目标再到学习目标。例如，有以下音乐教学设计：①教师通过发声练习、范唱和指导，帮助学生学习歌曲《春天在哪里》；②通过情境创设、律动、模唱等，寻找春天，感受春天，并能用轻快活泼的声音演唱歌曲；③学生通过恒拍、律动和旋律线等体验歌曲，并能用轻快活泼的声音有感情地演唱歌曲。以上设计中，目标①的主体是教师，目标定位于教师教会学生歌曲；目标②的主体是教师和学生并存，目标定位于通过教师主导，学生主体，学会歌曲；目标③的主体是学生，目标定位于通过学生自主体验，表现歌曲并形成能力。通过这样的引导，进一步引导教师关注课堂目标主体，从而转变课堂教学行为。

3. 课堂实施层面

在传统的音乐课堂上，教学的主体是教师，教学实施以教师讲授为主，教师教什么学生就学什么，教师往往以指令或命令的方式开展单向输出的教学。课堂教学主要抓教学内容，以完成教学内容为目的。课堂教学的形态较为呆板，缺乏互动，教学活动设计较为单一，基本以唱歌或唱游为主。教师在课堂教学中更多地关注自己怎么教，而非关注学生如何学。同时，专职音乐教师和音乐专用教室缺乏，不能为音乐教学提供有力的保障。新课程改革后的音乐课堂以学生为主体，教学以人文主题为单元，教学内容更加丰富，通过自主、合作、探究等方式，包括感受与欣赏、演唱演奏、识读乐谱、音乐创编和音乐文化等，课堂更加生动。教师围绕音乐要素开展音乐

---

① 杰伊·麦克泰，格兰特·威金斯. 理解为先单元教学设计实例［M］. 盛群力，等译. 宁波：宁波出版社，2020：4.

教学，设计聆听、律动、游戏等丰富的音乐活动，师生互动频率增加，学生体验音乐机会多，有效促进了学生的音乐学习，培养了学生的音乐能力。但此时的音乐课堂缺乏系统性、层次性和衔接性，导致学生的音乐能力不能有效积累和形成。现阶段的音乐课堂以人为本，倡导绿色生本理念，沿袭了新课程改革的经验与做法，吸纳了国际著名音乐教学法经验等，多元融合，课堂教学实施更加灵动，学生主体地位更加凸显，教学方法和策略更加丰富。我们倡导“将学生从凳子上解放出来”的教学活动理念，音乐活动设计更具音乐性，如旋律线、图形谱、身势律动、手势等，让学生从凳子上解放出来，亲自参与到音乐感知、体验和创造等音乐实践活动中去，获得音乐审美与情感体验，并逐步积累和转化为音乐内心听觉和内心音乐经验。这是真正指向学科核心素养的发展的音乐课堂。

4. 教学评价层面

评价是课堂教学的指挥棒，有怎样的评价就会有怎样的教学。教学评价有过程性评价和终结性评价之分，在课堂教学实施过程中还有即时性评价和激励性评价。传统音乐课堂的过程性评价缺乏，更多是凭借教师对学生的印象。由于课堂活动设计少，教学互动欠缺，课堂的即时性评价缺乏针对性和目的性，激励性评价也很少，批评多，激励少。期末的终结性评价采用百分制的形式，给学生一个音乐学习的成绩。新课程改革后的音乐课程评价，注重课堂的即时性评价和激励性评价，尤其关注学生的音乐学习过程。西湖区通过对学生的音乐学习习惯、演唱演奏、识读乐谱和综合性艺术表现等学习过程的记录，再辅以期末的欣赏听辨、小小音乐会、小小演奏会、音乐游园会、音乐冬令营等形式，以优秀、良好、合格与待评四个等级，对学生的音乐学习进行分项等级评价。自 2017 年 9 月成为浙江省义务教育阶段综合评价改革试点区以来，西湖区又以最新的高中音乐学科核心素养为导向，全程参与浙江省中小学音乐评价标准和细则的制定，并结合区域实际和特点，对标准做了高标准修改。评价维度从原有的情感态度价值观、过程与方法、知识与技能升级为情感态度价值观、审美感知、艺术表现和强项展示，形成了西湖区中小学音乐分项等级评价标准和实施细则。其以音乐基本素养为导向，关注学生的音乐情感体验、审美感知、艺术表现和文化理解素养的发展等，注重音乐基本素养在实际音乐情境或活动中的综合运用。区域艺术素养监测也从关注欣赏听辨能力走向“欣赏听辨 + 演唱”、演奏等表现领域的监测，形成了“欣赏听辨 + 表现表演”的区域音乐学科监测模式。[①]

① 高峰 . 音乐学科分项等级评价的区校联动模式研究［J］. 中小学音乐教育，2020（4）：3-7.

第一章

音乐课堂教学理念

基于“四感”（节奏感、旋律感、音色感、和声感），

通过“三层”（无意识体验、有意识表达、与音乐本体建立联系）的学习过程，

多感官体验音乐之美，全方位提升音乐素养。

——高峰

“四感三层”教

第一节‖ 国际著名音乐教学法理念

一、达尔克罗兹教学法

埃米尔·雅克·达尔克罗兹（E. J. Dalcroze，1865—1950），瑞士音乐家、教育家，1900年前后提出了体态律动教学法。他认为音乐本身离不开律动，而律动与人体本身的运动有着密切联系，因此，以往的音乐教育是非完全音乐性的，是不太符合音乐本性的。单纯的音乐教与学，不结合身体运动，便是孤立的、不全面的。他前后花了几十年时间从事理论与实践研究，最终取得了成功。

达尔克罗兹在他的教学体系中多次重复有关柏拉图与希腊传统的哲学思想，注重“美且善”，这成为达尔克罗兹教学体系的精神来源。他将节奏作为体态律动教学的首要核心，将动作和韵律感相互渗透，将节奏元素作为音乐学习的第一步，认为那是歌唱、演奏等音乐行为中最先要解决的问题，并帮助参与者有效控制内心听觉，同时能够积累一定的动作元素，进行直觉表现，从而外化为视觉与动觉的音乐体验与表达方式。①

达尔克罗兹教学法最主要的课堂特点有四个方面：首先，基于听觉以教师即兴伴奏为主的音乐体验与表现。其次，引导学生用身体乐器来体验和表现音乐。再者，为使学生始终保持音乐学习的新鲜感，防止松懈，采用游戏为主要教学方式，并不断变换。最后，教师应具备较高的音乐素养和发现并解决问题的即兴应变能力。因此，达尔克罗兹教学法的受众面极广，不论音乐基础高低、年龄大小，几乎适用于所有人群。

达尔克罗兹教学法体系由体态律动、视唱练耳和即兴音乐活动三部分内容组成。其中最重要的是体态律动，强调“音乐是动的艺术”，通过听音乐，把身体作为乐器，用动作表现音乐，并强调动作应有乐感。②动作进行必须反映音乐的高低、快慢、断连等典型特征。加上喜怒悲惧等情感因素，在一定的空间里探索不同的空间感、方向感、紧张感、放松感等，可启发学生的想象力和创造力。通过身体动作，体验音乐的

① 陈蓉.音乐教学法教程［M］.上海：上海音乐学院出版社，2013：3-11.
② 蔡觉民，杨立梅.达尔克罗兹音乐教育理论与实践［M］.上海：上海教育出版社，1999.

各种要素，如速度、力度、情绪等，从而培养学生轻松、协调自如的节奏感。体态律动的动作一般分为两大类：一是拍手、摆手、挥手等原地动作；二是走、跑、跳等空间动作。而视唱练耳则是通过将练习耳朵、身体与语言、歌声结合起来，培养学生的音乐表现力。即兴音乐活动是锻炼学生在没有准备的情况下，根据音乐即时、即兴地进行表演。

达尔克罗兹教学法具备独创性和科学性，具有多元的培养方向，内涵极其丰富，早已被世人公认为卓有成效的音乐教育手段，并成为独立的学习领域。如今，达尔克罗兹教学法并不局限于音乐的范畴，还广泛地用于舞蹈、戏剧、绘画、运动等相关或相近领域，甚至涉及音乐治疗、特殊儿童治疗及康复医疗等其他领域中。第一次世界大战前，达尔克罗兹到欧洲各国游学，使他的这套体系更加完善并广为流传，也对奥尔夫、柯达伊等音乐教学法的形成产生了重要影响。

二、柯达伊教学法

佐尔坦·柯达伊（Zoltán Kodály，1882—1967），匈牙利著名作曲家、哲学家和音乐教育家。他把一生的精力都奉献给了匈牙利的音乐教育。他认为音乐和人的生命本体有着密切的关系，人的生命中不能没有音乐，没有音乐的人生是不完满的。音乐可以发展人的情感、智力和个性，音乐教育是完整的人所需要接受的教育。音乐是每一个孩子与生俱来的权利，并不是音乐天才的特权，而应该属于每一个人，这是最高的理想。[①] 最好的教学工具是人声，最好的音乐学习途径是参与，优秀的民族音乐素材是最适合孩子的教材。音乐教育需要好的学校，需要好的音乐家、教育家，需要好的教学方法，让孩子在学校学习音乐和唱歌成为一种习惯和享受，激励学生热爱音乐，更好地学习音乐，培养最好的品质并终身受用。

柯达伊教学法注重以儿童发展为基础，要求教学顺序按照儿童不同年龄阶段的能力来合理安排教学材料，采用了大量匈牙利民谣作为教学素材，并关注孩子的发展意义。课堂上的教学手段主要有：第一，首调唱名法，指向音调与和声的功能。第二，节奏音节，运用类似于法语的节奏音节，读唱时值，不记谱。四分音符唱 ta，八分音符唱 ti 等。第三，柯尔文手势，由英国的约翰·柯尔文（John Curwen，1816—1880）创立。[②]

柯达伊教学法最好的教学手段是音感练习。音感有绝对音感和相对音感之分，绝

① 杨立梅. 柯达伊音乐教育思想与匈牙利音乐教育［M］. 上海：上海教育出版社，2010：22-23.
② 洛伊斯·乔克西. 柯达伊教学法 Ⅰ：综合音乐教育［M］. 北京：中央音乐学院出版社，2008：8-15.

对音感只有极少部分极具天赋的人才能拥有；而我们中小学的音乐教学要培养的更多的是相对音感。通过歌唱开展教学，将音乐知识与听、唱、读、写能力完全融入课堂教学活动，如学生跟随教师模唱简单旋律，或是教师唱曲调，学生回答唱名。这些手段对提升学生的识谱能力有极大的帮助，最终目的是训练学生对音乐的听、唱、读、写能力。柯达伊教学法还更多地采用清唱的方式开展歌唱教学，倡导学生在音乐中学习音乐。从简单的单声部旋律到加入顽固伴奏，轮唱、合唱都是以清唱来实施教学，而且不依赖任何乐器的伴奏，并将音乐知识的学习融入歌唱教学。这种基于歌唱中听、唱能力培养的音感训练，培养了学生的识谱和视唱能力。

柯达伊教学法对教师素养有较高的要求。音乐教师需要具备独立制定长期教学目标和设计单元教学活动的能力。长期教学目标包括一个学期、一个学年的教学目标。教学活动包括轮唱、合唱等歌曲教学，节奏音节、顽固伴奏等节奏教学，读谱、视唱、写谱、听写等识谱教学及音乐欣赏等。教师要具备实施教学的能力，将教学目标科学合理地实施在每一个单元教学活动中。合唱教学通过顽固伴奏、轮唱及合唱达成，使教学流畅、生动活泼，富有弹性与挑战性。这是一种系统、连贯且具有很好教学效果的先进教学法。

柯达伊教学法是当今世界最重要的音乐教学法之一，对于音乐基本能力的养成有其独到之处。其最具特色的一点就是采用民谣作为教学材料，可以结合不同国家和民族的音乐，就地取材开展教学，并保持各国各民族的特色，具有传统性、学术性、创造性、前瞻性等特点。

三、奥尔夫教学法

卡尔·奥尔夫（Karl Orff，1895—1982），德国著名作曲家、音乐教育家。他赋予音乐教育以全新的反传统观念和方法，这一直到今天都对许多国家和地区的音乐教育产生着深远的影响。奥尔夫音乐教育的基本理念是“原本性音乐”——“诉诸感性，回归人本”。奥尔夫在他的《学校儿童音乐教材——回顾与展望》中这样阐述：“原本的音乐、原本的乐器、原本的语词形式和动作形式。原本的音乐绝不只是单纯的音乐，它是和动作、舞蹈、语言紧密结合在一起的。它是一种人们自己参与的音乐，即人们不是作为听众，而是作为演奏者参与其间。”①这是奥尔夫将音乐的行为方式作为“原本性音乐”的首要特征。

奥尔夫教学法有三大教学原则。首要原则是一切从儿童出发；亲身实践主动学习

① 李旦娜，修海林，尹爱青．奥尔夫音乐教育思想与实践［M］．上海：上海教育出版社，2010：33-34.

音乐和培养学生的音乐创造力是两个基本原则。奥尔夫认为，人类表达思想和情绪是本能欲望，并能通过语言、歌唱、舞蹈等形式自然流露。这是人类本能固有的能力。他的教学法的主要内容包括从朗诵入手——语言在音乐教学中的应用，如按节奏朗诵；结合动作——动作在音乐教学中的运用，如声势、固定音型伴奏等；器乐教学——奥尔夫乐器在教学中的应用，如打击乐器、音条乐器在教学中的应用等。[①]

奥尔夫教学法最重要的课堂特征之一便是人类出于本能的唱、奏、舞蹈，这是符合天性的。在这个过程中，学生不会因为担心学不会而有精神负担，因此，他们学习音乐的满足感油然而生。同时，这种音乐学习情感的自然流露有助于促进学生萌发和提升即兴创编和音乐创造力。在这种创造力得到激励的时候，必然使得学生在学习各种音乐技巧和能力时达到最佳状态，从而教师也在这样的教学过程中成为学生学习音乐的引导者和参与者，愉悦身心与学习艺术二者相得益彰。此外，奥尔夫提倡学生在音乐学习中"动"起来，"综合式、即兴式"地学习音乐。学生在音乐学习中必须动手、动脑、动脚，全身心地感受和表现音乐，通过"元素性"奥尔夫乐器、"人体乐器"等载体，在教师的引导下进行音乐性的"动"，不断感受和体验音高、节奏、旋律等，使音乐听辨、表现和创造等协调统一起来，从而培养自身综合音乐能力。

四、铃木教学法

铃木镇一（Shinichi Suzuki，1898—1998），日本著名小提琴教育家、音乐教育家。他以幼儿为教育对象，旨在通过小提琴教学培养儿童学习和感受音乐的能力，从而达到才能培养及人格塑造的教育目的。铃木认为："能力不是天生的，才能是可以后天培养的。""能力可以培养能力。"[②] 在小提琴教学实践的过程中，铃木不断思考、总结，归纳出一系列教育理念和教学方法，还编写了教材，规范了教学内容。这一系列思想、方法、实践、内容和教材被后人统称为"铃木教学法"。[③]

铃木提倡的教育目的体现一种"以人为本"的教育思想。他曾不止一次地说道："我们可以不做音乐家，但我们可以通过拉小提琴去培养人，去接受巴赫、莫扎特善美心灵的熏陶。""通过为拉小提琴而付出的努力，培养克服一切困难的能力，从而产生对任何事情都能有条不紊、认真完成的力量。"[④] 铃木的"才能教育观"认为人的感觉力、直觉力、判断力和协调力都是感性的，而培养这些能力的最好方式就是通过音乐

① 李旦娜，修海林，尹爱青．奥尔夫音乐教育思想与实践［M］．上海：上海教育出版社，2010：7.
② 铃木镇一．儿童早期音乐教育：理论与实践［M］．卜大炜，译．北京：人民音乐出版社，2004：118.
③ 詹燕君．论铃木的音乐教育思想与实践［D］．上海：上海音乐学院，2009：6.
④ 铃木镇一．才能开发从 0 岁开始［M］．吴永宽，译．北京：北京科学普及出版社，1986：87.

教育。他的“母语教学法”则借鉴了母语的听、说、读、写能力学习，将母语学习的规律迁移到音乐学习上。首先，他强调学习过程按照“听—说—读写”的顺序进行；其次，他提倡“推后识谱”，从听赏—听记—听奏，再进入识谱，在学习方法上从模仿开始，多听、多练且不断强化。再者，铃木的“集体教学模式”采用“逆向连锁塑造”、竞争、声部配合、个别抽查、游戏等方法，强化了社会情景式教学理念，有利于儿童的学习和成长。[①] 从培养一个具有完整人格的人的最基本素质来说，铃木教学法可以说是最行之有效的方法之一。

铃木教学法在课堂教学上用极其简练的方法，从记忆力、注意力、运动能力、表现力四个方面开展能力的开发。铃木鼓励儿童的母亲参与学习，协助儿童学习；运用母语学习的自然方法，欣赏音乐，反复听唱熟悉旋律后，才进入乐器练习。学习小提琴采用团体上课方式和个别上课交互并用，减轻儿童的心理负担，鼓励其乐于在团体中表现自我，从合奏中分享同伴的成果。从中可以概括为五个重点：即人是环境之子，学习越早越好，练习越多越好，学习环境要好，教学法要更好。铃木音乐教学法让孩子在完整的课程体系中，精选教材，及早开始才能教育，在父母亲的陪伴下，通过游戏的方式，后置识谱教学，合作互助，让儿童学习音乐的过程如同学习语言一样，增强学习兴趣，提升学习能力。

五、戈登教学法[②]

埃德温·E. 戈登（Edwin E. Gordon），美国音乐教育家、音乐心理学家。戈登最重要的音乐教育思想是“听想”。他认为“听想”是音乐资质和音乐成就的基础。音响本身并不是音乐，只有通过听想，音响才能成为音乐。从语言角度来说，就是将声音转化成思想，并赋予它们意义。听想是吸收、理解我们刚听过的音乐或者以前听过的音乐（并不是简单地重复听）的过程。在聆听音乐，以及在回忆、表演、解释、创造、即兴、读谱或写谱时，我们也许就在听想音乐。

戈登认为音乐、表演和听想的关系就如同语言、谈话和思想之间的关系。语言是交流的工具，谈话是交流的方式，思想是交流的内容，而音乐是交流的主题，表演是交流的方式，听想的音乐则是交流的内容。这一过程赋予音乐一定的语境和内容。因此，他常常说：“你听想音乐了吗？”他将听想的类型分为听音乐、识读音乐、记写音乐、从记忆中回想音乐、从记忆中记写音乐、创作和即兴识读、创作或即兴创作音

---

① 詹燕君．论铃木的音乐教育思想与实践［D］．上海：上海音乐学院，2009：14-23.

② 埃德温·戈登．音乐的学习顺序：现代音乐学习理论［M］．梁小娟，译．上海：上海音乐出版社，2018：8.

乐、记写创作或即兴创作音乐八个类型。他将听想的过程分为瞬间保持力；模仿、听想音高和节奏型，识别、确认调中心音和大拍；建立客观或主观的调式和节拍；保持听想中已经组织出的音高型和节奏型；回想已组织的音高型和节奏型并听想其他音乐片段；预料、预知音高型和节奏型等六个阶段。

戈登认为音乐学习始于听觉。音乐是一种呈现，而不是一种象征。他强调人有五种基本能力：听（listening）、说（speaking）、想（thinking）、读（reading）、写（writing），且这些能力是相辅相成的，音乐学习需要理解，越理解音乐就越能够融入音乐。因此，戈登强调音乐学习的顺序，主要包括技能学习顺序、音调学习顺序、节奏学习顺序和形态学习顺序。技能学习顺序在学习方式上，主要通过辨别式和推衍式。例如辨别式学习顺序是：听说—唱名结合—部分综合—符号联结—复合综合；推衍式学习顺序是：概括—创作、即兴—理论理解。每一个步骤都强调了听、说、读、写能力的重要性。音调学习顺序是：大调式与和声小调—主功能和属功能—大调式与和声调式—复合调式和复合调名。节奏学习顺序是：常见二拍子和三拍子—大拍小拍—二、三拍子细分功能、延长功能—复合拍子和复合速度。这些学习顺序不是孤立存在的，而是相互联系、相互联结的。教师要将这些学习顺序有机地联结起来，以递进式和跨越式活动作为过渡，为学生创建良好的课堂学习环境，并具有音乐学习的逻辑顺序。

戈登借助谚语阐述音乐教育的顺序，即“过目即忘，听而不忘，参与即体验，听想即理解”。音乐学习顺序活动与课堂音乐、音乐表演相互平衡协作，推进学生的音乐学习。学生理解自己所做的，知道为什么这么做，充分融入音乐活动中，并取得成就感。戈登教学法在整合音乐学习顺序活动和课堂音乐活动中的实际方法：（1）在音乐学习顺序活动中联结技能和功能之前，教师在课堂音乐活动中引入调式和拍子。（2）在课堂音乐活动中联结调式和拍子之前，教师在学习顺序活动中引入技能和功能。学生的学习分为整体—部分—整体三个阶段。第一阶段是介绍，学生被置于整体中；第二阶段，学生应用整体中的各个部分；第三阶段，学生将单独的各个部分同化为一个整体。例如：第一阶段，通过念唱或演唱，学生对歌曲的调式和拍子有一个模糊的印象；第二阶段，学生运用音乐学习顺序学习调式和拍子；第三阶段，学生在音乐课堂活动中带着语境的意义更准确地再次听想和演唱。

第二节 基于核心素养培育的音乐课堂教学理念

一、素养

素养指个人为了健全发展并发展成为一个健全个体，必须通过教育而学习获得的因应社会之复杂生活情境需求所不可或缺的知识、能力和态度，是指通过教育情境获得学以致用的知识、能力与态度而展现出的优质教养[①]，是一种在特定情境中综合运用知识、技能和态度解决问题的高级能力和人性能力。从广义上讲，素养包括道德品质、外表形象、知识水平与能力等各个方面。在知识经济飞速发展的今天，人的素养的含义进一步扩展，它包括思想政治素养、文化素养、业务素养、身心素养等各个方面。我国古代早有对素养的描述。如《汉书·李寻传》中记载："马不伏枥，不可以趋道；士不素养，不可以重国。"意思是马没有丰盈的草料喂养，就不能飞奔；而士兵如果不努力操练本领，就不能保家卫国。而宋代诗人陆游在《上殿札子》说："气不素养，临事惶遽。"《后汉书·刘表传》："越有所素养者，使人示之以利，必持众来。"这些记载无不指向素养，虽然在具体内涵上有所不同，但均指向人的发展，涵盖了知识、能力、涵养、气度等。

二、核心素养

核心素养是最"核心"的素养，是关键的、必备的、重要的素养。教育部在《关于全面深化课程改革，落实立德树人根本任务的意见》中，明确把中国学生发展核心素养界定为应具备的适应终身发展和社会发展需要的必备品格和关键能力。[②]研究学生发展核心素养是落实立德树人根本任务的一项重要举措，也是适应世界教育改革发展趋势、提升我国教育国际竞争力的迫切需要。中国学生发展核心素养以培养"全面发展的人"为核心，分为文化基础、自主发展、社会参与三个方面，综合表现为人文底蕴、科学精神、学会学习、健康生活、责任担当、实践创新等六大素养，具体细化为社会责任、国家认同、国际理解等 18 个基本要点。[③]

① 黄光雄，蔡清田．核心素养：课程发展与设计新论［M］．上海：华东师范大学出版社，2017：3-4.
② 教育部．关于全面深化课程改革，落实立德树人根本任务的意见［S］．教基二〔2014〕4 号 .2014.
③ 刘启迪．打好中国学生发展核心素养的文化基础［J］．当代教育科学，2017（05）.

三、素养与核心素养的内涵

如何更好地进一步理解素养与核心素养的内涵，就要清楚认识以下四对关系。

1. 素养与知识的关系

素养不是知识，知识的积累不会必然带来素养的形成和发展。但素养离不开知识，没有知识，素养就是无源之水、无本之木。因此，可以说知识是素养的基础。

2. 素养与情境的关系

素养的形成和发展与情境存在密不可分的关系。素养需要在特定的情境中综合体现，而只有在特定的情境中才能锻炼人的综合能力。因此，素养一定是在一定的情境中形成的。

3. 素养与表现的关系

素养与表现的关系，是理解素养内涵的重要方面。素养遵循的基本原则是"心灵"原则，从思考如何实践到反思实践得失的过程。表现遵循的基本原则是"行为"原则，是付诸行动，在实践中出真知。换言之，只有当心灵与行为高度契合之时，素养的养成度才更高。

4. 核心素养与基本技能的关系

核心素养需要最基本的解决实际问题的基本能力，比如相关文化知识和技能，但这种知识和能力又是随着时代变迁在不断地变化、更新、包含、融合和超越的。因此，要求我们不断地更新知识储备和能力，有终身学习的意识。

四、学科核心素养

学科核心素养 = 学科 + 核心素养，是核心素养在特定学科（学习领域）的具体化，是学生学习一门学科（或某一学习领域）之后所形成的具有学科特点的关键能力，是学科育人价值的集中体现。[①] 学科知识与学科活动是学科核心素养形成的两个翅膀。学科知识是学科核心素养形成的主要载体，学科活动是学科核心素养形成的主要路径。问题的关键在于什么样的学科知识，怎么选择、组织、设计，才有利于学科核心素养的形成。英国教育学家斯宾塞在 19 世纪提出："什么知识最有价值？"答案是学科大概念、学科结构、学科思想与方法、学科情境等。因此，为了有效促成学科核心素养的形成，作为学科素养主要载体的学科知识，应突出强调学科大概念、学科结构、学科思想与方法、学科情境四大要素。作为素养形成主要路径的学科活动，必须体现实践性、思维性、自主性、教育性和学科性五大特性。

① 余文森. 核心素养导向的课堂教学［M］. 上海：上海教育出版社，2017：38.

五、音乐素养

音乐素养是指学习音乐和音乐学习所得的综合素质，是泛指从听觉角度和视觉角度理解音乐的过程。[①]美国当代音乐教育哲学家戴维·埃里奥特在《关注音乐实践》一书中指出："音乐素养等同于音乐理解，音乐素养（总是包括聆听素养）是多维的有效理解（或实践），而后者在本质上是程序性的和处于情境中的。也可以这样来表述，艺术性的音乐制作和专业的音乐聆听涉及一种多维的、相关的、连贯的、生产的、开放的和可教育的认识，这就是音乐素养。"[②]

六、音乐学科核心素养

2017 年新版高中音乐课程标准指出，音乐学科核心素养包括审美感知、艺术表现和文化理解。审美感知指对音乐艺术的听觉特性、表现形式、表现要素、表现手段及独特美感的体验、感悟、理解和把握。艺术表现指通过歌唱、演奏、综合艺术表演和音乐创编等活动，表达音乐艺术美感和情感内涵的实践能力。文化理解指通过音乐感知和艺术表现等途径，理解不同文化语境中音乐艺术的人文内涵。[③]

2011 年版中小学音乐课程标准总目标描述：学生通过音乐课程学习和参与丰富多样的艺术实践活动，探索、发现、领略音乐的艺术魅力，培养学生对音乐的持久兴趣，涵养美感，和谐身心，陶冶情操，健全人格。学习并掌握必要的音乐基础知识和基本技能，拓展文化视野，发展音乐听觉与欣赏能力、表现能力和创造能力，形成基本的音乐素养，丰富情感体验，培养良好的审美情趣和积极乐观的生活态度，促进身心的健康发展。[④]

如果将"音乐学科素养"理解为音乐能力的总和，那么音乐学科的核心素养即为音乐理解能力、音乐表现能力、音乐创造能力，以及与音乐相关的文化修养。

七、基于核心素养培育的音乐课堂

跨入 21 世纪后，课堂教学从双基时代到三维目标时代，再走向核心素养时代。双基时代的课堂指向知识，以教为中心。三维目标时代的课堂指向能力，以学为中心，主张学生在课堂上自主合作，探究地学习。而核心素养时代的课堂指向一个完整人的培养，着眼于人的培养，是从单一走向综合的过程。我们要在素养视角下，建

① 马克·埃利，埃米·拉希金．音乐教育术语手册［M］．刘沛，译．北京：中央音乐学院出版社，2016：224.
② 戴维·埃里奥特．关注音乐实践：新音乐教育哲学［M］．上海：上海音乐出版社，2013：67.
③ 中华人民共和国教育部．普通高中音乐课程标准［M］．北京：人民教育出版社，2017.
④ 中华人民共和国教育部．义务教育音乐课程标准［M］．北京：北京师范大学出版社，2011.

立以学习为中心的课堂。人是作为完整的个体参与到课堂学习中的。它有两个突破点：第一个突破点是打开学生的自我系统，形成学习的内驱力和积极的学习心态；第二个突破点是打开学生的元认知系统，形成学会学习的心智习惯。①

音乐课堂如何培育核心素养？最关键、最核心的应该是教育教学观念的转变。这里涉及三个层面的变化。首先，是课程结构的变化。如高中音乐课程的分模块多元化设置、中小学音乐课程的校本化实施及音乐类拓展性课程的建设等。其次，是教学方式的转变。从原先的学科本位转变成为学生素养服务的教学。课堂教学的价值观注重知识、能力和学科思维的发展，倡导自主合作探究和体验式学习。再者，是评价观的转变。评价作为教学的抓手，倒逼着课堂教学的革新。如新高考改革注重学生综合能力素养的培育与发展。从这个维度来看，我们的音乐课堂可以从双基、三维、素养、生动、互动、生命、生活化、知识、思维、能力、体验、综合、合作、发展等出发，来判断影响核心素养形成和发展的关键因素。因此，我们认为：基于核心素养培育的音乐课堂应该有十大关键因素。

1. 关注学生的生命状态、情绪状态

学生是一个个鲜活的个体。每一个学生都是唯一的。课堂应该尊重每一个生命个体的成长。音乐是情感艺术，应关注学生的情绪、情感，让每一个学生都得到最好的发展。

2. 关注知识转化为能力，能力转化为素养

素养时代的音乐课堂知识固然很重要，知识是基础，但要将所学的音乐知识转化为能力，并逐渐将知识与能力转化为素养，这是最为关键的一点。如"▼"为顿音记号，这不仅仅是要认识，更重要的是会在演唱、演奏等音乐实践活动中合理运用，甚至是创造性地运用，并不断地积累能力，逐渐形成素养。尤其像音乐这种实践性、体验性都很强的学科，教师一定要注重这两个转化。

① 学习基础素养项目组．素养何以在课堂中生长［M］．上海：华东师范大学出版社，2017：73-74.

3. 关注课堂学习的目标性、互动性、生成性

课堂教学本身就是一个动态的过程。目标是导航，互动是过程，生成既是过程也是结果。好的课堂，可以将这三者做到无缝衔接。音乐课堂目标定位基于内容和对象都要准确科学，学习活动生动有效，动态生成精彩呈现。

4. 关注学习起点、学习过程、学习结果

好的音乐课堂一定是基于学生的学习起点的，学习起点既有集体的，但更多的是针对个体的。尤其是演唱、演奏等个性化音乐活动，每个人都有自己独特的声线，应该做到因材施教，对症下药。因此，关注学习起点就必须要关注每一个个体，才能更有针对性地实施教学，学习过程才会行之有效，也必然会有好的学习结果。

5. 关注共性习得与个性差异

班级授课制下的课堂教与学，一定存在着共性与个性的问题。教学目标、内容和方法都涉及共性与个性的关系，应在共性习得的基础上进行差异化的个别提升。音乐课的集体演唱、演奏和综合艺术表演等集体学习活动体现了共性习得；同时，个体的独唱独奏及小组表演等，更应彰显个性差异。

6. 关注内容、方法与能力整合

核心素养培养目标下的音乐课堂学习，更多应将内容、方法和能力定位在学习内容、学习方法和学习能力上，而不再是传统意义上的教学目的、内容、方法，更不是教学能力。同时，需要将三者进行有机结合与渗透，使学生的综合能力得以提升。

7. 关注教师的话语体系

在传统的课堂上，教师是主体，以教为主。但在核心素养培养目标下的音乐课堂上，教师不再是主体，更多应是学生学习的引导者、陪伴者，甚至可以说是学习伙伴的角色。对于演唱、演奏和综合性艺术表演等众多课堂表现活动，教师都应参与其中，与学生共同表演。因此，教师的话语体系不再是高高在上的，而是同伴、伙伴的话语体系。这样，学生也更容易接受。

8. 关注学习活动的设计

活动是课堂学习的主要载体，音乐活动是音乐课堂学习的主要载体。在传统的课堂上，教师是活动的设计者；而素养课堂应充分发挥学生的主观能动性，教师引导学生设计活动，搭建舞台，师生通过共同参与活动、体验生活，在活动中提升能力与素养。

9. 关注思维品质的养成

学科思维是一个学科学习的核心价值所在。文科有文科的思维，理科有理科的思

维。音乐学科就要通过课堂学习，培养学生学会用音乐的思维思考音乐，学会用音乐的方式学习音乐，学会用音乐的语言表达音乐。

10. 关注音乐性、体验性、实践性、审美性

音乐学科是一门审美性和实践性都很强的学科。在音乐课堂学习中，我们尤其要关注音乐学科的本质属性，即音乐性。通过体验探究合作等音乐实践活动，培养学生的音乐审美能力。

第三节‖ 西湖音乐课堂教学理念

西湖区中小学音乐课堂教学在继承中不断发展，在发展中发扬，汇聚了所有教师的智慧，逐步形成具有西湖音乐教育特色的课堂教学理念。首先，我们继承传统音乐课堂教学经验和新课程改革课堂教学理念，取其精华、去其糟粕，在实践中不断总结经验。其次，我们不断地吸纳国际先进音乐教学法的理念与做法，如达尔克罗兹教学法的体态律动教学，柯达伊教学法的节奏音节和音感练习，奥尔夫教学法的朗读、动作和器乐在音乐教学中的应用，铃木教学法的“母语教学”和“集体教学模式”，戈登教学法的“听想”和“音乐学习顺序”等，结合本土教材，将理念与内容方法有效并深度地融合。再次，我们以音乐学科核心素养为导向，发挥区域团队优势，创建教研员—学科带头人—名师工作室项目联动机制。笔者于 2015 年首次提出“多感官体验的音乐教学”，在实践三年后，于 2018 年 5 月提出以“四感三层”学理为支撑的音乐教学，并申报立项为浙江省教研课题；再经过一年多的实践与提炼，于 2020 年 3 月提出“四感三层”的多感官体验教学，并被确立为西湖区中小学音乐课堂教学理念，指导全区的中小学音乐课堂教学实践。“四感”既是音乐学习的基础，也是目标；“三层”是音乐学习的过程；“多感官体验”是学习音乐的方法。“四感三层”的多感官体验就是以“节奏感、旋律感、音色感与和声感”这四感为指向，通过“无意识体验（感官层次）、有意识表达（表达层次）和与音乐本体建立联系（纯音乐层次）”这三层学习过程，运用多感官体验的方式学习音乐，培养学生的乐感，最终提升学生的音乐素养。这就是“四感三层”多感官体验的教学思想与逻辑。

一、“四感三层”教学理念

（一）“四感”

我们知道，音乐学习最重要的是培养乐感。乐感是指人对音乐的各种内在、细微变化的感受性。[①] 是人在进行音乐欣赏、演唱演奏和音乐创作等音乐活动时，因节奏、旋律等音乐要素所产生的感觉、知觉和联觉，有时也包括对音乐的高低、强弱等特性的听辨能力。对音乐的感知、体验，在音乐教育中是一个非常重要的内容。它是人类七大智能之一。音乐作为一门艺术要传达某种感觉，而乐感就是人们了解这种感觉的感官能力。一个人如若有了非常灵敏而又丰富的乐感，在接触音乐的第一时间便会产生明确的反应；反之，就算耳闻仙乐也无动于衷。

那么乐感的培养有哪些方面呢？

1. 灵活多变的速度和力度感

速度和力度感是指人对音乐的速度和力度的敏感度、感知力和表现力。音乐有速度和力度的变化，只有变化的音乐才有感染力。速度和力度给了音乐无穷的变化和想象。因此，速度和力度是最显性的音乐要素，也是最容易听辨和表达的音乐要素。

2. 细腻敏锐的音准感

音准感是指人在演唱或演奏音乐时表现音高的准确度。能与一定律制的音高相符称为音准。音准是表现音乐最重要的元素，影响到音乐所传递的美感。音准好，音乐的美就传递了一大半。因此，音准是音乐学习最重要的元素之一。

3. 复杂复合的节奏感

节奏感是感受体验和表现音乐的一种基本能力。它有两种基本功能：一是将听觉印象加以聚合的本能；二是乐音运动形式以正确的节奏、节拍、速度和时值等要素表现于外的能力和行为，即听的音乐行为中的节奏感知能力和操作的音乐行为中的节奏表现力。[②] 一般的音乐心理学理论认为，节奏是通过声音的长短和有规律的轻重反复及其各种变化组合而在听觉心理上形成的感觉，是音乐中时间移动的时值表现。节奏在音乐中是音乐进行的时间的组织者，有人称之为音乐的骨架。音乐的节奏感既是一种基本的音乐能力，又是一种形式感，具有移情的审美功能。[③]

4. 稳定准确的节拍感

节拍感是人们对有规律地流动的节拍的一种稳定的感知力和表现力。“通过某种

① 马克·埃利，埃米·拉希金．音乐教育术语手册［M］．刘沛，译．北京：中央音乐学院出版社，2016：228.
② 李旦娜，修海林，尹爱青．奥尔夫音乐教育思想与实践［M］．上海：上海教育出版社，2010：49.
③ 朱立元．美学大辞典［M］．上海：上海辞书出版社，2014：652.

规则的形式加强重音，通常分为很多组，这些有重音的一组组拍子称之为节拍。"[①]它是衡量节奏的单位，可以是两拍一组、三拍一组、四拍一组、五拍一组、六拍一组等。在音乐中有一定强弱分别的一系列拍子在每隔一定时间重复出现。最常见的有二拍子、三拍子、四拍子和六拍子。

5. 线条优美的旋律感

旋律感是指对旋律线形感、旋律音程感和旋律调性感的感知和表现能力。旋律又称曲调，是由高低、长短、强弱不同的乐音按照一定序列组织起来，建立在调式、节拍基础之上的单声部线条。它是音乐的灵魂和基础，体现了音乐的主要思想。旋律由动机、乐句和乐段构成。"旋律的发展是声音向高、向低或水平方向的移动。声音的发展方向决定了旋律线。"[②]旋律不是孤立存在的，它总是和节奏、速度、力度等相互作用，形成了音乐的基本感知。这些能力是审美个体的审美经验系统中不可或缺的重要内容，也是具体实现审美需要的基本手段和工具。因此，培养旋律感是个体与审美对象发生价值联系的基础，也是形成审美经验的保证。

6. 丰富多彩的音色感

音色感是指人耳对音色所具有的一种特殊的听觉上的综合性感受，即对音乐色彩不同的感知、理解和表现能力。"音的色彩或称音色，是构成音乐声音的基本要素。"[③]它反映了每个物体发出的声音特有的品质。它是指不同声音表现在波形方面总是有与众不同的特性，因为不同的物体振动都有不同的特点。概括地说，音色＝纯音＋变换＋混合方式。发声体振动产生的音响中有基音和泛音，泛音不同，决定着某一个特定的音色，能直接触动听觉感官。不同的发声体由于其材料、结构不同，则发出声音的音色也不同。例如钢琴、小提琴和人发出的声音不一样，每一个人发出的声音也不一样。因此，可以把音色理解为声音的特征。音色种类是无穷多的。一般来说，音乐的音色分为人声音色和器乐音色。人声音色有高音、中音、低音，并有男声女声之分；器乐音色有弦乐器和管乐器及各种打击乐器的音色。

7. 色彩鲜明的调性感

调性感是指感知某个调具体存在的过程，从而获得对调性的感知，如大小调的感知。调性是调的主音和调式类别的总称。例如，以 C 为主音的大调式，其调性即是

---

① 格雷珍・希尔尼穆斯・比尔．体验音乐：美国音乐教育理念与教学案例［M］．杨力，译．北京：人民音乐出版社，2009：24.

② 格雷珍・希尔尼穆斯・比尔．体验音乐：美国音乐教育理念与教学案例［M］．杨力，译．北京：人民音乐出版社，2009：21.

③ 格雷珍・希尔尼穆斯・比尔．体验音乐：美国音乐教育理念与教学案例［M］．杨力，译．北京：人民音乐出版社，2009：32.

"C 大调"；以 a 为主音的小调式，其调性就是"a 小调"；等等。一般音乐中主要有 24 个调性。

8. 层次分明的和声感

和声感是指人们感知和表现和声的能力。和声是指两个或两个以上不同的音按一定的法则同时发声而构成的音响组合。它是多声部音乐的音高组织形态，是音乐的基本表现手段之一。"和声在进行时，被称作声音的纵向组合。"[①] 和声有结构和色彩两种基本功能属性。其音乐思维将注意力集中到多音响性上，用听觉分析多音响的同时性。在音乐中，和声表现为一种纵向的关系，是音与音之间协和与不协和的组合。在奥尔夫音乐教学中，和声感与节奏感、音高感、音色感、速度力度感等，构成了音乐感受力。

9. 整体和局部的结构感

结构感是指对音乐基本构成方式的感知力和创造力。"结构可以被看作音乐中各种声音的联系体。"[②] 音乐的结构也叫曲式，是指歌曲或乐曲的基本结构形式。中国民族音乐有一段体、两段体和三段体之分。西方音乐有一部、二部、三部、复二部、复三部、回旋曲、变奏曲、奏鸣曲等分类。

10. 充满意境的形象感、想象感

形象感是指人们对音乐形象的感知力、想象力和创造力。音乐形象是人们通过听觉感受到的艺术形象，并不是静止的直观形象，往往又是朦胧和多义的，通常只可意会不可言传。不同的人欣赏同一首乐曲，由于各自不同的生活经历、文化修养和审美趣味，经常会产生不同的艺术形象。想象感是指人们对音乐意境和情境的感知、想象和创造力。音乐想象是以原有的或现实的音乐映象为媒介，聆听、回忆和创造新音乐的心理过程。听觉想象主要是以音乐为媒介。人对音乐的想象力也有着明显的个体差异。

在中小学音乐学习中，节奏感、旋律感、和声感与音色感是最为重要的乐感，是所有乐感培养的基础，也是起决定性作用的四大音乐要素，即为"四感"。

（二）"三层"

除了节奏、旋律、和声、音色这四感，还有"三层"。那么，何为"三层"呢？那就是学习音乐的三个层次，也可解读为音乐学习的三个过程或阶段。美国作曲家艾

① 格雷珍·希尔尼穆斯·比尔．体验音乐：美国音乐教育理念与教学案例［M］．杨力，译．北京：人民音乐出版社，2009：34.

② 格雷珍·希尔尼穆斯·比尔．体验音乐：美国音乐教育理念与教学案例［M］．杨力，译．北京：人民音乐出版社，2009：32.

伦·科普兰在他的著作《如何听懂音乐》一书中认为，人们听音乐有三个层次，即感官层次、表达层次和纯音乐层次。感官层次是最简单的听音乐层次；表达层次是要将听到的音乐用自己的方式表达出来；而纯音乐层次是最高层次，这一层次的音乐存在于音符本身和对音符的处理当中。[①] 嫁接到中小学音乐课堂教学中来，"三层"可理解和表述为无意识体验、有意识表达和与音乐本体建立联系三个层次。这就是音乐学习的三个层次。如果音乐教学是一个从整体感知—局部探究—整体表现的过程，那么，整体感知阶段即为无意识体验层次，局部探究阶段即为有意识表达层次，而整体表现即为与音乐本体建立联系的层次。由于是义务教育阶段的音乐教学，最高层次定位于与音乐建立联系这个层次，而不是纯音乐层次。因为学生未来并非都从事音乐专业工作，普罗大众能够通过欣赏、表现等与音乐本体建立联系就已经是比较高的要求了。

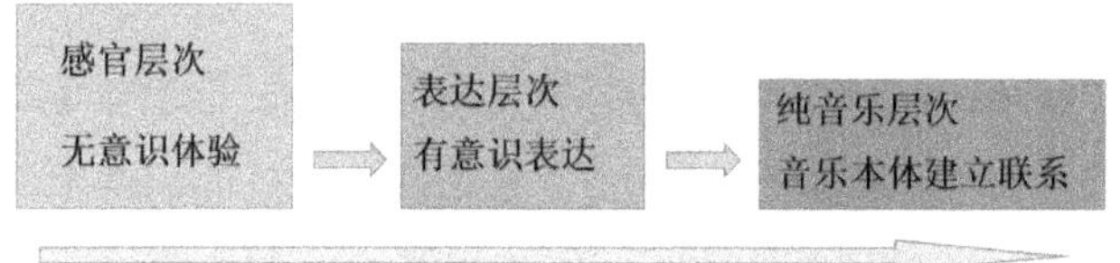

（三）节奏领先

古希腊哲学家柏拉图认为，能感受节奏是人类所独有的能力，人能够通过优美的节奏感到和谐美。[②] 节奏领先，顾名思义就是节奏学习和练习要领先于识谱、演唱等其他音乐学习内容和方式。节奏是音乐的骨架，没有节奏就好比高楼没有地基和框架，没有了节奏的音乐学习是不可想象的，或者说节奏后置的音乐教学是缺乏针对性和没有效率的。因此，节奏领先有两层含义：一是节奏领先作为教材设计理念，体现节奏先行的教学理念；二是歌曲或乐曲都有节奏、节奏型，欣赏和学唱从节奏入手，通过体验、探究和综合等音乐活动得以呈现与落实。节奏是音乐的脉搏和精髓，是组成音乐的核心要素之一，是音乐生命力的源泉，没有节奏就没有音乐。

（四）旋律行进

首先，音乐的旋律如同流水一样，是不停地流动的。它时而平缓、时而蜿蜒，时而缓和、时而急促，时而幽静、时而跳跃。因此，音乐的旋律有上行、下行、平行和波浪行进之分。其次，音乐的旋律又是跳跃的。它有大跳和小跳之分，称之为跳进。最后，音乐的行进还会如同台阶似的，有规律地层级递进，称之为级进和模进。教学应该抓住音乐行进、跳进和级进这三个特点，设计合理的音乐活动，带领学生在音乐

① 艾伦·科普兰．如何听懂音乐［M］．曹利群，译．北京：百花文艺出版社，2017：12-19.
② 朱立元．美学大辞典［M］．上海：上海辞书出版社，2014：652.

的行进中体验和表现音乐，为学生提供体验和表现音乐的时间和空间。如柯达伊教学法关于旋律短句歌唱的要求：（1）使儿童直接体验音乐的分句结构，发展基础的结构感觉。（2）使儿童习惯于听辨和模仿旋律短句的变化，目的是引导儿童通过听觉学习准确地歌唱。（3）通过这样的练习让儿童学会自己编配旋律，训练流畅而精致的旋律想象。①

（五）和声融合

和声主要包含音程、和弦和旋律等。和声有纵向结构效果和横向运动效果。音程是指两个音级在音高上的相互关系；和弦是由 3 个或 3 个以上不同的音，根据三度叠置或其他方法同时结合构成的。音程与和弦都是和声的纵向结构。和声的横向运动构成了分句、分乐段和终止乐曲的作用，产生了立体的声响效果。“听觉对多个音高几乎相同的声音融于一体的感知，称之为合唱效应。这种效应可以是拍音形成的，也可以是传统乐器或嗓音的微小偏差造成的。”② 多声部合唱或器乐合奏的和声均有明显的浓、淡、厚、薄等色彩作用。因此，我们应该遵循和声的这些特征，采用听辨、构唱、卡农、旋律线、图形谱等方式进行和声的融合，使学生能够感知、体验和表现和声有层次的立体美。

（六）音色和谐

音色没有好坏之分，只有和谐不和谐，是否优美、动听、悦耳之分。音乐的音色是十分丰富的。从发声体分，可以分为乐器音色、人声音色；从声音属性分，可以有单一与立体的、明亮与灰暗的、高亢与低沉的、真声与假声等。人的耳朵对音色具有十分敏锐的感知分辨力，可以分辨不同的音色。音乐教学应当培养学生的各种不同的音色感，如对乐器、人声音色的听辨，会用自己的声音或乐器表现不同的音色等。同时，音乐中的音色大都是和谐的，只有和谐的音色，才是美的。因此，我们还要培养学生和谐音色的能力。音色的和谐能力包括音量的大小、声音的强弱、音色的搭配等。如合唱中，高、低声部相互协调、衬托，使两个声部的音色达到和谐而统一。

诚然，音乐是一种有一定节奏组织的，通过时间而展开的艺术。音乐的表现离不开节奏感、旋律感、和声感与音色感这四感的任何一感。离开旋律与和声，离开乐句的音调发展，节奏本身不会单独存在。同样，和声感也离不开旋律感与音色感，这四感是相互联系、相互作用、相互成就的。当然，还有速度感、力度感、音准感、调性感、形象感等的综合作用，才会形成音乐如此丰富的表现力。日本著名作曲家、指

① 杨立梅 . 柯达伊音乐教育思想与匈牙利音乐教育［M］. 上海：上海教育出版社，2010：115.

② 马克・埃利，埃米・拉希金 . 音乐教育术语手册［M］. 刘沛，译 . 北京：中央音乐学院出版社，2016：60.

挥家芥川也寸志说："音乐像一座城堡。节奏是基底，带来基础和生命；和声是外部设计，勾勒出轮廓；音程是一砖一瓦，构筑出纵向高度；对位法是内部构造，决定了城堡的复杂程度；曲式则是室内设计，与音乐的时间和空间有着紧密联系。"[①] 音乐是万物的语言，是地平线的跃动、夏夜此起彼伏的虫鸣、绿荫深处的清风、恋人间的絮语……一刹那，一种感动满溢而出，音乐由此诞生。

二、多感官体验

美国纽约大学心理教育学家詹里姆·布鲁诺通过研究发现，人类的学习活动主要是在实践过程中通过视觉和听觉来进行的。利用不同的学习通道，学习效果是不同的。多感官参与学习比单一感官参与学习效果要好。视听并用及更多感官参与学习的实践活动，学习效果明显提高。[②] 听觉是语言和音乐输入的主要方式之一，古希腊人认为如果要想学习得更多更深，就必须大声朗读及进行对话交流。这些都是靠听觉达成的。在教学中，如何将学生的被动学习活动转换为主动学习活动成为关注的焦点。音乐是听觉艺术。音乐教学以听觉为基础，通过视觉、动觉等感官的联动作用，使其共同发生作用，就会大大提升教学效率，提高教学质量。

1. 听觉

听觉器官在声波的作用下产生对声音特性的感觉。对人耳适宜的刺激波段是声波。听觉是由耳、听神经和听觉中枢的共同活动来完成的。耳是听觉的外周感受器官，由外耳、中耳和内耳耳蜗组成。外耳和中耳是传音系统，内耳是感音系统。[③]

音乐听觉就是对音乐的感知能力，包括外在听觉和内心听觉。外在听觉是人听到音乐时对音乐的力度、速度、节奏、旋律等的直接感受，而内心听觉是通过外在听觉的感知，进而联想到音乐形象，并内化为自身的音乐审美经验。在音乐学习中，听是最重要的方法和途径，是一切音乐学习的基础。听辨、听唱、听想等，无论是安静地听，还是边动边听，都需要发挥听觉的能力和功效。达尔克罗兹的基于听觉的音乐体验与表现、柯达伊的音感练习、奥尔夫的原本性音乐、铃木的推后识谱、戈登的听想等，无一例外地将音乐学习的基础和前提指向听觉为先。

2. 视觉

视觉是通过视觉系统的外周感觉器官（眼睛）接受外界环境中一定频率范围内的电磁波刺激，经中枢相关部分进行编码加工和分析后获得的主观感觉。它是指物体的影

---

① 芥川也寸志．音乐是什么［M］．曹逸冰，译．海口：南海出版公司，2018：06.
② 李金钊．多感官教学：适应不同学生的学习风格［J］．现代教学，2009（6）.
③ 安亮山，刘诚．音乐听觉训练［M］．北京：中国人民大学出版社，1999.

像刺激视网膜所产生的感觉。音乐视觉是以音乐为载体，将音乐形象具体化和形象化，并通过图像、视频等具体的视觉载体表现音乐作品。在音乐教学中，观看教师的示范、教学视频，识读乐谱、图形谱等方式，都是通过视觉来感知和表现音乐。达尔克罗兹的视觉外化、柯达伊的柯尔文手势及视唱等都是在听觉基础上的视觉感知、音乐体验。

3. 动觉

动觉也叫运动感觉，是对身体各部位的位置和运动状况的感觉，也就是肌肉、腱和关节的感觉，即本体感觉。音乐动觉是通过律动、身势和舞蹈等外显的方式表现音乐，并且还可以借助各种道具，以达成对音乐的深度体验。达尔克罗兹的体态律动、奥尔夫的肢体动作等都是在听觉基础上的动觉感知、音乐体验。

4. 多感官体验

多感官教学主要是指在教学过程中，教师在教学情境创设、教学内容呈现和学习方式安排、学习结果评价等教学活动组织上，尽可能多地调动学生的视、听、味、嗅、触、动等多种感官参与学习，充分开发和利用学生的多元智能，满足不同学生的学习需求，提高全体学生的学习效能。[①] 多感官体验音乐教学本着音乐教学从音乐本源出发的理念，通过创设良好的教学情境，有效地调动学生的多种感官，如听觉、视觉、触觉、动觉甚至嗅觉等来学习音乐。首先，听觉是基础和前提，一切音乐学习活动都围绕听觉来展开，其他感官学习也以听觉为先。其次，视觉是辅助，可以通过视频、图像、旋律线、图形谱、歌谱曲谱等载体学习音乐。再者，动觉是过程。学生在音乐中通过手势、身势、肢体动作或律动等，来感知、体验和表现音乐。以学生现有的感性音乐经验为基础，将听觉、视觉、动觉等感官综合运作起来，联系、联结与联动，使之共同发挥作用，全身心地感受、参与、体验、表现和创造音乐的美，全方位地开发潜能，从而产生内心音乐联觉，进而全方位开发包括“体能、识别、感官、音乐、语言、人格和社交”在内的七大潜能。[②]

“四感三层”的多感官体验音乐教学，以节奏先行、旋律行进、和声融合及音色和谐为导向，以整体感知、多感官体验—局部探究、多层次展开—多元综合、全方位表现为路径，通过无意识体验、有意识表达及与音乐本体建立联系，运用多种感官体验、感知和表现音乐的方式，培养学生在音乐学习中的“四感”——节奏感、旋律感、音色感与和声感，从而使学生丰富感性音乐经验，内化理性音乐经验，最终提升音乐素养。

---

① 李金钊 . 多感官教学：适应不同学生的学习风格［J］. 现代教学，2009（6）.
② 高峰 . 基于“四感三层”学理的多感官体验歌唱教学实践研究［J］. 中国音乐教育，2018（6）.

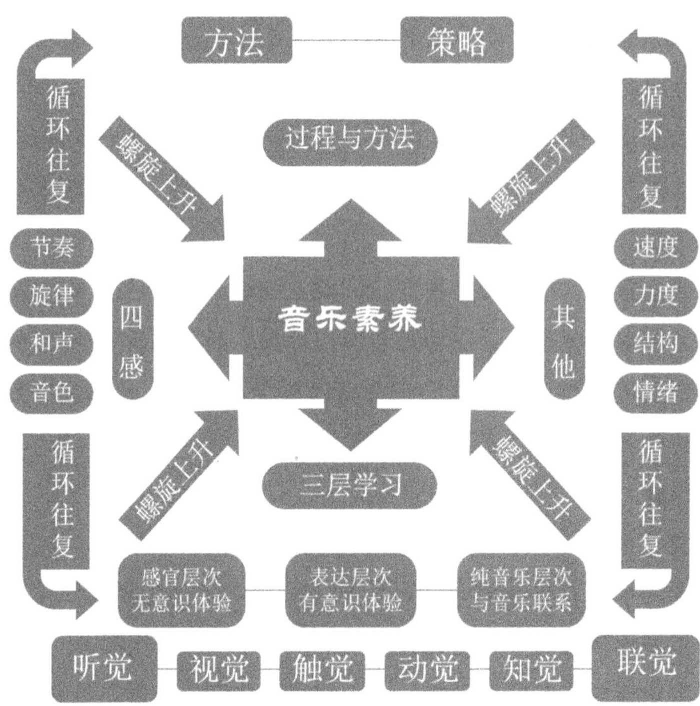
方法
策略
循环往复
螺旋上升
过程与方法
螺旋上升
循环往复
节奏
旋律
和声
音色
四感
音乐素养
其他
速度
力度
结构
情绪
循环往复
螺旋上升
三层学习
螺旋上升
循环往复
感官层次
无意识体验
表达层次
有意识体验
纯音乐层次
与音乐联系
听觉
视觉
触觉
动觉
知觉
联觉

第二章

西湖音乐课堂特征

船的力量在帆上，

人的力量在心上，

音乐的力量在情上，

教育的力量在美上。

——高峰

义务教育音乐课程标准对音乐课程的性质从三个方面进行阐述，即人文性、审美性和实践性。但在具体的课堂教学实践中，教师要关注的点和面非常多。教师要关注思想文化，要关注作品，关注音乐本身，要关注教学目标的制定、方法策略的选择，关注教学的实施，要关注学生的情绪状态、习得状况，还要关注教师自身的语言、指导和评价等。因此，西湖音乐教育在不断地实践和成长中，积累了大量经验，形成了西湖音乐课堂的风格特点。其具有十二大相互统一的特性，即人文性与音乐性、生命性与和谐性、审美性与情感性、综合性与表演性、主体性与主导性、共性与个性、互动性与体验性、实践性与探究性、欣赏性与表现性、思维性与创造性、目标性与生成性、整体性与局部性的相互统一，具体概括为人文特征、审美特征、生本特征、实践特征、能力特征和整体特征这六大特征。

第一节‖ 音乐课堂之人文特征

一、人文性与音乐性相统一

音乐源于生活。从最初自然界的音响音源、人类劳作等出发，在不断的生产劳作中，在多样化的音乐实践活动中，慢慢产生了各种音乐类型和音乐行为，继而形成了各国各民族的音乐类型和音乐文化。凡是人类围绕音乐产生的各种活动，都是基于某个国家、民族的音乐与文化的。而音乐学习行为和方式，甚至包括音乐学习方式的转变，都应根植于音乐文化的土壤。因此，一个地区的音乐课堂也应根植于这一片土地。西湖音乐教育根植于西湖教育的土壤，理应有西湖音乐教育的人文性。

音乐是文化的重要组成部分，是人类宝贵的精神文化遗产和智慧结晶。不论从文化中的音乐，还是从音乐中的文化视角出发，音乐课程中的艺术作品和音乐活动，都注入了不同的创作者、表演者、传播者和参与者的思想情感和文化主张，体现了不同国家、不同民族、不同时代文化发展的脉络，是不同民族性格、情感和精神的展现，具有鲜明深刻的人文属性。① 而音乐又具有与其他艺术形式不同的特性——音乐性。音乐性是听众感受作者在音乐创作与创造过程中所表达和传达的意境或感情的一种方式。具体表现为音乐情绪、速度力度、节拍节奏、旋律行进、体裁结构、调式调性等。因此，我们在音乐教学中应当尊重各个国家、地区和各民族的风土人情与风俗习惯，尊重作品的创作背景，对作品进行正确的解读。

案例《戏龙舟》 本课内容分别选自人民音乐出版社出版（简称人音版）的《音乐》第八册第四单元“水上的歌”中的《划龙船》和浙江教育出版社出版（简称浙教版）的《音乐》第六册选修歌曲《看龙舟》。通过两个主题内容的结合与融合，感受音乐对“水上音乐”主题的描绘，体验音乐与自然的交融关系。赛龙船是中国古老的传统和民间风俗，是端午节最有代表性的一项民间游乐活动。这一项体育竞技活动盛行于江南的好几个省份。人们说：“宁愿荒废一年田，不愿输掉一年船。”杭州西湖区的蒋村是杭州龙舟赛的重要区域，那里的人们每年都举办龙舟赛。蒋村的龙船用彩球装扮龙头。

---

① 中华人民共和国教育部．义务教育音乐课程标准［M］．北京：北京师范大学出版社，2011.

参赛者头扎布巾，身穿素衣，精神抖擞，挥桨如飞。船头上还有一两个人边敲锣鼓边唱歌，指挥划手划桨。岸上观众则以鞭炮声、欢呼声为比赛者鼓劲。这是对学生进行爱国主义教育和民族传统教育的重要素材。本课正是出于让学生能够近距离地了解家乡传统文化的目的而选择的。将两本教材中的欣赏曲《划龙船》和学唱歌曲《看龙船》有机结合，是教师对教材进行二次开发和有机整合的过程，更加凸显一个主题——端午节赛龙舟。这样的教学，会使学生印象更加深刻，理解更加到位。教学通过学生看龙舟赛录像片断、欣赏《划龙船》、介绍端午节风俗、学唱歌曲《看龙船》和综合表演《看龙船》这几个环节展开，通过有目的地看导入，切身参与的划、看、唱等模拟，体现同一个主题——龙船，更加凸显一个“戏”字。通过学习民族音乐，学生得以了解和热爱家乡的音乐文化，增强民族意识和爱国情操。这使人文性和音乐性高度统一。

（案例源自西湖区教育发展研究院　高峰）

二、生命性与和谐性相统一

教育教学是基于生命的壮丽事业。除了鲜明的社会特性外，教学还有鲜活的生命性。我国著名教育家叶澜教授指出，教育是直面人的生命、提高人的生命、为了人的生命质量而进行的社会活动，是以人为本的社会中最体现生命关怀的一种事业。[①] 可以这样讲，唤醒每一个学生的生命潜能，让每一个学生都能充分地、最大限度地实现自己的生命价值，让每一个学生的生命之光点亮生命的主体与客体世界，应该是教育教学最真切的意义和使命。我们教学的对象是一个个鲜活的生命个体，每个人都不一样，每一个人都是唯一的、独立的。因此，我们需要把教学提高到生命的层次。让我们放下身段，俯下身姿，与每一个孩子平等地对话，使教学过程成为生命被激活、被发现、被欣赏、被丰富、被尊重的过程，成为生命的自我发展、自我生成、自我超越、自我升华的过程。这才是我们音乐教学最理想的高境界。

和谐是相关关系之间的一种互动、互相促进的良性状态。和谐课堂就是课堂教学的各种主要因素的良性互动和因素作用的充分发挥。构建和谐课堂教学的目的是一切为学生的成长发展服务，充分发挥学生的主体作用，加强课堂教学的针对性，在以学科教学为主的前提下，发挥好育人作用，切实提高课堂效率和效益。和谐的环境与氛围能让人身心愉悦，和谐的教学过程能最大限度地激发学生的兴趣和主观能动性，也有助于教师创造性的发挥，从而水到渠成地达成各项教学目标。这一点对于表现性内

① 庞庆举.变革中生成：叶澜教育报告集（叶澜教育思想文选）［M］.北京：中国人民大学出版社，2019.

容学习目标的达成更是至关重要。在课堂教学各个环节的设计和实施中，和谐是最基本的准则，它包括和谐的师生关系、生生关系、和谐教学情境的创设三方面。

案例《小渔篓》 教唱时，通过导语设置教学情境："小朋友，你们的表现真令老师感动。继续我们的旅程——走出了大山，我们来到了一望无际的大海边，来听一听大海边发生了什么故事？"开始歌曲的教学。通过引导学生拍手、跺脚为歌曲伴奏，有感情地朗读歌词，跟琴轻轻哼唱等，整体感受歌曲的旋律。然后，在歌曲的情绪上加以点拨。最后，提醒学生如何唱好"断音"处："小泥鳅这里应该怎样唱？"——"小泥鳅滑溜溜的，很调皮，蹦来蹦去的，所以，我们应该唱得断断续续的！"而后，进行歌舞加伴奏的综合性表演，学生和教师一起参与表演。教师在教学中充分尊重每一个学生，激发学生的学习兴趣和积极性，引导他们大胆发言、参与表演。同时，创设和谐的课堂氛围和师生关系，从而将生命性与和谐性高度结合。

（案例源自西湖区教育发展研究院　高峰）

第二节‖ 音乐课堂之审美特征

一、审美性与情感性相统一

音乐是反映人类真实生活情感的一种艺术，是表达人类思想和意志的载体。古今中外绝大多数音乐家、哲学家和美学家都将其视为一种表达人类情感态度的艺术。和其他门类的艺术相比，音乐特别擅长于抒发人们的内心情感，擅长于用有组织的乐音去扣人心弦、感人肺腑。作为人类思想意志的表达，音乐的情感以音乐艺术特有的方式向我们传达着人类内在生命的运动和极其深厚的精神内涵。音乐是非语义性的，音乐的情感具有典型性和概括性等特征。因此，音乐课首先要营造符合教学内容的音乐情境，引导受众（学生或聆听者）进入其中。同时，在教学过程中也要每时每刻地诠释音乐所表达的意境，潜移默化地做到以情感人、以情育人。音乐课要以丰富人的情感体验、提高人的音乐审美能力为目的。因此，音乐课的情感属性就显得尤为重要。

同时，音乐又是审美艺术。音乐审美指的是对音乐艺术美感的体验、感悟、沟通和交流，以及对不同音乐文化语境和人文内涵的认知。以美育人的教育思想与我国的教育、文化传统是一脉相承的。通过音乐教育，可以培养和提高学生感受美、表现美、鉴赏美和创造美的能力，陶冶学生的情操，发展学生的个性，启迪学生的智慧，丰富和发展学生的形象思维，激发学生的创新意识和创造能力，全面提升学生的全面素养。① 雷默认为："审美观察 × 审美反应 = 审美体验。"② 音乐课则是使审美体验（即审美观察和审美反应）系统地进行的途径。③ 如果音乐教育要成为审美教育，那就必须首先是音乐教育。如果提倡对音乐的非音乐体验，它就不可能成为音乐教育。④

案例《浏阳河》 教学从歌曲《浏阳河》导入，随后老师双手抚琴弹奏了一首古筝版的《浏阳河》。在欣赏中，老师自己示范演奏，请学生上台拨奏，感受体验古筝的音色。旋律如山间的一缕清泉，缓缓流入学生心田。通过精彩教学设计，老师带领学生进行《浏阳河》不同乐段的对比聆听，感受浏阳河仿佛是条会跳舞的河，时而水流湍急，时而流水潺潺。整节课老师以筝创情，以筝引领，以筝析曲，让孩子们徜徉在民族音乐的优美旋律中。课堂在古筝的琴韵中激荡，学生的情绪在琴韵中升华。

（案例源自杭州市西湖第一实验学校　张炜翔）

二、综合性与表演性相统一

综合性是系统原理的要点之一。所谓综合性就是把系统的各部分、各方面和各种因素联系起来，考察其中的共同性和规律性。任何一个系统都可以看作由许多特定的要素组成的综合体。⑤ 音乐教学通过以音乐为主线的艺术实践，渗透和运用其他艺术表现形式和相关学科知识，更好地理解音乐的意义及其在人类艺术活动中的特殊表现形式和独特的艺术价值。⑥

表演是在一定的音乐活动情境中，通过演唱、演奏或人体的动作、表情来塑造形象，传达情绪、情感，从而表现生活的艺术。代表性的门类通常是音乐和舞蹈。"表演对音乐艺术是精深和选择性。在普通音乐课中，表演是与音乐相互作用的、必要但又是客串性的模式。它是强化音乐理解力和音乐体验的有力途径之一。"⑦ 在中小学音乐课堂教学，尤其是小学音乐课堂中，往往会用综合性艺术表演的形式，让学生通过

① 中华人民共和国教育部 . 义务教育音乐课程标准［M］. 北京：北京师范大学出版社，2011.
② 贝内特・雷默 . 音乐教育的哲学［M］. 熊蕾，译 . 北京：人民音乐出版社，2003：141.
③ 贝内特・雷默 . 音乐教育的哲学［M］. 熊蕾，译 . 北京：人民音乐出版社，2003：154.
④ 贝内特・雷默 . 音乐教育的哲学［M］. 熊蕾，译 . 北京：人民音乐出版社，2003：163.
⑤ 陆雄文 . 管理学大辞典［M］. 上海：上海辞书出版社，2013.
⑥ 中华人民共和国教育部 . 义务教育音乐课程标准［M］. 北京：北京师范大学出版社，2011.
⑦ 贝内特・雷默 . 音乐教育的哲学［M］. 熊蕾，译 . 北京：人民音乐出版社，2003：238-239.

合作，将演唱、演奏、律动和舞蹈等形式综合起来，进行完整的表演。因此，在音乐课堂中，要将音乐表现的综合性与表演性完美地进行结合，使学生的音乐表现更加具有感染力。

案例《巴蜀山歌》 课上，教师钢琴演奏《槐花几时开》，带领着学生进入课堂。再以一首原生态的民歌欣赏《槐花几时开》，带领学生更进一步了解山歌。紧接着，教师原汁原味地演唱，让学生更深入地走进四川民歌。同时，师生通过对四川方言的学习，渐渐地走进了巴蜀山歌的世界中。在欣赏视频、模唱旋律、学讲方言、体验韵味、互动学唱及角色加入的互动表演中，师生一同综合表演，通过山歌的学习与体验、管弦乐的分段欣赏、乐器音色的听辨模拟、变奏曲式的分析，充分挖掘了四川民歌的特点及管弦乐的特点。通过这个作品，不仅能让中国听众通过自己熟悉的旋律了解西方音乐形式，同时，也能让西方听众通过自己熟悉的音乐形式了解中国音乐的艺术魅力和深刻内涵，真正实现了“洋为中用”到“中为洋用”的跨越。

（案例源自杭州市第十五中学教育集团　朱凯璐）

第三节‖　音乐课堂之生本特征

一、主体性与主导性相统一

主体性是指人在实践过程中表现出来的能力、作用、个人看法及地位，即人的自主、主动、能动、自由、有目的地活动的地位和特性。[①] 素质教育的核心是凸显人的主体性，开发人的潜能，增强人的创新精神、实践能力及创新能力，发展人的各种生存能力，塑造完善的主体人格。学生是课堂的主体，是课堂学习中的主人。在课堂教学中，应创设民主、和谐的课堂氛围，让学生真正认识到自己是学习活动的一员，解放思想，激活课堂，敢于实践，主动参与到学习过程、实践过程和体验过程中，从而把自己的学习行为与整个课堂教学活动联系起来，增强主体意识、参与意识，实现确定的目标，变“要我学”为“我要学”。学生的学习心理、学习状态和学习行为由被动变为主动，进而升华为能动学习。也就是说，课堂教学要以学生为本，发挥学生的学习潜能。

① 李楠明.价值主体性［M］.北京：社会科学文献出版社，2005.

教师是教学的主导，其作用却是隐性的，是为学生的“学”服务的。教师的主导体现在课前的充分预设、精心备课和教学方法策略的选择上，同时，也体现在课中对学生进行适时引导和精准的点拨上。“主体”与“主导”这对教与学的矛盾共同体共同组成了教学互动的关系。如何有效地既发挥学生的主体性，又能体现教师的主导性，或者说，如何在教师的主导下体现学生的主体性，需要把握教与学的平衡。没有主体的主导是没有课堂生命力的，而失去主导的主体是没有学习的方向和目标的。

案例《木偶的步态舞》 课堂生动地表现出调皮可爱的木偶形象，激起学生们的学习兴趣。教师通过木偶之态、木偶之家、木偶之趣的情景创设，充分运用对比教学法，通过律动、模唱、旋律线、肢体动作等来表现音乐，体现教学的主导性。更为重要的是教师让学生自主创编木偶的不同动态、步态和表情，体验不同的木偶形象和音乐情绪，这体现了学习的主体性，很好地把握了主体与主导的矛盾统一体。

（案例源自杭州市行知小学　丁敏波）

二、共性与个性相统一

义务教育阶段的音乐课，首先应当面向全体学生。在音乐活动中，让每一个学生的音乐潜能得到开发。全部的音乐教学活动以学生为主体，将学生对音乐的感受和音乐活动的参与度放在首位。同时，要尊重学生的个性，鼓励学生积极参与各种音乐活动。教师在教学中应把全体学生的普遍参与和发展不同个性有机结合起来。这是音乐教学共性与个性相统一的一种解读，是指向人的全面发展和个性成长的。

其次，在音乐教学中，对作品的解读和音乐的理解，我们也应该抱以多元的视角和宽容的态度。每一个音乐作品就如同每一个人一样，具有唯一性和特殊性。因此，对作品的理解与解读存在共性问题和个性问题。如标题性欣赏作品的创作背景、乐曲结构、演奏乐器等都基本属于共性问题，这是大家都听得到和看得到的。而像音乐情境、表现方式等都属于个性问题，不给标题的时候，也许每个人听到的感受都是不尽相同的，如《沃尔塔瓦河》《鳟鱼》等作品。歌唱作品更是如此。歌曲的曲谱、歌词等都是有共性的，而如何表现就看个性了。因此，我们应该在共性理解的基础上，做好个性的彰显。对每一首作品，每一个表演者的理解都是不同的，呈现出来的形式也是不一样的。

案例《狮王进行曲》 学习这首法国作曲家圣桑的代表作，教师在引导学生感知音乐形象时，不拘泥于音乐本身所具有的标题化形象，而是从多元的角度引导学生去感知："音乐带给你什么感受？""音乐描绘了怎样的场景？"学生通过聆听和体验，可以多元解读音乐形象。只要是符合音乐沉重、威猛的形象的都可以。尤其是在体验和感知狮王的音乐形象时，教师通过画狮王头像的图形谱带领学生感知，引导学生用自己的方式感知狮王音乐形象。通过律动狮王的脚步，哼唱狮王的路线，模仿狮王的吼声等音乐活动，用动作表演主题旋律，感知记忆主题旋律。通过各种体验，感受音乐要素，设计由简到难的声势律动及音符旋律接唱，让课堂变得有趣生动，充分感受体验乐曲中狮王的音乐形象。既有共性的音乐解读，又有尊重学生个性的音乐解读，很好地诠释了共性与个性的有机统一。

（案例源自杭州市行知小学　陈秀月）

第四节 ‖ 音乐课堂之实践特征

一、互动性与体验性相统一

教学互动是音乐课的重要特征。教学活动是师生共同进行的一种交往与沟通。教学过程是一个动态发展的过程，是教与学统一的互相影响和交互活动的过程。在这个过程中，调节师生关系，强化人与环境、氛围的交互影响，形成和谐的师生互动、生生互动、学习者与教学媒介的互动，产生教学共振，以达到提升教学效果的目的。音乐课堂上，师生之间、生生之间、师生与媒介之间的互动比比皆是。高频率、高效率的互动有效促进了音乐学习的有效性。

体验性是学生学习自主性的重要体现。音乐学习需要体验，体验音乐是学习的重要过程。它更注重学习的过程，是要学生亲身参与到音乐的聆听、感知、感悟、表现和创造的过程中去，完整而又充分地聆听音乐作品，在音乐体验与感受中，获得对音乐的直接经验和丰富的情感体验，享受音乐的愉悦审美过程，体验并理解音乐的感性特征与精神内涵。① 音乐体验是孩子进入音乐的途径，能体现孩子投入音乐体验的程度，而且这种投入不仅仅是一般的投入。学生所从事的种种音乐活动之间的特殊联系和音乐各个要素，都是有计划、有成效学习的基础。

---

① 中华人民共和国教育部．义务教育音乐课程标准［M］．北京：北京师范大学出版社，2011.

案例《非洲的灵感》 歌曲《阿伊亚——非洲的灵感》是一首带有领唱的无伴奏女声三重唱，是一首经过改编的中非民间歌谣。歌曲中没有歌词，只有“嗨呀，喵喵”一类的衬词，表现一种相互思念、呼唤的情景。教材中的谱子非常简单，仅有的一句三声部旋律也是整首歌曲中重要的主题动机。按歌曲音频的完整演唱，可以根据演唱形式的变化分成三部分，中部加入的领唱让歌曲变得更有灵魂。歌曲中的三声部节奏相同，音高不同，呈大调和声，这些元素对中学生来说比较容易完成演唱。首先，把学生分成三组，通过师生配合用拍手、拍凳子和坚贝鼓的方式打节奏，让同学们来感受三组之间的节奏层次，体验不同的节奏，并引出 6 拍子节奏。接着通过分声部学唱、三声部合唱、综合表演等形式反复体验和表现非洲音乐的特点。在整个过程中，教师始终参与其中，一会儿和学生合作节奏，一会儿和学生合作演唱，并在与学生不断的对话中引导、提升学生对非洲音乐的理解与表达，很好地将师生的课堂互动与师生对音乐的体验与表现融合在一起。

（案例源自杭州市翠苑中学 姜盼婧）

二、实践性与探究性相统一

实践性是马克思主义哲学最重要的特点和理论品质。音乐是实践性很强的学科。音乐课中的聆听、演唱、演奏、综合性艺术表演及音乐创编都需要学生亲身参与实践，在实践参与中获得对音乐的直接经验和情感体验，为学习和掌握音乐相关知识与技能，领悟音乐的内涵，提高音乐素养打下扎实的基础。音乐的音响不具有语义性和事务形态的具象性，因此，音乐的实践性需要遵循音乐的本质属性。①

探究是音乐学习的重要行为，也是音乐创造性学习的重要过程。音乐学习探究是指学生在一定的音乐学习情境中，通过尝试、质疑、发现、分析、研究、探讨和创新的过程，从而解决音乐表现与创造的问题，获得知识，掌握方法，积累能力，提升素养。要在音乐探究中培养学生对音乐的好奇心和探究欲望，重视自主的探究过程，让学生能够积极参与以即兴创编为主的音乐探究和音乐创作活动。

案例《嘎达梅林》 老师用一段悠扬、美妙的蒙古族长调带领孩子们进入辽阔的大草原，初步感受蒙古族的音乐风格。紧接着老师出示了三个主音“6、1、3”，引导孩子们自由组合，在反复哼唱中体验蒙古族的长调，层层递进。为了让学生深入感知，老师在哼唱中，巧妙地运用乐器雨声筒和蒙古羊皮鼓创设了悠扬、宁静的音乐意境。在

① 中华人民共和国教育部 . 义务教育音乐课程标准［M］. 北京：北京师范大学出版社，2011.

课堂上，老师把更多的探索时间交给了学生，让他们自己选择合适的节奏型，加入蒙古族的韵律、动律，对《嘎达梅林》这首蒙古族歌曲进行二度创作。最后老师以音乐剧的形式，设计了“引子—第一幕（英雄出场）—第二幕（马背上的英雄）—第三幕（缅怀英雄）—尾声”这五个剧幕环节，自由组合排练，带领学生围绕音乐不断实践，深入探究，一步步升华歌曲的情感，提高了学生的音乐想象力、创造力、表现力。

（案例源自杭州市保俶塔实验学校 郐淑颖）

第五节‖ 音乐课堂之能力特征

一、欣赏性与表现性相统一

欣赏音乐是通过耳朵的听觉对音乐进行听辨、赏析和评价的过程，并能够从欣赏音乐的过程中获得美的体验。课堂中，通过对音乐作品的情绪、格调和人文内涵的感受与理解，培养学生的音乐欣赏能力。感受与欣赏是音乐学习的重要领域，是整个音乐学习活动的基础。良好的音乐感受与欣赏能力对于学生丰富情感、提高文化修养、增进身心健康等都具有重要意义。教学中，应激发学生听赏音乐的兴趣，鼓励学生对音乐有自己独特的理解和表达，并逐步养成欣赏音乐的习惯和积累欣赏音乐的经验。①

表现性审美对象具有的表达情感的结构性质和情感意味。阿恩海姆认为，不仅有意识的人具有表现性，就是那些不具意识的事物，如一块陡峭的岩石、一棵垂柳、落日的余晖、一汪清泉，甚至一条抽象的线条等都和人体一样具有表现性，在艺术家眼里也都具有和人体一样的表现价值。这说明艺术家能通过自己的体验赋予有一定结构性质的客观事物意识和情感，也就使事物具有了表现性。② 表现是学习音乐的基础性内容。在课堂中，要培养学生自信地演唱、演奏和进行综合性艺术表演，并通过这些表现形式表达个人的情感及与他人沟通。

案例《A 大调鳟鱼钢琴五重奏》 聆听歌曲《A 大调（鳟鱼）钢琴五重奏》，导入课堂，通过主题旋律的聆听、哼唱等，整体感知音乐形象。紧接着细品主题音乐，逐

① 中华人民共和国教育部．义务教育音乐课程标准［M］．北京：北京师范大学出版社，2011.

② 林崇德．心理学大辞典（上卷）［M］．上海：上海教育出版社，2003：12.

段欣赏主题及各个变奏，并以多重感官体验音乐，听辨主题音乐与每一段变奏的主奏乐器、力度、速度、情绪及其他表现形式上的不同。演奏鳟鱼主题的小提琴明亮的音色让人心情愉悦，分辨旋律相同、节奏不同的主题乐段，并用口风琴吹奏主题，记忆主题。用听辨、对比、师生合作钢琴演奏等方式体验变奏一的钢琴主奏、音区升高、颤音及情绪的欢快活泼；用听辨、对比等方式体验变奏二的大提琴和中提琴音色、三连音及主副旋律的行进；用听辨、对比、旋律线等方式体验变奏三大提琴和低音提琴演奏主题旋律，音区降低，钢琴以密集的32分音符做上下翻滚的副旋律运行，同时，小提琴和中提琴则以“痉挛”似的齐奏予以伴奏，给人一种激动、不祥的感觉；用听辨、对比、律动等方式体验变奏四的力度变化、三连音、卡农，以及D大调到d小调的调性变化；接着在完整聆听中对比主题五，揭示乐曲的完整结构；并通过填表格的形式，对作品各部分音乐要素的变化有更清晰的认识。然后通过小组合作，培养聆听习惯和分析作品中各音乐要素的能力，用丰富的表现形式表现作品，全身心地去感受、参与、体验、表现和创造音乐的美，增加学习的兴趣，同时也让学生能进一步体验变奏和变奏曲式。案例中的教学，对每一段主题的欣赏都能够将欣赏性和表现性有机地结合起来。

（案例源自杭州市三墩中学　江雯）

二、思维性与创造性相统一

思维是人脑通过语言对事物的概括与间接的反应过程。思维以感知为基础，又超越感知的界限。通常意义上的思维，涉及所有的认知或智力活动。它探索与发现事物的内部本质联系和规律性，是认识过程的高级阶段。人对音乐的思维有感性思维和理性思维之分。音乐是感性的，通常情况下，人们认为音乐更多赋予人们的是感性思维。但音乐又是理性的，音乐的音符、乐谱，包括音乐分析都带有浓厚的理性色彩。因此，我们在培养学生音乐感性思维的同时，也要注重音乐理性思维的培养。在音乐实践活动中，通过感性的音乐体验活动，通过教师的引导、提炼和概括，逐步让学生形成并具备音乐理性思维能力，关注学生思维品质的养成，让学生学会用音乐的方式思考音乐，用音乐的方式表现音乐，用音乐的方式创造音乐。

创造是发挥学生想象力和思维潜能的音乐学习领域，是学生进行音乐实践创作和发掘创造性思维能力的过程与手段，对于培养创新人才具有十分重要的意义。音乐的创造包含两类学习内容：一是以开发学生潜能为目的的即兴音乐创编活动；二是运用音乐材料进行音乐创作尝试与练习。[1] 即兴创编范畴如：将儿歌、诗词用不同的节奏、速度和力度加以表现；在聆听音乐与唱歌时即兴编创动作；能够即兴编创歌词等。音乐创作范畴如：能够用线条、色块和图形等记录音乐；能够编创节奏音型和旋律等。将音乐的思维性和创造性有机统一，更好地培养学生的创新精神，是音乐学科的重要任务。

案例《玩花球》 本课是一节以音乐为主体的形体创编课。整节课内容：复习《花皮球》→探索花球的玩法→随音乐玩花球→创编组合《玩花球》。在整个过程中，教师通过几段不同的音乐，并借助花球这个道具，不断引导学生比较音乐的情绪、力度和速度等要素，并通过示范、创编等，让学生学会用身体语言表现音乐。在课堂上，用"花球能怎么玩呢？""你能想出和别人不同的玩法吗？""你能用形体动作来表示对音乐的感受吗？""你能分小组创编舞蹈组合吗？"等提问，引导学生不断思考、体验、探索和创造。学生随音乐玩花球，小组创编舞蹈组合《玩花球》。教师对学生的自编动作进行指导，使之更加优美；对学生的小组组合创编进行指导，使动作、队形、造型等更加合理、美观。在小组创编中增进相互合作的精神，体会创作中的快乐，培养学生的创造性思维。

（案例源自西湖区教育发展研究院　高峰）

第六节‖　音乐课堂之整体特征

一、目标性与生成性相统一

"普通音乐课程的总目标或目的是，尽可能最充分地培养每一个学生体验和创造音响的内在表现性的能力。"[2] 学习目标是指在教学活动前预设，并在活动中期待学生通过学习所得到的学习结果。在学习过程中，学习目标起着十分重要的作用。学习活动以目标为导向，且始终围绕实现学习目标而进行。学习目标可以分为学年目标、学期目标、单元目标和课时目标等，是教师实施教学和学生开展学习的目标与方向。学

① 中华人民共和国教育部．义务教育音乐课程标准［M］．北京：北京师范大学出版社，2011.
② 贝内特·雷默．音乐教育的哲学［M］．熊蕾，译．北京：人民音乐出版社，2003：197.

习目标的达成需要学生的高度配合与自主实践。因此，要关注学生的学习起点问题。同样的学习内容，针对不同的班级和不同的学生，所制定的学习目标会不同，一定要基于学生学习起点的适切性。如果学习目标适切，教学过程就顺利，学生配合度高，学习达成度就高；反之，达成度就低。在学习过程中，采取科学的、合适的、艺术的教学方法和策略，在体验、模仿、探究、合作与综合中完成学习内容，实现学习目标，从而使学习过程与学习方法能够齐头并进。

但是，教学不可能完全按照教师预先设定的目标进行。学生是一个个鲜活的生命个体，课堂是一个动态生成的场所，教学不是一成不变的，是一个动态生成的不断变化的过程。因此，教学实施的过程中尤其要关注教学的生成性。美国心理学家维特罗克早在20世纪70年代就对生成性学习模式进行了研究，他认为学习是一个主动的过程，学习者积极参与其中，并非被动地接受信息，而是主动地构建自己对信息的解释，并从中做出推论。① 学习者可能不理解教师讲解的语句，但肯定理解自己加工生成的语句。教学的生成性需要我们关注表现性目标，而演唱、演奏等表现领域的音乐学习是音乐学科最重要的学习领域。很多年轻教师只顾着走自己的教学流程，忽略了教学过程中那些不经意间精彩绽放的学生，没有及时捕捉到，并适时地拿来为自己的教学所用。因此，关注教学的目标性与生成性的统一是音乐教学需要关注的。

案例《西风的话》 这是一节声情并茂、充满诗情画意的唯美音乐课。在2019年杭州市中小学音乐教研中展示时，其中一个环节的预设目标是通过板贴旋律谱带领学生感受体验歌曲，提升学生的音准和识谱能力。而由于磁性板贴和电子白板出现问题，导致这个环节不能正常开展。但教师凭借多年扎实的教学经验和极高的临场应变能力，将突发情况化解于无形。白板、板贴不能用，就用传统黑板，将旋律谱写在黑板上，教师带领学生通过模唱、认唱和构唱等手段，逐一解决歌曲旋律的几处大跨度跳跃的音准，并能够流畅地运用柯尔文手势进行旋律演唱。整堂课充分挖掘作品，深入细致地开展教学：从探寻结束音、感受旋律线、寻找相似句的一系列活动中识读乐谱，感受音高与力度的关系；在了解背景、理解歌词的基础上学唱歌曲，并在各种意境中进行二度创作，带领着孩子们一步步地升华情感。这种化解危机式的生成，考验着教师的教学机智。

（案例源自杭州钱塘外语学校　任一波）

① 梁宁建．当代认知心理学［M］．上海：上海教育出版社，2014.

二、整体性与局部性相统一

音乐教学需要关注整体性。这个整体性可以从两个维度来理解。一个维度是对于一个作品而言，音乐需要有完整性和整体性。学生聆听、感知和表现音乐作品要有一个完整的过程，同时，对作品也要有一个整体性的感受与认知。另一个维度就是音乐知识与知识之间、能力与能力之间、知识与能力之间、作品与作品之间，以及年级与年级之间都存在一定联系，有一定的线索和体系。教师要有通盘观念和全局意识，要站在整个音乐课程的视角去透视整个音乐教学过程。因此，我们经常会在一节课的起始环节看到老师们通过恒拍体验、节奏身势、身体律动等各种方法，带领学生整体聆听音乐、感受音乐和体验音乐，等学生对音乐作品有了初步的完整印象，才开始进入下一步的教学。这也符合戈登教学法的整体—局部—整体的三个阶段。

在关注整体性的同时，教学又是局部展开的。比如歌唱教学的一个乐段、一个乐句，甚至小到一个小节和具体的节奏型都需要局部展开细节的指导。欣赏教学主题乐段、音乐类型和乐器音色听辨等也需要局部展开细致的聆听与分析。在局部的细节教学后，又将回归整体，将之前的教学元素和表现方式进行整合，对作品进行深度开发和升华展现，呈现完整的作品表现。

案例《草原上》 教师用一段悠扬的蒙古族长调歌声拉开了教学序幕。教师的歌声、琴声和草原意境融为一体，营造了浓浓的草原音乐文化氛围。这是一个关于蒙古音乐的大整体。接着，让孩子们在感受并模仿羽调式音阶中体验蒙古长调。师生即兴表演 A—B—A 片段，整体聆听、感知音乐作品，营造了一个充满意境的迷人草原。这是一个聚焦于作品的小整体。紧接着，利用声势教学，感受由远及近而又远去的马蹄声，并在跑马声的伴奏下开展歌曲教学。围绕速度、力度、情绪等音乐要素，通过节奏身势、律动等多感官联动，步步递进，体验不同要素变化所表达的不同歌曲风格。这是基于音乐体验和表现的局部探究和演绎。最后，以一段完整的蒙古赛马风情，通过引子（马蹄节奏由远及近）+ 不同速度演唱（快、慢、快）+ 尾声（马蹄节奏由近及远）的综合表演，串联起整堂课的学习内容，完整地呈现了作品。这是基于课堂学习后的融合性整体。整节课将蒙古音乐的整体性、音乐作品的整体性与教学的局部探究有机地结合，统一达成教学目标。

（案例源自杭州市求是教育集团　蒋麒）

第四章

音乐教材组织与教学内容构建

发挥音乐的感染、熏陶和唤醒作用，

让孩子浸润在学习音乐的快乐中。

——高峰

第一节‖ 教材的组织与编排方式

一、教材

教材是供教学用的资料，是根据教学大纲和实际需要，为师生教学应用而选编的材料。教材的定义有广义和狭义之分。广义的教材指在课堂上和课堂外教师和学生使用的所有教学材料，比如课本、练习册、活动册、故事书等。教师自己编写或设计的材料也可称之为教材。狭义的教材特指教科书，是根据一定学科的任务编选和组织的具有一定范围和深度的知识和技能的体系，一般以教科书的形式来具体反映。[①] 文化学科的教材主要以文字教材呈现。文字教材可分为主教材、导学教材和专题教材等。而音乐学科除了文字教材外，最重要的教材莫过于音像教材，其中包括录音教材和录像教材。

二、教材的组织方式

在教材的组织问题上，教育界历来存在着逻辑程序和心理程序两种观点。美国著名哲学家、教育家、心理学家杜威认为，学生的经验与系统的教材之间是一个现实的起点与终点的关系。他坚持教材组织的两种程序统一论的观点。[②] 这就产生了体现学科本位、以生为本和生本兼顾的三种教材组织模式。其一，逻辑式组织。按照有关学科知识的内在逻辑顺序组织教材。此为学科本位的教材编写方式。其二，心理式组织。以学生为本位，注重学生的兴趣、需要和能力，强调以学生的经验为教材组织的出发点，逐步扩大教材的内容范围，使学生愿学、乐学，而较少考虑知识体系的完整性。此为以生为本的编写方式。其三，折衷式组织。兼顾学科与学生两方面的需要和情况，撷采两者之长。不过在兼顾学科与学生这两方面时，在不同的学科和学生不同的学习阶段，又有所侧重。此为生本兼顾的编写方式。

---

① 中国大百科全书编委会 . 中国大百科全书 · 教育［M］. 北京：中国大百科全书出版社，1985：144.

② 吴志宏 . “逻辑程序”还是“心理程序”？——评杜威在教材组织问题上的观点 . 教育评论［J］. 1985（4）.

三、教材的编排方式

教材是根据课程目标从人类的经验体系中选择出来，并按照一定的逻辑序列编排而成的知识和经验体系。① 教材的编排方式一般有四种，分别为直列式、螺旋式、分支平行式和综合式。其一，直列式排列。这种排列方式是对一科教材内容采取环环相扣、直线推进、不予重复的排列方式。也就是说，在教材的内容排列中，后面不重复前面已讲过的内容。其二，螺旋式排列。它针对学习者的接受能力，按照繁简、深浅、难易的程度，使一科教材内容的某些基本原理重复出现，逐步扩展，螺旋上升。其三，分支平行式。这是把内容分为若干个平行的单元，针对这些平行单元分别采用相应的教学方法，逐一开展教学活动，最后进行总结。其四，综合式。编排时采用上述两种、三种甚至更多的方式进行编排，是上述这三个编排方式的综合。

第二节‖ 音乐教材的组织方式

音乐教材的组织方式一般包括以生活经验组织教材、以音乐经验组织教材和以学习领域组织教材三种类型。这三种组织方式没有好坏之分，是根据不同国情，针对培养目标，根据教师现状来选择确定的。在教材组织形式上，首先，以音乐经验组织的教材是提供给缺少教学经验的老师使用的。它是大纲版本的教材体系，教师不用自己去发现，只需按照教材提供的知识与体系去教学。其次，以生活经验组织的教材要求老师在教材中去发现，通过老师的发现与创造，把音乐与生活经验联系起来，也就是我们经常说的，使用教材时要进行二度开发。最后，以学习领域组织的教材，需要教师自身具备很强的开发与整合教材的能力。

一、以生活经验组织教材

杜威的基于学生的生活经验的学习理论，为以生活经验组织音乐教材提供了理论依据。以生活经验组织教材主要用于小学阶段的音乐教材组织。这是采用最多的一种组织形式，世界上很多国家都会采用。这样组织教材的优点是能基于学生的生活经验，使其产生共鸣，教学时学生特别容易生动活泼起来，符合课改理念，符合杜威的

① 廖哲勋，田慧生 . 课程新论［M］. 北京：教育科学出版社，2003：182-183.

民主主义思想。基于生活经验的学习理念，能够体现一定的音乐知识体系的顺序和逻辑关系。它的不足是容易使教育者看不到知识技能的系统性和连贯性。

要注意，以生活经验组织教材是基于生活经验的音乐学习，而不是从音乐出发去寻找生活经验。例如在课堂上教授《小蜜蜂》，听音乐后提问“旋律线提示我们小蜜蜂是怎么飞的？”“小蜜蜂是飞得高还是低？”等，这样的提问便是从音乐出发去寻找生活经验，而不是基于生活经验的音乐学习。如果换个问法：“小蜜蜂飞得有高有低：5 4 ｜ 3 ○ ｜ 23 42 ｜ 1 ○ ｜”；中间呈现相同乐句时问“哪两只小蜜蜂的飞行路线是相同的？”然后再有表情地模唱歌曲旋律等，这样才是基于生活经验的音乐学习。同时，还要避免一种错误理解，即人文主题是音乐教材的组织方式——这样的理解也有偏差。人文主题只是一种俗称，是不能作为组织教材的依据的。不能将人文主题的意义扩大了，人文主题只是从音乐中派生出来的生活经验。

二、以音乐经验组织教材

这是一种以音乐为本体来组织教材的方式。如从音乐要素出发，根据音乐要素由简及难、由浅入深的方式，组织音乐教材。比如美国的一些州就会用这样的方式组织教材。下面我们来看一个以音乐经验来组织的教材。

案例　美国三四年级学生的音乐学习（重点学习唱歌和演奏乐器）①

1. 学习顺序

（1）结构。

（2）节拍：二拍、三拍、四拍；节奏型。

（3）旋律乐谱。

（4）风格：非洲音乐、美国黑人音乐。

2. 唱歌和演奏乐器学习顺序之一

（1）学习内容

①音乐是由各种结构组成的：有旋律的音乐，有和声伴奏的音乐，有两个声部或更多声部作为轮唱或卡农而表演的音乐，以及有一个或更多副旋律的音乐。

②结构中也可以加入节奏和调性的概念。

（2）学习课题

①唱几段不带伴奏的旋律，音高要尽量清晰，声音要像一个人一样。

① 格雷珍·希尔尼穆斯·比尔．体验音乐：美国音乐教育理念与教学案例［M］．杨力，译．北京：人民音乐出版社，2009：297-299.

②唱需要节奏乐器伴奏的音乐，按乐谱演奏打击乐器；即兴演奏其他旋律并把它们写下来。

③唱歌并用竖笛或铃演奏副旋律为歌曲伴奏；唱歌用人声副旋律或即兴演唱为歌曲伴唱。

④唱问答式歌曲，通常在问时使用独唱。

⑤唱轮唱，并试着用不同的部分和不同的方式把它们组织起来。

⑥唱有简略和弦的旋律，并确定适合旋律的和弦伴奏。用自动奇特尔琴或铃尝试配合，以呈现出最好的独唱部分。

⑦唱旋律，并在钟琴、金属琴和木琴上即兴演奏固定音型。

（3）使用材料

①歌曲：《噢来了，噢来了，伊曼纽尔》《廷戈·雷由》《老德克萨斯》《萨拉斯庞达》《我的鹅为什么不唱歌》《法国大教堂》《嗨吼，嗨啰》。

②乐器：自动齐特尔琴、谐振铃、高音竖笛、钟琴、金属琴、木琴、手鼓、带软拍的长筒鼓、响棒、铃鼓、响葫芦。

以音乐经验组织教材的优点在于学生能够对音乐本体的学习非常系统、非常明确。同时，让所有教育者心中有数，知道要教什么。其不足在于，它不包括审美情感体验的内容，对音乐情感的体验不够，只有音乐本体的体验，对音乐的体验简单机械。因此，一些音乐教育家对其持否定态度。所有教材的选择是以它的知识体系为选择原则的，学习相对比较单调枯燥。其实，以生活经验组织教材对老师要求更高，音乐的文化性更强，音乐的情感体验和音乐的教育价值会体现得更好、更容易。

三、以学习领域组织教材

这是一种按照不同的学习领域，以某一个学习领域为单位，再把此领域相关的音乐作品放在一起的组织方式。比如按照音乐表现领域组织一个年级的教材，可以是一个学年一本，如将一个年级的20多首乐曲、歌曲全部排列出来，就组成了这个年级的教材。至于哪些学唱表演，哪些欣赏，哪些演奏，则是按照一条一条线排列的。其中还要渗透音乐知识技能、音乐创作和器乐学习等，需要老师根据教材内容自己来组合、发现和创造。这样的组织方式对教师提出了很高的要求，需要教师具备根据教学需求重新组织与整合教材的能力。这是提供给最有经验的老师使用的教材。

四、人音版教材组织方式

人音版教材在组织与编排上，对于小学、初中、高中，虽然采取了不同的组织方式，但它是在一个体系内的，是按照音乐思维、音乐学习和音乐认识规律来组织的。如从小学到高中的音乐欣赏，是从“动的欣赏”到“静的欣赏”，安静的欣赏音乐是终极目标。音乐学习的过程是从模糊到清晰。这种根据不同阶段学生的年龄特点，设计成从动到静的组织方式，符合了人的心理成长规律和音乐认知规律。因此，这是一套有设计的，更是有体系的教材。

（一）人音版各学段教材组织方式

1. 小学教材

以生活经验组织教材，这是与国家纲要相吻合的，也与课程标准相吻合，并且符合小学生活泼好动、求知欲强、对生活充满好奇的心理特点。教材的单元标题以人文主题呈现，这样的组织编排方式适合小学生的音乐学习，也更有利于教师组织、设计、开展教学工作。

2. 初中教材

初中教材的单元标题虽然还是以人文主题来组织与编排，但是内容上和小学教材的组织方式是不一样的。初中教材的组织兼具生活经验和音乐经验，是两者的结合体，重在体现音乐类型、体裁和风格等的认识。因此，初中音乐学习更加趋于理性，是从音乐感性学习向理性学习的过渡。

3. 高中教材

高中教材则采用音乐经验组织与编排，所有的标题几乎都是以音乐经验来呈现的。比如中国民乐：打溜子、鼓吹乐、吹歌、江南丝竹、广东音乐等；亚非音乐：东亚音乐、东南亚音乐、南亚音乐、中亚和西亚音乐等；宗教复调音乐之巴赫：复调音乐、主调音乐、十二平均律，作品主要有《马太受难曲》《十二平均律钢琴曲集》《法国组曲》《英国组曲》《b 小调弥撒曲》《勃兰登堡协奏曲》等。

（二）人音版教材的内容解读

现行人音版教材的组成包括教科书、教师用书、音响资源。教科书即课本，是上课之本；音响是教材的重要组成部分；课本通过音响产生学习效果。教材提供的是学习逻辑和学习顺序，是一种学科体系。其实真正的学习内容应该是音响本身。学音乐主要还是通过声音来获得对音乐的学习和理解。在学习过程中，最好是每个学生都能够配上一套教材，包括教科书和音像资料。这样更加有利于学生的音乐学习。因为，教学是系统的，是点和线的关系，从第一册教材到第十八册教材是一个完整的系统。

一个作品的出现、一个音乐知识点的学习都是整个线上的一个点，只不过这个点有大有小，有的点出现次数多些，有的点出现得少一些而已。而我们现在的音乐课，尤其是评优课、展示课，每一节课似乎都是孤立的，没有延续性。比如讲"探戈"的教学：有的课讲得特别全面，涉及探戈的历史、探戈的文化、探戈的演奏乐器、探戈对皇室的影响、探戈的代表人物等等，单独看探戈教学没有问题，但是如果把这节课放到整个教学系统中，就会有问题。它不一定是这个年龄段的孩子需要掌握的。探戈讲得这么细，那么圆舞曲要不要？摇篮曲要不要？而且对于探戈来讲，最重要的音乐要点，比如探戈的节奏要仔细讲，其他不用。因为探戈这个体裁不需要这么重的笔墨，不是大众所必须掌握的学习内容。

另外，教科书和教师用书的不同在于教科书和教师用书是完全不同的两种编写方式。教科书是集体编写、反复修改、严格审查、一丝不苟。而教师用书是个体编写，可能存在这样或那样的问题，仅供老师们参考。这样，就需要老师们有足够的勇气去挑战权威，也要有足够的底气去寻找更加合理的解读音乐的方式。

第三节‖ 音乐教材与内容之再认知

对于教材内容的选取是要基于课程的要求的，有什么样的课程就需要编写相应的教材。课程内容不仅要反映间接经验，还要反映直接经验。张华认为："课程内容的选择是根据特定的教育价值观及相应的课程目标，从学科知识、当代社会生活经验或学习者的经验中选择课程要素的过程。这些课程要素包括概念、原理、技能、方法、价值观等。"① 从本体论层面来看，教材内容主要是指各学科的基本概念、基本原理和基本事实，各种活动的方法、步骤、规则与技术。它一般由课题、图像和作业三大系统组成，说明了教材内容是什么的问题。②

对音乐教材内容的认识来源于教材本身，因为学习内容是教材提供的。教材提供学习内容和学习逻辑。准确地说，提供的学习内容是音响本身，是配套的音响。因为课本上的东西不是音乐本身，只是音乐的符号。音乐是通过音响来获得的。课本通过音响产生学习作用和学习效果。而课本是要起到让学生从感性学习到理性学习音乐的

① 张华．课程与教学论［M］．上海：上海教育出版社，2000：191.
② 陈柏华．教师教材观研究［M］．杭州：浙江大学出版社，2012：33.

过程辅助，辅助学生将感性音乐经验转化为理性的音乐认知，最终与音乐本体建立联系。音乐学习的过程是从模糊到清晰，从感性到理性，从整体到个体。我们要遵循教材的这一特点。同时，我们还要依据教学内容来选择教学方法。比如常态的音乐课要以音乐为本，以音响为学习的主要材料，引导学生进行朴实有效的学习。

我们以人音版教材为例，阐述对教材与内容的二度认知。对于人音版教材的认识，我们其实存在很多的误区。有很多对教材认识不到位的地方，也有很多对教材序列不清晰的地方。比如识谱的问题、乐器的问题、合唱的问题等。我们以识谱教学和歌唱教学为例，谈一谈人音版教材的内容构建与教学序列。

一、识谱教学

识谱教学是音乐教学的一个重要板块，不管是音乐教学的哪个领域，欣赏、演唱、演奏等都需要良好的识谱能力作为基础和保障。为了更好地开展识谱教学，我们就需要对教材的识谱教学序列有一个正确、科学的认知。

要正确认知教材关于识谱教学的逻辑与序列，就要正确认识到识谱教学的规律和特点。我们认为人类从说话到识字的过程和从歌唱到识谱的过程是相同的。人出生伊始并不认识文字，从牙牙学语开始慢慢会说“妈妈”“爸爸”，但此时并不认识这两个字，只是会说。同理，歌唱到识谱也是相同的过程，不识谱的人也能把歌唱得很棒。所以，文字是语言的工具，歌谱是歌唱的工具。文字是有思想性的，我们阅读文字就可以知道文字所要表达的思想和情感。而识谱的过程和人类说话的过程是一致的。有的老师拿识字和识谱做比较。其实这是两回事。为什么？因为乐谱是非语义性的，它不代表音乐，只是记录音乐的符号，没有思想，也没有情感，绝大多数人不能通过乐谱来理解音乐，只有少部分专业从事音乐工作的人比如指挥、乐手等，才能从乐谱中读出作品想要表达的思想与情感。我们认为大多数人对音乐的理解是从声音中获取的。只有音响出现时，也就是在听音乐时，才能与乐谱去对应。

人音版小学音乐教材的识谱教学可以分为五个步骤或阶段。

第一阶段：唱名模唱（一年级）——能够模仿老师或音频的唱名哼唱；

第二阶段：唱名背唱（二年级）——能够随着旋律背唱唱名；

第三阶段：认识唱名（三年级）——能够认识 1—$\dot{1}$ 各个唱名并演唱；

第四阶段：节奏复读（四年级）——能够按照节奏的音速来读谱；

第五阶段：看谱认唱（五、六年级）——能够自己认读唱名并演唱。

从上述识谱教学的阶段来看，教材呈现的识谱教学似乎是从三年级认识唱名开始的。但其实不然，认识唱名只是识谱中的一环。而在这之前还有两个环节，分别是唱名模唱和唱名背唱。这两个环节非常重要，是为后续的认识唱名做充分准备和积累的。而三年级开始的认识唱名只是识谱教学的第三个步骤。对于教材的呈现，我们要看明白和认识到位。识谱教学不是从三年级开始的，而是从三年级认识唱名，认知乐谱，之前的两个环节不能遗漏掉。真正的识谱教学从一年级入学的第一节课就开始了。

1. 第一阶段——唱名模唱

这一阶段要求学生能够模仿老师或音频进行唱名哼唱。整个一年级都是唱名模唱阶段。遵循的原则是先学唱歌曲，再进行唱名模唱。这样操作的初衷是为了让学生在学习中不看乐谱。比如小学第一册的《国旗国旗真美丽》，学会歌曲后，学生可以跟着教师模唱歌曲旋律。这样便有效降低了学唱歌谱的难度，学生也更易接受和表现。歌唱的初始学习过程是先唱歌再唱谱，这是符合学生年龄和心理特点的。当然，到后期小学高段和初中，可以视歌曲的难易程度，选择先唱谱再唱歌。

2. 第二阶段——唱名背唱

小学二年级基本为唱名背唱阶段。有了一年级唱名模唱阶段的反复模唱和积累，学生对唱名已经比较熟悉。此时，要求学生把一些已经学会的短小歌曲的唱名背下来，以进一步巩固学生对唱名音准和旋律的记忆。

3. 第三阶段——认识唱名

到了三年级上册就要完成从 1—$\dot{1}$ 全部唱名的认识。具体分布在第二课《草原》认识 3、5、6，第四课《放牧》认识 1、2，第七课《钟声》认识 4、7、$\dot{1}$。三年级下册就要通过各种作品，不断巩固唱名的认知和记忆。而这之前的一、二年级，教师可以用模仿、柯尔文手势、音阶、九宫格等很多形式去让学生唱唱名，可以不出现唱名、不看乐谱，不把读谱作为一种负担，使唱谱与音乐建立联系，而不是与符号建立联系。

4. 第四阶段——节奏复读

小学四年级要求按照节奏的音速来读谱，即为节奏复读阶段。节奏呈现也是有梯度的。在这之前的一年级将四分音符、八分音符、二分音符等节奏都呈现出来了。比如第一册："×　$\underline{××}$"用"走 跑跑"的形式呈现，从《其多列》《跳绳》到《动物说话》，再到第五课"×—""走哦"，然后《小青蛙》到最后一课《小拜年》《龙咚锵》有一个汇总与综合。到了三年级才出现四分音符、八分音符、二分音符等节奏名称。也就是说，一、二年级是节奏的技能感知体验，三年级开始是节奏的知识技能落实，这就是节奏先行的教学。也就是在认知音符之前，先把节奏解决好，是基于节奏、解决音高的识谱教学。

5. 第五阶段——看谱认唱

到了五、六年级，学生能够自己认读唱名并演唱。比如拿相对简单的歌曲旋律，通过师生接唱和自己认唱等方式，让学生自己认读唱名来唱旋律，继而学唱歌曲。此时的歌谱便成了歌唱的工具，可培养学生看谱认唱的能力。

因此，一年级开始节奏的学习，三年级开始识谱的学习，四年级把两者整合起来。这五步学习法运用了两个原则：听赏领先、节奏先行。一定是在听的基础上，以节奏先行来学习识谱。可见识谱教学从一年级就开始了。

二、歌唱教学

歌唱是小学音乐课最重要的表现方式，是一种体现美的艺术，是音乐教学的重要组成部分。歌唱教学是小学音乐课比重最大的教学领域。也可以这么说，歌唱教学的好坏关乎小学音乐课堂教学质量的高低。要让学生自由地歌唱，感受、体验和表现歌唱的美。歌唱的姿势、呼吸、发声、咬字吐字、情感表达等都有一定的方法和序列。因此，歌唱的系统性具体体现为正确的唱歌位置、发声、气息的支持、头腔的共鸣等。

人音版小学音乐教材的歌唱教学序列体现如下：

1. 一、二年级的歌唱教学目标——能自然地、有表情地演唱

如歌曲《法国号》《其多列》《数鸭子》《小雨沙沙》《乃哟乃》《草原就是我的家》等。

2. 三到六年级的歌唱教学目标——能自信地、有表情地演唱

如歌曲《草原上》《捉迷藏》《一只鸟仔》《柳树姑娘》《愉快的梦》《童心是小鸟》《土风舞》《西风的话》《晚风》《牧场上的家》《春雨濛濛地下》《迷人的火塘》《妈妈格桑拉》《阿里山的姑娘》《花非花》《榕树爷爷》等。

3. 七到九年级的歌唱教学目标——能自信地、有感情地演唱

如歌曲《彩色的中国》《青年友谊圆舞曲》《青春舞曲》《红河谷》《无锡景》《雪绒花》《我和你》《让世界充满爱》《念故乡》《阿伊亚》等。

这就是歌唱学习的系统性和音乐学科教学系统性的体现。对于小学低段学生而言，学习的系统性更重要一些。这也是基于生活经验组织教材的原因。

歌唱学习的系统性同时还体现在教材的呈现方法上。例如一年级教材里有要求学生用各种方式说话，如“能用不同的声音说话吗”“延长了的说话”“说一句愤怒的

话”“说一句轻柔的话”“发现自己的嗓音”“能对高低音做出反应”“能有表情地说话”等，最后到有表情地歌唱。这是教材所传递的一种歌唱的发展过程和学习过程。因此，教师要引导学生把说话时的感觉、音色和自信迁移到歌唱中来。音乐学习的所有领域都是以学习为核心的，不是以学科为核心的，是依据学科体系研究的学生的认知规律。

第四节‖ 音乐教学内容之西湖构建

西湖区音乐课堂以人音版音乐教材为蓝本，构建基于“四感三层”理念下的音乐学科教学序列，发展学生音乐能力和素养，厘清节奏感、旋律感、和声感与音色感在现有音乐教材中的科学序列，整合与重置教学内容。如下表：

要素分类	节奏要素	旋律要素	和声要素	音色要素
要素细分	二分、四分、八分、十六分等音符、恒拍、节拍、节奏型等	音符、音高、小节、乐句、乐段、旋律进行（上行、下行、波浪、级进、跳进）等	音准、音程、和弦、卡农等	乐器音色、人声音色统一、融合、和谐、明亮、灰暗、真声、假声等

现有人音版教材以生活经验组织教材，以人文主题为单元，教学内容梯度、层次性不强。根据“四感”——节奏感、旋律感、和声感与音色感梳理教学序列，打通学段教学，适度整合重置教学内容，并以“节奏、旋律、和声、音色”等音乐经验来组织教材。

一、节奏感教学序列与教学内容

<table>
<tr><th>年级</th><th>音符节奏</th><th>基本要求</th><th>代表作品</th><th>特殊节奏</th><th>举例</th><th>基本要求</th><th>代表作品</th></tr>
<tr><td>一年级</td><td>X（走）、XX、（跑跑）、X–（走哦）</td><td>感知体验</td><td rowspan="2">《其多列》《跳绳》《动物说话》《小青蛙》《小拜年》《龙咚锵》《布谷》《小雨沙沙》《雁群飞》《乃哟乃》等</td><td rowspan="2">连音节奏</td><td rowspan="2">如：
|X. |X – – |
|X X |X – 等</td><td rowspan="2">初步感知、歌唱准确</td><td rowspan="2">《猫虎歌》《新疆是个好地方》《蜗牛与黄鹂鸟》《云》等</td></tr>
<tr><td>二年级</td><td>X（走）、XX、（跑跑）、X–（走哦）、XXXX（快跑快跑）</td><td>感知体验、反复巩固</td></tr>
</table>

续表

<table>
<tr><th>年级</th><th>音符节奏</th><th>基本要求</th><th>代表作品</th><th>特殊节奏</th><th>举例</th><th>基本要求</th><th>代表作品</th></tr>
<tr><td>三年级</td><td>四分音符、八分音符、二分音符、十六分音符、全音符、四分休止符、八分休止符等</td><td>认识节奏、知识技能、理解运用</td><td>《草原上》《放牛山歌》《妈妈的心》《春天举行音乐会》《剪羊毛》《小小羊儿要回家》《摇船调》等</td><td>乐句节奏</td><td>如：X X | X X| X.X |X - | X X | X X | X X | X - XX XX | X XX | XX XX | X - | 等</td><td>认识节奏、知识技能、理解运用</td><td>《你的名字叫什么》《拉勾勾》《国旗国旗真美丽》《法国号》《快乐的小笛子》《小麻雀》《洋娃娃和小熊跳舞》《共产儿童团歌》《草原上》《原谅我》《钟声叮叮当》《顽皮的杜鹃》《月亮月光光》《晚风》等</td></tr>
<tr><td>四年级</td><td>附点四分音符、附点八分音符</td><td>认识节奏、知识技能、理解运用</td><td>《回家》《采一束鲜花》《幸福拍手歌》《阳光牵着我的手》《小小少年》等</td><td></td><td></td><td></td><td></td></tr>
<tr><td>五、六年级</td><td>切分节奏等</td><td>认识节奏、知识技能、理解运用</td><td>《春雨蒙蒙地下》《迷人的火塘》</td><td>三连音</td><td>3
XXX</td><td>攻克难点、准确表达</td><td>《中华人民共和国国歌》《乡间的小路》</td></tr>
</table>

二、旋律感教学序列与教学内容

年级	旋律	基本要求	代表作品
一年级	乐句	初步感知相同乐句	《法国号》《快乐的小笛子》《燕群飞》《火车开啦》《闪烁的小星星》《粉刷匠》
	乐段	初步感知相似乐段	《三个和尚》《小青蛙》《牧童短笛》
	音高	初步感知音的高低	《闪烁的小星星》《星光恰恰恰》
	唱名	随着老师模唱旋律	《国旗国旗真美丽》《布谷》《牧童谣》《两只小象》《闪烁的小星星》《理发师》
	旋律进行	初步感知旋律进行	《时间像小马车》
		用动作感受旋律特点	《野蜂飞舞》《会跳舞的洋娃娃》
二年级	乐句	用动作感知乐句	《早上好》
		寻找相同乐句	《小蜜蜂》
	音高	用动作表现音的高低	《公鸡、母鸡》《加伏特舞曲》
	唱名	随着老师模唱旋律	《打花巴掌》《小红帽》《大海》《大树妈妈》《卖报歌》《小蜜蜂》《我的家在日喀则》《两只老虎》《箫》
		初步认识 1、3、5	《乃哟乃》
		初步认识 2、4、6	《母鸡母鸡叫咯咯》
	小节	认识小节、小节线、终止线	《金孔雀轻轻跳》
	旋律进行	用动作感受旋律特点	《跳圆舞曲的小猫》《小狗圆舞曲》《大海摇篮》《春之歌》《蜜蜂》《霍拉舞曲》
		用唱名模唱旋律	《加伏特舞曲》《狮王进行曲》《三只小猪》

续表

年级	旋律	基本要求	代表作品
三年级	音名（CDEFGAB）、唱名(12345671567)、乐句、旋律模进、级进	感知体验、初步认识	《草原上》《放牛山歌》《钟声叮叮当》《森吉德玛》《原谅我》《老水牛角弯弯》《山里的孩子心爱山》《小巴郎，童年的太阳》《祖国祖国我们爱你》《船歌》《嘹亮歌声》《剪羊毛》
四年级	旋律上行、旋律下行、波浪进行、乐句、乐段、模进	认知旋律行进、分辨旋律行进、实践创作运用	《国歌》《牧歌》《愉快的梦》《乒乓变奏曲》《让我们荡起双桨》《土风舞》《小小少年》《西风的话》
五年级	乐句	划分乐句、乐句特点（找出相同乐句）	《嘎达梅林》《小鸟小鸟》《田野在召唤》
	乐段	划分乐段、乐段特点（找出相同乐段）	《小村之恋》《乡村的小路》《小鸟小鸟》《致春天》《真善美的小世界》
	旋律进行	感知旋律进行与作品情绪表达的关系	《渔舟唱晚》《嘎达梅林》《思乡曲》《飞越彩虹》
六年级	乐句	划分乐句、乐句特点（找出相同乐句）	《木偶兵进行曲》《阿细跳月》《滑雪歌》
	乐段	划分乐段、乐段特点（找出相同乐段）	《今天是你的生日》《萤火虫》
	旋律进行	感知旋律进行与作品情绪表达的关系	《游子吟》《守住这一片阳光》

三、和声感教学序列与教学内容

<table>
<tr><th>年级</th><th>和声
（音准、音程、和弦、卡农）</th><th>基本要求</th><th>代表作品</th></tr>
<tr><td>一年级</td><td>音准：do、re、mi、sol、la</td><td>打手号模唱</td><td>《牧童谣》《两只小象》</td></tr>
<tr><td>二年级</td><td>卡农： 
1 2 3 1 | 1 2 3 1 | 3 4 5 — | 3 4 5 — | 56 54 3 1 |
两只老虎，两只老虎，跑得快，跑得快，一直没有眼睛，
0 0 0 0 | 0 0 0 0 | 1 2 3 1 | 1 2 3 1 | 3 4 5 — |
两只老虎，两只老虎，跑得快，</td><td>声部进入准确，结束整齐，说出轮唱与齐唱的不同</td><td>《两只老虎》</td></tr>
<tr><td>三年级</td><td>音准：do、re、mi、fa、sol、la、si
卡农：二部轮唱
和弦：同音支声 1、5</td><td>1. 准确演唱，巩固音高概念
2. 逐步建立轮唱时能听到另一声部的概念
3. 初步建立合唱的概念，了解合唱的形式</td><td>《美丽的黄昏》《钟声叮叮当》《嘹亮歌声》</td></tr>
<tr><td>四年级</td><td>音准：do、re、mi、fa、sol、la、si
三度音程
二度模进</td><td>1. 准确演唱，进一步巩固音高概念
2. 了解三度音程的关系
3. 模仿三度音程与二度模进创编旋律</td><td>四年级上册：
《大家来唱》《愉快的梦》《月亮月光光》《让我们荡起双桨》《阳光牵着我的手》《龙里格龙》
四年级下册：
《土风舞》《小小少年》《红蜻蜓》《小纸船的梦》</td></tr>
</table>

续表

年级	和声（音准、音程、和弦、卡农）	基本要求	代表作品
五年级	和弦：二声部合唱 音程：三度音程、四度音程、五度音程、六度音程	1. 用二部合唱形式，在歌唱学习中尝试两个声部间的协调与控制 2. 用和谐、均衡的声音演唱二部合唱 3. 唱准三度音程、四度音程、五度音程、六度音程	二部合唱： 《晚风》《我怎样长大》《丰收的节日》《苹果丰收》《牧场上的家》《故乡的小路》《叮铃铃》《堆雪人》《小鸟 小鸟》《春雨蒙蒙地下》《迷人的火塘》《小白船》《真善美的小世界》《田野在召唤》《铃儿响叮当》
六年级	卡农：二部轮唱 和弦：二声部合唱 音程：三度音程、四度音程、五度音程、六度音程	1. 用二部轮唱形式，在歌唱学习中尝试两个声部间的协调与控制 2. 用和谐、均衡的声音演唱二部合唱 3. 唱准三度音程、四度音程、五度音程、六度音程	二部卡农： 《月亮姐姐快下来》 二部合唱： 《茉莉花》《妈妈格桑拉》《七色光之歌》《萤火虫》《转圆圈》

四、音色感教学序列与教学内容

年级	音色	基本要求	代表作品	器乐音色	基本要求	代表作品
一年级	用正确的姿势进行模仿演唱	1. 模仿感受 2. 学会发声 3. 强弱变化	《动物说话》《咏鹅》《大家来劳动》《小青蛙找家》《法国号》《快乐的小笛》《龙咚锵》《小雨沙沙》《数鸭子》《火车开啦》《星光恰恰恰》《理发师》《时间像小马车》《唢呐配喇叭》《母鸡叫咯咯》《打花巴掌》《云》《小蜜蜂》《吉祥三宝》《老虎磨牙》《狮王进行曲》	西洋管弦乐 钢琴独奏 弦乐独奏	1. 聆听感受 2. 律动感受 3. 多方式体验	《玩具兵进行曲》《口哨与小狗》《快乐的小熊猫》《野蜂飞舞》《号手与鼓手》《袋鼠》《星光圆舞曲》《会跳舞的洋娃娃》 民乐合奏：《三个和尚》《小青蛙》《小拜年》 弹拨乐：《快乐的罗嗦》 唢呐：《百鸟朝凤》
二年级	音色统一，能用轻松、松弛的声音进行演唱，学会用气息演唱	1. 模仿感受 2. 发声练习 3. 反复体验		中国民族管弦乐 民乐独奏 弹拨乐合奏		
三年级	活泼天真地、抒情深情地、亲切真挚地、轻柔宁静地、朴实甜美地	1. 感知体验 2. 理解运用	《小酒窝》《草原上》《我是草原小牧民》《噢！苏珊娜》《妈妈的心》《四季童趣》《唱给妈妈的摇篮曲》《剪羊毛》《每当我走过老师的窗前》《甜甜的秘密》《山里的孩子心爱山》《小巴郎，童年的太阳》	西洋管弦乐乐器与乐队 吹奏乐 民乐独奏(二胡、竹笛、琵琶) 民乐合奏	1. 聆听感受 2. 听辨乐器 3. 语言表述 4. 律动体验	《森吉德玛》《维也纳的音乐钟》 吹奏乐：《同伴进行曲》 二胡：《赛马》《空山鸟语》 竹笛：《牧民新歌》《荫中鸟》 琵琶：《草原放牧》 古筝：《浏阳河》 吉他：《船歌》 手风琴：《进行曲》 口琴：《男生贾里新传》 长笛与乐队：《樱花》 唢呐与乐队：《小放牛》 民乐合奏：《杨柳青》

续表

年级	音色	基本要求	代表作品	器乐音色	基本要求	代表作品
四年级	抒情开阔地、优美地、深情地、热情地、诙谐跳跃地、风趣地、清新向往地	1. 感知体验 2. 理解运用	《采一束鲜花》《愉快的梦》《月亮月光光》《让我们荡起双桨》《阳光牵着我的手》《龙里格龙》《我是少年阿凡提》《癞蛤蟆和小青蛙》《红蜻蜓》《小溪流水响叮咚》《友谊的回声》《山谷静悄悄》《种太阳》《小纸船的梦》	西洋管弦乐（交响童话） 器乐独奏 弦乐四重奏 乐器与乐队	1. 聆听感受 2. 听辨乐器 3. 语言表述 4. 律动体验	小提琴：《牧歌》 钢琴：《乒乓变奏曲》《节日舞》 大提琴：《梦幻曲》《摇篮曲》 小号：《那不勒斯舞曲》 管弦乐：《陀螺》《打字机》《水上音乐》《摇篮曲》《羊肠小道》《火车托卡塔》《彼得与狼》（交响童话） 弦乐四重奏：《小夜曲》 弦乐曲：《生日快乐变奏曲》 吹奏乐：《祝你快乐》 京胡与乐队：《夜深沉》 古钢琴与乐队：《小步舞曲》 双簧管与乐队：《牧羊姑娘》 笛子与乐队：《水乡船歌》 器乐曲：《森林狂想曲》
五年级	轻快地、活泼地、明亮地、柔和地、甜美地、舒展地、和谐均衡地、抒情地、优美地	1. 感知情绪 2. 掌握技巧 3. 理解运用	《清晨》《晚风》《丰收的节日》《苹果丰收》《外婆的澎湖湾》《乡间的小路》《叮铃铃》《雪花带来冬天的梦》《堆雪人》《小鸟小鸟》《春雨蒙蒙地下》《巴塘连北京》《真善美的小世界》《小白船》《田野在召唤》《爱的人间》《地球是个美丽的圆》	西洋管弦乐 民族管弦乐 器乐独奏 弦乐四重奏 乐器与乐队	1. 聆听感受 2. 听辨乐器 3. 语言表述 4. 把握风格	管弦乐：《晨景》《可爱的家》《缆车》《乘雪橇》《北京喜讯到边寨》《飞翔的女武神》《溪边景色》《对花》 民族管弦乐《丰收锣鼓》 马头琴五重奏：《嘎达梅林》 古筝：《渔舟唱晚》 柳琴：《春到沂河》 小提琴：《思乡曲》 萨克斯：《回家》 钢琴：《致春天》《花之歌》 器乐曲：《打猪草》 弦乐四重奏：《嬉游曲》 笛子与乐队：《京调》 乐队与合唱：《大爱无疆》
六年级	柔美地、深情地、饱满地、欢快活泼地、连贯地、柔和地、亲切地、自然地、明亮圆润地、弹性地	1. 感知情绪 2. 掌握技巧 3. 理解运用	《茉莉花》《妈妈格桑拉》《赶圩归来阿哩哩》《月亮姐姐快下来》《龙的传人》《半屏山》《七色光之歌》《萤火虫》《花非花》《转圆圈》《我抱着月光，月光抱着我》《DO RE MI》《一把雨伞圆溜溜》《榕树爷爷》《火车来了》	西洋管弦乐（交响诗） 器乐独奏 弦乐四重奏 乐器与乐队	1. 聆听感受 2. 听辨乐器 3. 语言表述 4. 把握风格 5. 感知结构	管弦乐：《小河淌水》《波斯市场》《阿里山的姑娘》《魔法师的弟子》（交响诗）《木星欢乐使者》《日出》《火把节》《和平颂》《欢乐颂》 短笛、口哨与乐队：《迪克西岛》 唢呐：《京剧唱腔联集》《十送红军》 钢琴协奏曲：《黄河颂》 古琴：《关山月》 民乐合奏：《阿细跳月》 民族管弦乐：《丢丢铜仔》《龙腾虎跃》《瀑布》

五、初中音乐教学序列与教学内容

	七年级上册	七年级下册	八年级上册	八年级下册	九年级上册	九年级下册
歌唱	第一单元： 1. 歌唱的基本要求 2. 歌唱的基本姿势 《彩色的中国》《国歌》 第二单元：《青年友谊圆舞曲》 第三单元：《银杯》《牧歌》 第四单元：《桑塔·露琪亚》 第五单元：《军民大生产》《杵歌》	第一单元：歌唱呼吸的基本要求《一二三四歌》 第二单元：《长江之歌》 第三单元：《青春舞曲》 第四单元：《红河谷》 第五单元：《无锡景》《沂蒙山小调》《小放牛》	第一单元：歌唱发声训练的基本要求《大海啊故乡》《我的中国心》 第二单元：《雪绒花》 第三单元：《献上洁白的哈达》 第四单元：《我的祖国》 第五单元：《彩云追月》	第一单元：歌唱咬字、吐字的基本要求《我和你》《我们是冠军》 第二单元：《摇篮曲》 第三单元：《打支山歌过横排》 第四单元：《樱花》 第五单元：《这一封书信来得巧》《唱脸谱》	第一单元：歌曲的艺术处理《让世界充满爱》 第二单元：《猎人合唱》 第三单元：《歌唱美丽的家乡》《苏木地伟》 第四单元：《念故乡》 第五单元：《前门情思大碗茶》	第一单元：歌唱的情感与声音《游击队歌》《保卫黄河》 第二单元：《军民团结一家亲》 第三单元：《东北风》《乌苏里船歌》 第四单元：《阿伊亚——非常的灵感》 第五单元：《对花》
欣赏	第一单元：《多情的土地》《爱我中华》《走向复兴》 第二单元：《溜冰圆舞曲》《雷鸣电闪波尔卡》《蓝色的探戈》《彝族舞曲》 第三单元：《牧歌》《万马奔腾》《美丽的草原我的家》《天边》 第四单元：《友谊地久天长》《伏尔加船夫曲》《我的太阳》《云雀》《爱的罗曼斯》 第五单元：《船工号子》《哈腰挂》《嗺咚嗺》	第一单元：《中国人民解放军进行曲》《拉德斯基进行曲》《婚礼进行曲》《葬礼进行曲》 第二单元：《辛德勒的名单》《眺望你的路途》《伴随着你》《穿越竹林》 第三单元：《我的金色阿勒泰》《赛乃姆》《在那银色的月光下》《歌唱吧，我的库木孜》《阳光照耀着塔什库尔干》 第四单元：《拉库卡拉查》《凯皮拉的小火车》《化装舞会》 第五单元：《无锡景》	第一单元：《我的中国心》《七子之歌》《东方之珠》《台湾风情画》《御风万里》 第二单元：《回忆》《云中的城堡》《总有一天》《阿玛勒火》《热巴舞曲》《沃尔塔瓦河》《小放驴》《春江花月夜》	第一单元：《我和你》《我们是冠军》《奥林匹克号角》《奥林匹克颂》《生命之杯》 第二单元：《G大调弦乐小夜曲》《鳟鱼》《A大调（鳟鱼）钢琴五重奏》《梁山伯与祝英台》 第三单元：《山丹丹开花红艳艳》《上去高山望平川》《花儿与少年》《巴蜀山歌》 第四单元：《深情》《小河的呼唤》《班内》《鹦鹉》《像花儿一样》 第五单元：《这一封书信来得巧》《我不挂帅谁挂帅》《我们都是工农子弟兵》《姹紫嫣红》	第一单元：《让世界充满爱》《夜莺》《我们同属一个世界》《铃儿响叮当的变迁》 第二单元：《饮酒歌》《我是城里的大忙人》《绣红旗》《卡门序曲》 第三单元：《布谷催春》《远方的客人请你留下来》《赶摆路上》《瑶族舞曲》 第四单元：《自新大陆》《命运》《地平线交响曲》 第五单元：《丑末寅初》《蝶恋花 答李淑一》	第一单元：《保卫黄河》《过雪山草地》《屠城》《月光》 第二单元：《军民团结一家亲》《场景音乐》《西班牙舞曲》《斯娃尼尔达圆舞曲》《婚礼场面舞》《飞天仙子》 第三单元：《乌苏里船歌》《我的家乡多美好》《五样热情的歌》《嗡嘿呀》《江河水》 第四单元：《非洲的节日》《鼓乐》《鼓声》 第五单元：《对花》《报花名》《刘大哥讲话理太偏》《十八相送》
课堂器乐	竖笛练习：第二、第四单元《友谊地久天长》	竖笛练习：第三、第五单元《红河谷》	《雪绒花》《大海啊故乡》	《摇篮曲》《京调》	《念故乡》	《军民团结一家亲》《送别》

续表

	七年级上册	七年级下册	八年级上册	八年级下册	九年级上册	九年级下册
曲式	第三单元： 一段体：《银杯》《牧歌》 第四单元： 二段体：《桑塔露琪亚》	第三单元： 三段体《在那银色月光下》 第四单元： 变奏曲式《拉库卡拉查》	第二单元： 奏鸣曲式：《沃尔塔瓦河》《黄鹤的故事》 倒装变奏曲式：《欢乐歌》	第二单元： 变奏曲式： 《A大调（鳟鱼）钢琴五重奏》 奏鸣曲式： 《梁祝》	第一单元： 变奏曲式：《铃儿响叮当的变迁》 第二单元： 回旋曲式：《卡门序曲》 第三单元： 复乐段：《瑶族舞曲》	
调式	第二单元： 自然大调音阶 布鲁斯音阶的音调特点《蓝色的探戈》 第五单元： 中国五声调式、音阶	第四单元： 自然小调音阶 《凯皮拉的小火车》				
演唱形式	第一单元： 独唱：《多情的土地》 领唱、合唱：《爱我中华》 合唱：《走向复兴》（混声及男、女声合唱形式） 第三单元： 无伴奏混声合唱：《牧歌》 女中音独唱：《美丽的草原我的家》 男高音独唱：《天边》 第四单元： 男低音独唱：《伏尔加船夫曲》	第一单元： 轮唱《一二三四歌》 第四单元： 合唱《红河谷》 第五单元： 对唱《龙船调》	各单元的发声练习 第一单元： 合唱：《东方之珠》 第二单元： 童声独唱：《云中的城堡》 第四单元： 合唱：《我的祖国》 第五单元： 齐唱、合唱：《彩云追月》	第一单元： 无伴奏女声合唱：《奥林匹克颂》 第二单元： 合唱：《摇篮曲》	第一单元： 齐唱、合唱：《让世界充满爱》 合唱：《铃儿响叮当的变迁》 第二单元： 合唱：《猎人合唱》 第四单元： 合唱：《念故乡》	第一单元： 齐唱、轮唱：《保卫黄河》 第四单元： 带领唱、伴唱的无伴奏合唱：《阿伊亚——非常的灵感》
音乐体裁	第二单元：舞曲体裁 圆舞曲：《青年友谊圆舞曲》《溜冰圆舞曲》（维也纳舞曲结构） 波尔卡：《雷鸣电闪波尔卡》 探戈：《蓝色的探戈》（拉丁美洲风格、欧洲风格） 第四单元：船歌 《桑塔·露琪亚》	第一单元： 进行曲（不同实用功能） 《一二三四歌》 《中国人民解放军进行曲》《拉德斯基进行曲》 《婚礼进行曲》 《葬礼进行曲》	第一单元： 交响序曲： 《御风万里》 第四单元： 交响诗：《沃尔塔瓦河》 交响音画： 《图画展览会》 交响童话： 《黄鹤的故事》	第二单元： 摇篮曲：勃拉姆斯《摇篮曲》 协奏曲：《梁祝》 艺术歌曲：《鳟鱼》 室内乐：《A大调（鳟鱼）钢琴五重奏》《G大调弦乐小夜曲》	第二单元： 歌剧 序曲：《卡门》 第四单元： 交响曲：《自新大陆》《命运》	第一单元： 组歌：《长征组歌》 大合唱：《黄河大合唱》 交响大合唱：《金陵祭》 混声合唱：《鼓声》

续表

	七年级上册	七年级下册	八年级上册	八年级下册	九年级上册	九年级下册
民歌体裁	第五单元：劳动号子 《军民大生产》 《杵歌》《船工号子》	第五单元：小调 江苏：《无锡景》 山东：《沂蒙山小调》 湖南：《一根竹竿容易弯》 山西：《桃花红杏花白》 湖北：《龙船调》 河北：《小放牛》		第三单元：山歌 兴国山歌：《打支山歌过横排》 根据信天游改编：《山丹丹开花红艳艳》 青海民歌：《上去高山望平川》	第三单元： 飞歌、酒歌、大歌	
民族音乐	第三单元：蒙古音乐 民歌的概念 蒙古族民歌 长调：《牧歌》《辽阔的草原》 短调：《银杯》《嘎达梅林》 第五单元：劳动号子 特点：一领众和 劳动歌舞：《杵歌》（农事号子） 抬木号子：《哈腰挂》（搬运号子） 打场号子：《嗺咚嗺》（农事号子）	第三单元：新疆音乐 音乐体裁：木卡姆 维吾尔族：《青春舞曲》 哈萨克族：《我的金色阿勒泰》 柯尔克孜族：《歌唱吧，我的库木孜》 塔吉克族：《阳光照耀着塔什库尔干》	第三单元： 西藏音乐 弦子：《献上洁白的哈达》 囊玛：《阿玛勒火》 堆谐：《正月十五那一天》 热巴舞		第三单元：西南少数民族 苗族飞歌：《歌唱美丽的家乡》 彝族酒歌：《苏木地伟》 侗族大歌：《布谷催春》 根据彝族分支撒尼族改编曲：《远方的客人请你留下来》 傣族合唱：《赶摆路上》	
民间音乐			第五单元： 民族传统器乐 广东音乐：《雨打芭蕉》 河北吹歌：《小放驴》 江南丝竹：《欢乐歌》 绛州鼓乐：《老鼠娶亲》			第三单元：东北民间音乐 东北民歌：《东北风》 根据赫哲族民间曲改编：《乌苏里船歌》 赫哲族民歌：《我的家乡多美好》 达斡尔族民歌：《五样热情的歌》 朝鲜族民歌：《嗡嘿呀》 东北民间乐曲：《红河水》
世界音乐	第四单元：欧洲音乐 意大利、苏格兰、俄罗斯、罗马尼亚、西班牙	第四单元：美洲音乐 加拿大、墨西哥、巴西、阿根廷		第四单元：亚洲音乐 日本、印度、印尼、菲律宾、伊朗		第四单元：非洲音乐 中非、东非、加纳、几内亚、非洲鼓乐

续表

	七年级上册	七年级下册	八年级上册	八年级下册	九年级上册	九年级下册
乐器（演奏形式）	第二单元： 琵琶：《彝族舞曲》 管弦乐曲：《雷鸣电闪波尔卡》《蓝色的探戈》 第三单元： 马头琴：《万马奔腾》 第四单元： 排箫：《云雀》 木吉他：《爱的罗曼斯》	第一单元： 管乐合奏：《中国人民解放军进行曲》 管风琴：《婚礼进行曲》 钢琴：《葬礼进行曲》 第三单元： 热瓦普 冬不拉弹唱：《我的金色阿勒泰》 小提琴：《阳光照耀着塔什库尔干》 第四单元： 管弦乐曲：《凯皮拉的小火车》《化装舞会》	第一单元： 管弦乐：《台湾风情画》 第三单元： 管弦乐：《热巴舞曲》 第五单元： 高胡：《雨打芭蕉》 管子：《小放驴》 中国民族管弦乐：《春江花月夜》	第一单元： 管弦乐：《奥林匹克号角》 第三单元： 电子合成器：《花儿与少年》 第四单元： 西塔尔与小提琴重奏：《深情》 佳美兰：印尼民间乐曲《班内》 安格隆：菲律宾民间乐曲《鹦鹉》	第一单元： 竹笛：《夜莺》 第二单元： 管弦乐：《卡门序曲》 第三单元： 管弦乐：《瑶族舞曲》 第四单元： 管弦乐：《自新大陆》《命运》 为女高音、男中音和乐队而作：《地平线交响曲》	第三单元： 伽倻琴：《嗡嘿呀》 双管：《江河水》 第四单元： 马林巴与打击乐合奏：《非洲的节日》 康加鼓、坚贝鼓
音乐歌舞剧			第二单元： 音乐剧		第二单元：歌剧	第二单元：舞剧 芭蕾舞剧：《鱼美人》《天鹅湖》《红色娘子军》《葛蓓莉娅》 民族舞剧：《丝路花雨》
戏曲曲艺		第五单元：对唱《小放牛》（京剧传统折子戏）		第五单元： ※京剧 京剧种类：传统戏、京剧现代戏 唱腔：西皮、二黄 板式：流水板等 行当：生旦净丑 场面：文场、武场 念白：京白、韵白 ※昆曲	第五单元：曲艺音乐 京韵大鼓：《丑末寅初》 苏州弹词：《蝶恋花·答李淑一》	第五单元： 黄梅戏：《对花》 评剧：《报花名》 豫剧：《刘大哥讲话理太偏》 越剧：《十八相送》
音乐记号	第一单元：重音记号 第二单元：变音记号 第四单元：力度记号	第一单元：速度记号				

续表

	七年级上册	七年级下册	八年级上册	八年级下册	九年级上册	九年级下册
音乐家	第一单元：田汉、聂耳：《国歌》施光南：《多情的土地》第二单元：（奥地利）约翰·斯特劳斯：《雷鸣电闪波尔卡》第三单元：瞿希贤：《牧歌》齐·宝力高《万马奔腾》第四单元：（意大利）帕瓦罗蒂：《我的太阳》（男高音）	第一单元：肖邦：《葬礼进行曲》第二单元：（美）约翰·威廉姆斯：《辛德勒的名单》（日）久石让：《天空之城》谭盾：《穿越竹林》	第二单元：安德鲁·劳埃德·韦伯：《回忆》第四单元：斯美塔那：《沃尔塔瓦河》穆索尔斯基：《图画展览会》第五单元：彭修文：《春江花月夜》	第二单元：勃拉姆斯：《摇篮曲》莫扎特：《G大调弦乐小夜曲》舒伯特：《鳟鱼》第五单元：梅兰芳	第一单元：迈克尔·杰克逊：《我们同属一个世界》第二单元：韦伯：《猎人合唱》威尔第：《饮酒歌》罗西尼：《塞维利亚的理发师》比才：《卡门序曲》第四单元：德沃夏克：《自新大陆》贝多芬：《命运》第五单元：骆玉笙：《丑末寅初》	第一单元：贺绿汀：《游击队歌》冼星海曲、光未然词：《保卫黄河》第二单元：柴可夫斯基：《场景音乐》《西班牙舞曲》吴祖强、杜鸣心：《婚礼场面舞》第五单元：新凤霞（评剧）常香玉（豫剧）茅威涛（越剧）
其他音乐知识	第一单元：指挥图示（二拍子、三拍子、四拍子）、节拍、节奏、节奏型、强弱规律第三单元：音色、变换拍子第四单元：外国民歌、风笛第五单元：民歌分类、变声期	第一单元：速度、管乐队、西洋管弦乐队的主要乐器第二单元：影视音乐、旋律行进第三单元：赛乃姆、弹唱第四单元：合唱的基本要求、电子音乐第五单元：民族音乐创作技法——鱼咬尾（《沂蒙山小调》），中国民族民间音乐的分类	第一单元：表情术语第五单元：中国民族管弦乐队的主要乐器吹管乐器、弹拨乐器、打击乐器、拉弦乐器	第一单元：前奏、间奏、尾奏第三单元：电子合成器	曲艺音乐	第一单元：《黄河大合唱》八个乐章《长征组歌》十首歌曲交响大合唱《金陵祭》六个乐章第二单元：舞剧音乐第五单元：中国戏曲
学习重点	《彩色的中国》《国歌》《青年友谊圆舞曲》《溜冰圆舞曲》《雷鸣电闪波尔卡》《银杯》《牧歌》《桑塔露琪亚》《伏尔加船夫曲》《我的太阳》《军民大生产》《杵歌》《船工号子》	《一二三四歌》《解放军进行曲》《拉德斯基进行曲》《长江之歌》《辛德勒的名单》《青春舞曲》《我的景色阿勒泰》《阳光照耀着塔什库尔干》《红河谷》《拉库卡拉查》《无锡景》《沂蒙山小调》《小放牛》	《大海啊故乡》《七子之歌——澳门》《御风万里》《雪绒花》《回忆》《献上洁白的哈达》《阿玛勒火》《热巴舞曲》《我的祖国》《沃尔塔瓦河》《回忆》《小放驴》《春江花月夜》	《我和你》《奥林匹克号角》《摇篮曲》《G大调弦乐小夜曲》《A大调（鳟鱼）钢琴五重奏》《打支山歌过横排》《山丹丹开花红艳艳》《上去高山望平川》《樱花》《深情》《这一封书信来得巧》《我不挂帅谁挂帅》《姹紫嫣红》	《让世界充满爱》《我们同属一个世界》《铃儿响叮当的变迁》《猎人合唱》《饮酒歌》《卡门序曲》《歌唱美丽的家乡》《布谷催春》《瑶族舞曲》《念故乡》《第九自新大陆交响曲》《第五命运交响曲》《丑末寅初》《蝶恋花 答李淑一》	《游击队歌》《保卫黄河》《军民团结一家亲》《场景音乐》《西班牙舞曲》《东北风》《乌苏里船歌》《江河水》《阿伊亚——非洲的灵感》《鼓乐》《对花》《红河水》《鼓乐》《对花》《刘大哥讲话理太偏》

续表

	七年级上册	七年级下册	八年级上册	八年级下册	九年级上册	九年级下册
音乐小网站	简谱知识、人声分类、演奏形式、竖笛	力度、速度、音色、节奏、节拍、旋律、调式、和声、曲式、织体	大小调音阶、民族五声调式、音程和弦、西洋管弦乐队、中国民族管弦乐队、欧洲音乐流派	常见的音乐体裁 中国民歌体裁 中国传统歌舞音乐体裁	中国戏曲、曲艺音乐、民族器乐、中外音乐家	著名乐团

第五章 音乐课堂教学策略、方法与路径

人生总有这样那样的缺憾，

缺乏音乐和音乐教育的人生尤其遗憾，

我们不能让孩子们有这样的缺憾！

——高峰

第一节‖ 音乐课堂教学策略例谈

教学策略是在特定教学情境中为完成教学目标和适应学生认知需要而制定的教学程序计划和采取的教学实施措施[①]，是教师在教学过程中为达到一定的教学目标而采取的一系列教学方式和行为。教师可根据学科特点、题材及儿童的年龄阶段选择不同的教学方法，如听唱法、律动法、讨论法、探究法、合作法等。[②]

节奏、旋律、和声与音色这四感，需要运用恰当的音乐教学策略，通过无意识体验、有意识表达和与音乐本体建立联系这三层学习的过程来获得。音乐教学策略有很多，本节重点讲述的是主体开放性策略、重复变化性策略、精教泛教式策略及合作教学式策略。

一、主体开放性策略

主体开放型音乐课堂以开放式教育活动和课堂教学为途径，将教育效果最优作为最终归宿。开放型音乐课堂需要还学生"学习权"。20 世纪 80 年代，《学习权宣言》在法国巴黎第四届国际成人教育会议上由联合国教科文组织（UNESCO）主持通过。该文件确立了学习权的主要内容：以识字权利为主要内容的读与写的权利；想象与创造的权利；质疑与思考的权利；获得一切教育资源与方法的权利；研究自己身处的世界而撰写历史的权利；发展个人及集体技能的权利。[③]因此，同样拥有歌唱、舞蹈和表演的权利。教学中把握以音乐为本的课程理念，提高课堂教学的有效性，提升音乐课堂的学教品质，主要包括开放的教学理念、开放的时空内容、开放的组织实施、开放的学教策略和开放的有效评价等。其中开放的学教策略是重中之重。

教师在教学中要根据学生的学不断调整自己的教，凸显学生音乐学习的主体地位。这里归纳为五个方面的策略。第一，自主性探究。探究运用气球、皮球、皮筋、九宫格、手指谱等学具和道具，引导学生围绕音乐要素进行自主探究。第二，选择性开放。音乐教学中应对内容、环节和流程等进行选择性开放，通过对作品的准确定位与合理解读，设置有针对性的教学问题，并施以发散性、阶梯式等教学引导。第三，

① 车文博．当代西方心理学新词典［M］．长春：吉林人民出版社，2001：10.

② 车文博．心理咨询大百科全书［M］．杭州：浙江科学技术出版社，2001：12.

③ UNESCO. Fourth International Conference on Adult Education: Final Report[R]. Paris: UNESCO, 1985: 67–68.

多感官体验。在教学中运用听觉、视觉和动觉等多种感官，通过多感官体验、多途径参与、多方式互动、多角度比较和多维度联觉的方式学习音乐。第四，全方位合作。音乐课堂的合作学习具有以师生互动、生生互动、师师互动和全员互动为特征的四种形态。基于各种合作形态的全方位综合学习，调动学生的多种学习能力，促进学生的个性与群体的协同发展。第五，立体化综合。在音乐学习环境中，通过听、看、思、唱、念、拍、打、奏、舞、写、画、评等多种途径的综合，与音乐相互作用产生音乐体验，发展个人深层次音乐学习。

二、重复变化性策略

"重复"在词典中的意思是："（相同的东西）又一次出现，又一次做（相同的事情）"。[①] 在音乐教学中，重复包含的范围非常广，既包括了欣赏、学唱、表演、创编和评价，也可以看作一种对知识与技能的重复。而从微观、狭义的角度来讨论重复，即在一节课中对一首歌曲或乐曲进行教学时对某些音乐要素及知识点进行有效重复，使学生更好地掌握知识与技能，以达成更佳的教学效果。

首先，重复是班级授课的必然要求，是解决重点与难点的重要手段，还是调节教学节奏的一种重要方式。教学是一门艺术，这一论断早已得到公认，而以音乐这种艺术门类作为主要教学内容的音乐教学则更应该是一门艺术。重复在音乐教学中是不可避免的，教学中的重复有一定规律和技巧，会让教学更加扎实、更加有效。

其次，音乐教学的重复应是有效重复。有效重复是以学生为主体，在教师主导下的重复。师生的教与学是有效率地重复和提升并生成增量的过程。音乐教学的有效重复应建立在五个要点之上：一是建立在教师对教材的理解与把握之上；二是建立在教学内容与形式的关联之上；三是建立在音乐课堂的教学主线之上；四是建立在重复与变化之上；五是建立在节约教学成本之上。其中第一、二两点是进行有效重复的基础，第三和第四点是进行有效重复的根本，而第五点则还原了有效重复的本真。

最后，有效重复的形式主要有完全重复、局部重复、重复变化三种，而重复变化又可以分为螺旋式重复和递进式重复。螺旋式重复是指在教学过程中学生对音乐知识、技能的理解掌握和独立解决问题的能力是呈一种螺旋式的上升形式。它的实质在于把课堂作为音乐实践的舞台，使课堂从传统的讲习演变为生动活泼的学习过程，促使教师和学生的相互作用发生共振。具体到某一首乐曲或歌曲，重要的概念和方法将是反复地、多层次地，以各种不同的方式重复出现，让学生在重复变化中感受、体验

---

① 张舜徽．张舜徽集——广校雠略．汉书艺文志通释［M］．上海：华中师范大学出版社，2004：3.

和掌握。递进式重复是在发挥学生主体性的基础上，在教师精心组织和引导下，使教学双方各尽其能，各得其所，主要是指在教学行为、教学方法、感知体验、实践参与等方面层层深入、不断深化和升华的过程。完全重复和局部重复要视教学内容、教学对象和教学时机等情况而定。如欣赏篇幅较长的曲目《北京喜讯传边寨》《渔舟唱晚》《丰收锣鼓》《魔法师的弟子》等时，应对主题旋律或重点乐段进行局部重复欣赏。而欣赏《乒乓球变奏曲》《加伏特舞曲》等短小精悍的作品时，可以采取完全重复的形式进行。①

三、精教泛教式策略

精教泛教的教学策略是基于教师、学生和教材基础的精心教学和简单教学的方法与计策，是一种思想、一种教师的执教理念，体现了以生为本的教育理念。音乐是情感的艺术，音乐给人情感的移入比其他艺术有力得多，能更直接、更有力地进入人的情感世界，因为正是人的情感赋予了音乐情感。人在人生的不同阶段、不同场合、不同状态下都流露出不同的情感变化。

首先，要精选内容。音乐教材教学内容多，容量大，让很多一线教师一时束手无策。而在有限的教学时间（小学周课时 2 节，初中周课时 1 节）内要完成大容量的教学任务别无他法，唯有谋求教学内容与资源的有效整合，要进行教学内容精选与整合，使教学达成的有效性更佳。尤其是在“三层”过程中培养“四感”，要求音乐能力的相对集中体现和培养。其次，要精选策略。加德纳的多元智能理论认为人具备敏感地感知音调、旋律、节奏和音色等的能力，表现为个人对音乐节奏、音调、音色和旋律的敏感，以及演奏、歌唱等表达音乐的能力。因此，在进行内容精选的同时，也要基于内容精选教学策略。最后，要拓展综合。学生在学习音乐时，不能仅仅局限于学习音乐教材所提供的内容，教师要把学生学习的视角引向课外，引向其他学科，体现学科综合，要有一切皆可为音乐所用的学习意识。同时，教师教课本中的歌曲或乐曲时又要力求其精——所教内容要精，教学步骤要精，采用方法要精，要把精教作为一种教学标准去衡量，作为一种教学境界去追求。

四、合作教学式策略

合作学习（Cooperative Learning）是 20 世纪 70 年代初兴起于美国，并在 70 年代中期至 80 年代中期取得实质性进展的一种富有创意和实效的教学理论与策略。② 合

① 高峰．小学音乐课堂教学中的有效重复与变化艺术［J］．中小学音乐教育，2011（6）．
② 陈琦，刘儒德．当代教育心理学［M］．北京：北京师范大学出版社，2007.

作学习是基于学生主动参与、乐于探究、勤于动手的一种新型的学习方式。自主、探究、合作是音乐新课程提倡的学习方式。音乐作为一门实践性很强的学科，在许多情况下是群体性活动，如齐唱、齐奏、合唱、合奏及综合性艺术表演等，这种相互配合的群体音乐活动，同时也是一种以音乐为纽带进行的人际交流，它有助于培养学生共同参与的群体意识和相互尊重的合作精神。

1. 营造与建立合作氛围和关系

美国教育学家多尔曾说过：教师在师生关系中的地位是"平等中的首席"①。在课堂中建立平等——师生共同参与，合作——生生互补学习，情感碰撞——交流、互助、合作的合作氛围与关系。

2. 构建合作教学模式

构建一个创情境，营造宽松愉快的合作氛围；知规则，培养协作互助的合作意识；引异同，激发共同探索的合作欲望；展成果，提高创作表演的合作效率；重评价，巩固创新合作成果的合作教学模式。以合作学习小组为基本形式，系统地利用各因素之间的互动，在学习中促进和教师的合作，在合作中促成学生的学习，以团体成绩为评价标准，共同达成教学目标的教学组织形式。

3. 关注三方面，提高合作有效性

有效的合作学习是在师生、生生互动中，在心与心的碰撞中，在情与情的交融中产生的。一是树立新理念，缔造角色感。让学生明白自己在活动中的角色与责任，树立学生在音乐学习中的角色感。二是合理分工，明确职责。小组长、记录员和小组成员既要积极承担个人责任，又要相互支持、密切配合，发挥团队精神，有效地完成小组学习任务。三是承担责任，成为专家。每一个学生都可以尝试成为小组中的专家，指导组内成员一起来解决问题与建构知识，让学生成为自己学习的负责人。

第二节‖ 节奏感教学方法与路径

一、节奏分类

歌曲乐曲都有基本的节奏型，发现、提炼、创作与设计固定节奏型，是音乐教学

① 小威廉姆·E. 多尔. 后现代课程观［M］. 王红宇，译. 北京：教育科学出版社，2006.

活动设计的先决条件。人所感受到的每个乐句的拍数会产生巨大的心理效果，不管是聆听还是表演，都是如此。[①] 对节奏的体验与掌握，有助于培养学生的节奏感。

1. 基于音符的基本节奏型

音符有四分、八分、二分、十六分等，节奏有四分、八分、二分等。这些节奏组合便形成了歌曲的固定节奏型。如《其多列》："× × ×"。《小雨沙沙》："× ×| × ×| × × ×"。

2. 基于节奏的特定节奏型

节奏中除了常规的音符节奏外，还有附点节奏、切分节奏等特定节奏，这些节奏与音符节奏组合而成特定节奏型。如《小小少年》："×.× | × ×— ×.× | × ×—"。《迷人的火塘》："× × × × × × × × × ×|"。

3. 基于歌曲节拍的节奏型

每首歌曲都有基本的节拍。根据节拍的强弱规律和行进特点设计节奏型。如四二拍"╳ ×|╳ ×|"，四三拍"╳ × ×|╳ × ×|"等。

4. 基于歌曲旋律的节奏型

也叫乐句节奏型。每一首歌曲都有自己的旋律特点，从旋律中可以找到节奏特点。在旋律行进过程中有规律地呈现的节奏，就是歌曲的旋律节奏型。如《西风的话》："× × × × × ×| ×—×—| × × × × × ×| ×— — ○ |"。

二、节奏感体验方法

1. 恒拍体验

节奏的基础是稳定、均匀的律动，所以要首先进行稳定节拍的感知练习。稳定节拍就是有规律地出现的固定拍，每个稳定节拍的律动在儿童的歌唱中相当于一个四分音符时值。[②] 稳定节拍的体验最主要的形式就是通过恒拍体验。恒拍就是恒定不变的拍子。恒拍体验训练可以使学生体验和感受稳定的节拍。可采用听音乐走路的方式感受恒拍、在朗读歌词中感受恒拍、在走队列时感受恒拍等，为节奏感的培养打下良好的基础。

2. 声势律动

声势律动是用身体作为乐器，通过身体动作发出声响的一种手段。[③] 身势主要包括拍手、拍腿、跺脚、捻指、响舌等能带出声响的人体动作。律动是身体根据音乐做

---

① 布鲁斯・阿道夫. 内心听觉：每天必做的音乐想象力练习［M］. 北京：中国友谊出版公司，2019：42.
② 杨立梅. 柯达伊音乐教育思想与匈牙利音乐教育［M］. 上海：上海教育出版社，2010.
③ 李旦娜，修海林，尹爱青. 奥尔夫音乐教育思想与实践［M］. 上海：上海教育出版社，2010：69.

出的反应。声势律动集动作、节奏、演奏、演唱、朗诵于一体。

3. 九宫格

这源自于一款数字游戏。在音乐节奏练习中，将四分、八分音符等节奏填入九宫格内，以恒拍节奏为主线，通过节奏传递、探索声音、节奏游戏、节奏反应等环节，体验和感知节奏。

4. 节拍转换

不同的节拍有各自节拍特有的节奏特点，如四二拍、四三拍、八六拍等。通过不同节拍之间的转换，可增加学生对节拍的感知能力，丰富作品的表现力，提升学生的节奏感。

5. 借助学具

体验节奏可以借助很多学具，例如鼓带动体验恒拍，借助气球体验节拍，借助筷子体验蒙古族音乐节奏等。

三、节奏感体验活动设计

案例　恒拍体验《放牛山歌》

【**活动目标**】用鼓点声带动走恒拍，感受歌曲节奏，掌握歌曲中的二分音符节奏。

【**活动类型**】鼓点走恒拍、节奏敲击、节奏身势、节奏律动等。

【**活动情境**】《放牛山歌》是一首富有民族特色的歌曲，教师引导学生根据鼓点走恒拍，去山间欣赏美丽的景色，在律动过程中感知恒拍和二分音符，并熟悉歌曲。

【**活动实施**】

1. 鼓点带动，体验恒拍

（1）教师引导学生根据鼓点走恒拍，一个鼓点走一步，没有鼓点的地方，原地停下来。

（2）再次走恒拍，数一数走的次数。

2. 动作叠加，感知二分音符

（1）继续跟着鼓点走恒拍，教师引导学生观察律动中动作发生的变化，感知二分音符节奏，并说一说二分音符给人的感觉。

（2）再次跟着音乐一起动起来，数一数这样的动作出现了几次。

3. 完整呈现律动

让我们一起踏着欢快的脚步，随着音乐上山吧。

【**活动反馈**】借助鼓点走恒拍，体验恒拍，空间律动感知二分音符的方法，让学生在不同要求的律动下熟悉歌曲，感受歌曲《放牛山歌》的民歌韵味。

（此活动设计取材于杭州市行知小学陈秀月《放牛山歌》）

案例　声势律动体验《一只鸟仔》

【活动目标】通过声势律动、打击乐器的加入，在体验中加强乐句的感受和表达，在活动中挖掘学生的想象力和创造力，在合作中增强同伴间的友谊和默契。

【活动类型】节奏敲击、节奏身势、节奏律动、声势创编、圆圈流动合作等。

【活动情境】《一只鸟仔》是一首台湾民歌，表现了一只小鸟因快乐玩耍而找不到家的情景。教师借助不同的节奏声势律动，模仿鸟仔的样子，让学生深入感知和体验音乐形象。

【活动实施】

1.跟着音乐伴奏，声势律动

（1）教师示范声势律动，节奏一：“○ ○ | ○ ○ | ○ ○ | ○ ×× |”。

（2）合着音乐，学生模仿完成声势律动。

2.编创声势，叠加律动

（1）教师创编第二条声势节奏，节奏二：“× × | ×× ×× | ×○ ×× | ×○ × |”。

（2）学生集体拍击节奏，巩固节奏。

（3）教师引导学生用身体其他部位来创编节奏。

（4）教师借用学生的创编，完成一条新节奏的律动。

节奏三：“ × × | ×× ×× | ×○ ×× | ×○ × |”。

跺脚 跺脚 拍腿 拍腿 拍肚 拍手 拍肩 响指

（5）引导学生观察身体律动位置的高低与音符的规律，合着音乐一起试试。

（6）合着音乐，完整声势律动。

3.里外圈声势合作

（1）生生一对一合作，里外圈学生流动进行声势律动合作。

节奏三“ × × | ×× ×× | ×○ ×× | ×○ × |”。

跺脚 跺脚 拍腿 拍腿 拍肚 拍手 手心 手背

（2）生生合作，里圈的学生原地拍节奏，外圈的学生用跺脚的动作像时钟一样顺时针旋转，每做一次换一位好伙伴进行声势律动合作。

（3）再次律动，感受每个方向走动的次数，划分乐句。

【活动反馈】教师借助不同层次的节奏叠加、声势律动等方法，在每一次律动中解决节奏难点、划分乐句和熟悉歌曲旋律，使学生感受这首歌曲浓郁的地方色彩和诙谐的风格。

（此活动设计取材于杭州市学军小学孔明明《一只鸟仔》）

案例　九宫格体验《乃哟乃》

【活动目标】旋律中只用“do、mi、sol”三个音，并且每个乐句的句尾最后一小节都是“sol、mi、do”的排序，音高、节奏完全相同。借助节奏九宫格呈现“do、mi、sol”三个音符在图谱中的位置，引导学生唱准音准。

【活动类型】节奏身势、节奏律动、声势创编等。

【活动情境】《乃哟乃》是一首土家族的民歌，教师引导学生节奏律动“××　×”，同时聆听出三个音符，并能感知音符的音高在九宫格的位置，了解旋律结构。

【活动实施】

（1）初听歌曲，感受土家族民歌的情绪和风格特点。

（2）引导学生跳起土家族的摆手舞，引出“××　×”节奏律动。

（3）出示九宫格，每一格代表一拍，引导学生听出“××　×”节奏在九宫格的位置，并拍击节奏。

（4）土家族的摆手舞音乐是由“do、mi、sol”三个音组成的，请学生聆听出“53 1”三个音在九宫格的位置。

（5）引导学生借助柯尔文手势辅助演唱音符和旋律“53 1”。

（6）根据九宫格节奏旋律的感知体验，师生接龙演唱旋律。

【活动反馈】通过层层递进的律动感知、九宫格节奏图对节奏进行练习，孩子在练习中了解节奏，通过在九宫格中的变化练习节奏，并延伸到创作多种节奏型的形式。

（此活动设计取材于杭州市行知小学卢薇薇《乃哟乃》）

案例　节拍转换体验《洋娃娃和小熊跳舞》

【活动目标】感受歌曲《洋娃娃和小熊跳舞》的欢快情绪，捕捉歌曲旋律下行模进的主干音，通过主干音的叠加变化体验三拍子《洋娃娃和小熊跳舞》音乐作品的情绪风格。

【活动类型】节奏身势、节奏律动等。

【活动情境】歌曲的节拍变化会影响歌曲的情绪，对比感受 2/4 拍和 3/4 拍《洋娃娃和小熊跳舞》的情绪和风格的不同。

【活动实施】

1. 强化感知，提取主音模唱

（1）教师演唱 2/4 拍《洋娃娃和小熊跳舞》旋律歌谱，将“6、5、4”三个音符的音高藏进身体动作中，律动感知 3 个动作，引导学生模仿和发现。

（2）学唱 3 个主干音符，辅助动作律动感知。

2. 变化节拍，改变情绪风格

（1）聆听教师演唱 3/4 拍的《洋娃娃和小熊跳舞》旋律，并用身体做三拍子律动，引导学生思考音乐节拍的变化。

（2）感受歌曲《洋娃娃和小熊跳舞》的节拍发生的改变，三拍子的音乐给人一种优美的、抒情的感觉，有着圆舞曲的风格。

（3）学生随音乐再次演唱“6、5、4”三个音符，感受三拍子的情绪。

（4）师生合作，老师演唱旋律，学生带入“6、5、4”三个音符演唱，师生形成二声部合唱合作。

【活动反馈】教师通过歌曲节拍的改变，引导学生关注音乐情绪的感知，并提炼主干音的旋律模唱进行二声部的合唱叠加，通过多种形式来感知体验节拍的转变。

（此活动设计取材于杭州市行知小学郑小芸《洋娃娃和小熊跳舞》）

案例　学具（气球）体验《愉快的梦》

【活动目标】借助抛接气球的轨迹，感受体验 6/8 拍，感受歌曲轻柔、柔美的情绪。

【活动类型】借助学具体验、节奏律动、节奏声势律动等。

【活动情境】《愉快的梦》是一首 6/8 拍的歌曲，抒情柔美，仿佛就像气球在空中自由的飘落。教师引导学生利用学具气球来感受体验节拍。

【活动实施】

1. 自由体验，学生自己尝试抛起气球

（1）初次抛起气球，感受气球运动的速度，学生控制气球的轨迹。

（2）引导学生有节奏、速度地抛球，并能把气球接住。

2. 有节奏地抛球，感受节拍

（1）教师先数 10 个数，要求学生在 10 个数内完成气球的抛接，学生练习并巩固。

（2）教师随后数 8 个数，要求学生在 8 个数内完成气球的抛接，学生练习并巩固。

（3）最后教师数 6 个数，要求学生在 6 个数内完成气球的抛接，学生练习并巩固。

3. 合着《愉快的梦》音乐抛接气球 6 下，感受 6/8 拍

（1）巩固练习 6 个数的抛接后，教师引导学生合着音乐抛接气球。

（2）再次深入感受，教师揭示像这样的节拍叫作 6/8 拍。

【活动反馈】教师借助学具气球来体验感受歌曲 6/8 的节拍，学生在体验过程中学会了控制气球，也在律动的过程中感受了歌曲音乐及气球抛接给人带来的轻柔的情绪特点，真正了解 6/8 节拍的韵律。

（此活动设计取材于杭州市三墩小学南霞《愉快的梦》）

第三节 ‖ 旋律感教学方法与路径

一、旋律分类

旋律具有上行、下行、波浪等行进方式，还有级进、跳进和模进等表达方式的特点。同时，旋律中还蕴含着调式、节奏、节拍、力度、音色等。通过活动引导学生发现、掌握和运用旋律的这些特点，有助于帮助学生更好地学习音乐，更好地建立旋律感。

1. 上行

是指由低到高的旋律音程，如歌曲《中华人民共和国国歌》。

2. 下行

是指由高到低的旋律音程，如歌曲《愉快的梦》。

3. 波浪行

是指既包含由低到高，也包含由高到低的上下起伏的旋律音程，如歌曲《让我们荡起双桨》。

4. 同音反复

是指旋律各音处在同一水平线上，作相同音高的连续进行，如歌曲《田野在召唤》。

5. 级进

是指旋律中的两个音之间按音阶的音级顺序作二度音程的上行或下行，如歌曲《雪花带来冬天的梦》。

6. 跳进

三度音程以上的旋律进行称为“跳进”。其中三度进行为“小跳”，四度以上进行为“大跳”。“小跳”是扩展旋律线及活跃旋律进行的常用手法，并经常与同音反复或级进连用，构成平稳的旋律进行。

二、旋律感体验方法

1. 旋律线

旋律是音乐行进的一种线条感。旋律行进的方向可分为上行、下行、波浪行进等，以此构成不同形态的旋律线。

2. 旋律构唱

在某一基音上按要求唱出其指定的音高或旋律。这里是指以歌曲旋律中的各音程基音为基础向上或向下唱出旋律中基音后的其他音。

3. 旋律模进

模进即移位，是将歌曲的主题旋律或其他乐句的旋律作重复出现时，每一次的高度都不相同的一种音乐创作手法，如音程关系二度、三度、四度、五度模进等；按模进的方向有上行或下行模进等。

4. 图形谱

图形谱是利用图像、记号及文字记谱的方法，利用简单易画的图形、线条来高度概括音乐旋律的走向、速度、力度等的一种乐谱。

5. 手指谱

手指谱是用手掌横向放于胸前作线谱，五个手指分别对应1—5五个音，另一只手指点各个手指唱出相对音的方式。

6. 柯尔文手势

这是指由英国人约翰·柯尔文创立的一种辅助音高旋律演唱的手势，可以帮助学生理解首调唱名体系中音级之间的高低关系、调式的音级倾向，使抽象的音高关系变得直观、形象。

7. 借助学具

借助学具（纱巾等）柔软飘逸的特质，体验音乐旋律的起伏、流动、连绵和情绪。

三、旋律感体验活动设计

案例 旋律线体验《大海摇篮》

【活动目标】能用优美、流畅的声音演唱歌曲《大海摇篮》；能通过海鸥、海浪、海风等情境元素依次叠加完成简单三声部来表现大海；感受三拍子歌曲的特征和音乐形象，乐于参与音乐表现。

【活动类型】声势律动、手势辅助、声势节奏等。

【活动情境】通过倾听、律动、画旋律线、模唱、小组合作、旋律叠加等方式表现歌曲，表现大海。

【活动实施】

1. 感知旋律，表现大海

（1）聆听歌曲《大海摇篮》与歌曲《小小的船》的共同点，跟着音乐自由表现三拍子的强弱规律，感知体验音乐。

（2）用适合三拍子强弱规律的动作来表现海鸥的身体律动。

（3）学生以小组的形式探索用绸布表现大海。

2. 表现旋律，歌唱大海

（1）教师演唱歌曲旋律，师生合作完成尾音接唱。

（2）用柯尔文手势辅助师生接唱。

（3）用"啊"模唱旋律，感受歌曲情绪。

（4）画旋律线，表现旋律走向，发现乐句的变化。

3. 学唱歌词，描绘画面

（1）教师随歌曲旋律画图形谱，辅助歌曲学唱。

（2）跟琴接龙演唱，巩固歌曲学唱。

【活动反馈】教师利用旋律线给学生直观感受乐句的变化，通过不同旋律线的叠加，对整首歌曲有旋律走向的呈现。借助生动有趣的图形谱，描绘出一幅美丽的大海画面。

（此活动设计取材于杭州市文理小学吴月影《大海摇篮》）

案例 旋律构唱体验《西风的话》

【活动目标】借助图谱表现旋律的行进，解决"大跳"音程的音准演唱。

【活动类型】节奏身势、节奏律动、声势创编等。

【活动情境】教师引导学生去户外感受秋意，在空间中走恒拍、接枫叶，通过画旋律线的方式感知音乐的旋律走向。

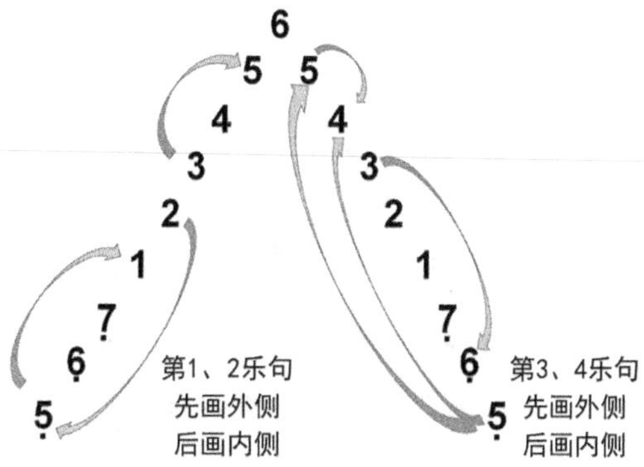

【活动实施】

（1）在空间中随音乐自由律动，恒拍感知，等遇到音符时值长的地方，请驻足脚步。

（2）画一画旋律线，感知旋律的行进和强弱变化。

（3）师生合作，教师钢琴弹奏旋律，学生画旋律线表现力度的强弱。

（4）熟悉旋律后，教师钢琴弹奏旋律，学生拍击旋律节奏。

（5）教师引导学生利用肢体来拍击节奏，进行声势节奏律动，发现4个乐句的节奏规律。

（6）钢琴辅助，演唱旋律歌谱，边唱边拍节奏。

（7）利用上行、下行两条旋律阶梯图谱，构唱音符，唱准音符。教师在演唱旋律时，借助线条辅助学生进行“大跳”音符音程的演唱。在旋律阶梯图谱的辅助演唱下，学生对音乐的旋律行进更为熟知，巩固旋律音准。

（8）动画呈现整体旋律线走向，让学生直观感受音乐的旋律整体性。

【活动反馈】利用图谱直观地表现旋律的行进，在教学过程中，通过给学生直观的感受，辅助歌曲的演唱。

（此活动设计取材于杭州市钱塘外语学校任一波《西风的话》）

案例　旋律模进体验《土风舞》

【活动目标】能听辨并正确演唱歌曲中的切分音节奏，用热烈、欢快的情绪和轻快有力的声音演唱歌曲。通过声势练习、节奏练习、演唱、创编、表演培养学生的创造性思维和对音乐的感受能力、表现能力。

【活动类型】节奏律动、模进创编等。

【活动情境】引导学生全身放松地投入到音乐中，进行初步的声乐气息训练，用脚步在律动中感受节奏，稳定恒拍，与新课律动感受形成对比，为歌曲《土风舞》速度、情绪的学习感知做铺垫。

【活动实施】

1. 节奏框架的感知

（1）初次感受聆听，钢琴弹奏《土风舞》主音，让学生感受 2/4 拍恒拍。

（2）再次感受聆听，钢琴弹奏旋律，有感情地感受《土风舞》恒拍。

（3）在听到"× × × | × × × 〇 |"时做停顿，并拍击出所聆听出来的节奏。

（4）识辨切分节奏，教师讲解节奏型和重音。

（5）感受聆听，准确听辨乐句，分句听辨引导学生自主找到旋律的主干节奏，并分析 6 个乐句节奏框架特点。

（6）感受拍击，完整拍出整首歌曲的节奏框架。

2. 旋律行进的感知

（1）出示每个乐句的主音，利用手势引导学生准确听辨旋律走向。

（2）引导学生准确演唱旋律。

（3）指导学生重点解决 5—5̣ 难点。

（4）跟琴完整演唱音乐旋律

【活动反馈】在找、玩、唱层层递进的活动中让学生有直观的感受和体验，清楚歌曲的节奏、结构、旋律进行的特点，同时落实节奏和八度音程难点解决，对歌曲的整体结构有比较直观的了解。

（此活动设计取材于杭州市文一街小学阮洁《土风舞》）

案例　图形谱体验《甜甜的秘密》

【活动目标】借助画图形谱辅助学唱歌曲《甜甜的秘密》，利用图形谱的线条来表现休止符，解决歌曲中休止符的难点演唱。

【活动类型】对比聆听、节奏拍击、图形谱辅助等。

【活动情境】一天，一群可爱的学生趁老师不在，悄悄地跑到办公室藏起了一个小秘密。他们说，这是老师最喜欢的东西，他们这是为了表达对老师的谢意。教师通过情境导入引导学生聆听感受歌曲。

【活动实施】

（1）初听音乐，感受歌曲情绪。

（2）引导学生说一说歌曲中"甜甜的秘密"的内容。

（3）复听音乐，思考秘密藏在哪里，体会学生当时的情绪。

（4）感受歌曲中包含“藏秘密”和“送秘密”两个乐段和不同的情绪特点。

（5）音乐旋律，画图形谱辅助歌曲学唱，解决歌曲中休止符的难点演唱。

（6）拍击歌曲中的主干旋律节奏，解决八分休止符。

（7）借助图形谱，解决歌曲难点乐句学唱。

【活动反馈】图形谱对于歌曲学唱而言比较直观形象，能解决旋律音符演唱时的连和断，帮助解决歌曲中休止符的难点演唱。

（此活动设计取材于杭州市学军小学教育集团紫金港小学郑洁《甜甜的秘密》）

案例　手指谱体验《小松鼠采松果》

【活动目标】用字母谱、手势、唱名、手指谱等方式，学会对音符S、M音高的感知与节奏长短的认知。

【活动类型】节奏身势、节奏律动、声势创编等。

【活动情境】冬天，松鼠王要带着大家一起去采集松子，松子有高有低地长在树上，教师引导学生通过律动感知音高的位置变化。

【活动实施】

1. 感受音高

（1）老师范唱歌曲，引导学生找一找小松鼠在哪里。

（2）松子有高有低地长在树上，老师再次范唱，唱第三句时加高低摘果子的动作。

（3）师生律动感知音高的位置。

2. 认识音名和柯尔文手势

（1）在松果上写上音名S或M，S在树枝的上面，M在树枝的下面。教师引导学生学唱音符音名。

（2）借助手指谱，演唱音符和歌谱旋律。

（3）游戏：小松鼠采松果，听到钢琴声恒拍走，出来找松果，听到信号转身看松鼠王，并唱出松鼠王的手势，最后装满果子跟小伙伴分享。

3. 感受节奏长短和手脚双声部练习

（1）老师带唱《小松鼠》，并带领全班一起拍歌曲节奏。

（2）引导学生用长和短来代替演唱，老师示范一边走一边用手来拍音乐节奏。

【活动反馈】巧妙借助手指谱的教学手段，直观地让学生看到音符在手指上的音高位置，也让学生对音符的音程关系有所了解。

（此活动设计取材于杭州市求是教育集团蒋麒《小松鼠采松果》）

案例　柯尔文手势体验《牧童谣》

【活动目标】通过歌曲学唱，帮助学生感知"re、mi、sol、la"的音高，借助柯尔文手势感知辅助演唱。

【活动类型】听唱法、柯尔文手势、节奏律动等。

【活动情境】用生动有趣的一问一答的歌唱表演形式，巧妙运用"那斯那斯嗨"的衬词，反映牧童在放牧时的愉快心情。

【活动实施】

（1）发声练习，演唱音阶，复习柯尔文手势。

（2）着重复习演唱"re、mi、sol、la"的音高和对应音符的柯尔文手势。

（3）模唱歌曲旋律，通过图形谱的辅助与柯尔文手势的结合对音高有初步形象的感知。

（4）聆听歌曲，熟悉歌词内容，感受歌曲情绪。

（5）感受歌曲四拍子的强弱规律，借助肢体动作创编拍击节奏。

（6）教师引导学生思考歌曲"一问一答"的演唱形式。

（7）借助柯尔文手势来演唱歌曲旋律，巩固练习。

（8）继续借助柯尔文手势，师生进行"一问一答"的旋律接唱。

（9）继续用柯尔文手势，引导学生进行二声部演唱，培养其二部和声感。

【活动反馈】发挥教师的柯尔文手势引领，二声部双手同时进行，培养学生的柯尔文手势运用，提升和声感。

（此活动设计取材于杭州市求是教育集团蒋麒《牧童谣》）

案例　纱巾体验旋律《雪花带来冬天的梦》

【活动目标】聆听歌曲，让学生感受和体验雪花飘落的情境，用纱巾体验歌曲柔美抒情的情绪，感受歌曲旋律走向的规律。

【活动类型】节奏律动、借助学具体验、画旋律线等。

【活动情境】冬天白雪皑皑，雪花纷纷飘落。冰雪的世界是如此梦幻而美好。教师引导学生跟随着音乐，一起走进这冰雪世界，与晶莹的雪花来一次亲密接触。

【活动实施】

1. 走恒拍，初步感知

（1）走恒拍，感知节拍。

（2）空间自由走恒拍，学生自由接一接飘落的雪花，感受旋律。

2. 再次律动，强化音乐感受

（1）教师示范，空间自由走恒拍，乐句结尾长音处接雪花。

（2）邀请学生一同参与表演，熟悉歌曲。

3. 加入纱巾，寻找雪花纷飞的身体语言

（1）运用纱巾，学生自主体验纱巾律动。

（2）选择合适的地方加入纱巾律动，感受旋律。

（3）教师示范运用纱巾，表现雪花纷飞的场景。

（4）师生一同完成纱巾的律动体验，感受雪花力度的变化。

【活动反馈】教师引导学生学会聆听音乐，并用纱巾来模仿雪花飘落时轻轻柔柔的感觉。在多次聆听感知的基础上对力度有所处理，借助学具帮助学生加深对歌曲旋律的熟悉和演唱。

（此活动设计取材于杭州市行知小学郑小芸《雪花带来冬天的梦》）

第四节 ‖ 和声感教学方法与路径

一、和声分类

和声要培养的是一种纵向的音乐思维。与旋律的横向流动不同，和声具有纵向的立体感，可以通过音程、和弦和多声部来感受音乐多层次、立体的表现力，丰富音乐的表现力，培养和提升学生的和声感。

1. 音程

音程指两个音级在音高上的相互关系，就是指两个音在音高上的距离，其单位名称叫作度。

2. 和弦

和弦指有一定音程关系的一组声音，即将三个或三个以上的音，按照三度或非三度的叠置关系，在纵向上加以结合。

3. 二声部

二声部是指一首乐曲有两条高低不同的旋律，按和声的效果平行合理地编排，由两人或两件不同乐器同时演唱或演奏其中的一条旋律。

4. 多声部

多声部指一种音乐不单纯依靠单一旋律，而是由两条以上的旋律纵向组成并加入其他织体来共同完成一个作品的过程。

5. 支声

这是多声部音乐中的一种，亦称衬腔音乐。其特点是当几个声部一起演唱、演奏同一曲调时，其中某些声部与主要曲调时而分离出现一些变体音调，时而汇合成为齐唱、齐奏的形式。

6. 复调

复调由两段或两段以上同时进行、相关但又有区别的声部所组成。这些声部各自独立，但又和谐地统一为一个整体，彼此形成和声关系。复调以对位法为主要创作技法。

二、和声感体验方法

1. 和声听辨

辨识和弦音、音程，感知和把握和声进行的逻辑规律，培养学生的和声内心听觉，培养其纵向音乐思维。

2. 和声旋律模进

在旋律模进的基础上，通过两个及两个以上声部旋律的模进，体验感知表现多声部音乐。

3. 支声伴唱

运用支声的特点，如主要曲调的加花装饰、围绕着主要曲调作华彩进行或者是主要曲调的简化形式等，感知体验表现支声音乐的特点。

4. 复调体验

借助听辨、旋律线、律动、模唱等方式感知、体验和表现复调音乐。

三、和声感体验活动设计

案例　和声听辨《杜鹃之歌》

【活动目标】创设情境，综合《杜鹃圆舞曲》中的“3 1”、《小杜鹃》中的“5 3”、《顽皮的杜鹃》中的合唱等三首作品，借助音钟解决歌曲二声部音准的合唱。

【活动类型】节奏体验、旋律线、身体音阶等。

【活动情境】教师引导学生创设杜鹃音乐会，先后引出两只小杜鹃的歌声并一起合唱。

【活动实施】

1. 杜鹃圆舞曲

（1）学生围成圆圈，跟着三拍子的节奏随着音乐走进教室。

（2）在音乐中寻找杜鹃的歌声，画旋律线，并听辨声音的高低。

（3）音钟辅助，身体音阶稳固，唱准杜鹃的歌声“3 1”。

（4）钢琴辅助，师生合作表演小杜鹃。

2. 小杜鹃

（1）邀请小杜鹃的好朋友一起来歌唱，用音钟演奏小伙伴的歌声“5 3”，对比“3 1”，由学生听辨视唱出来。

（2）身体音阶辅助稳固音高，在教师引导下用音钟伴奏，师生合作演唱歌曲。

（3）音钟伴奏，两只小鸟的合唱，并在钢琴辅助下分高低声部演唱。

3. 顽皮的杜鹃

（1）学生听辨歌曲，听出杜鹃叫了7次后，加入合唱，提醒学生要唱得短促、轻巧。

5 5	1 3 5 3	1 5 3 5 5	1 3 5 3	1 5 3
当我	走 在 草 地	上, 咕 咕 ,听见	杜 鹃 在 歌	唱, 咕 咕
5 5	1 3 5 3	1 3 1 5 5	1 3 5 3	1 3 1

（2）用钢琴伴奏，音钟辅助，师生合作。学生唱和声，教师唱歌曲其他部分。完整表演杜鹃之歌，准确演唱和声。

【活动反馈】利用音钟让学生直观感受音的高低，在杜鹃音乐会的情境中，辅助学生唱准杜鹃的合唱，培养其和声感。

（此活动设计取材于杭州市三墩小学方媛《杜鹃之歌》）

案例　和声旋律模进体验《堆雪人》

【活动目标】运用模进手法按固定节奏创编旋律，解决歌曲二声部的演唱。

【活动类型】旋律创编、旋律线、打击乐器伴奏等。

【活动情境】教师引导学生用模进的手法创编旋律，在冬天感受雪花飘落、漫天飞舞的情景；通过小鸟的飞行路线画旋律线的方式感知音乐的旋律走向。

【活动实施】

（1）创设情境用歌声模仿雪花飘落的情景。

（2）教师引导学生用模进的方式创编旋律。

（3）柯尔文手势辅助，教师钢琴弹奏旋律，学生唱准旋律。

（4）熟悉旋律后，教师引导雪花旋律组合，合唱旋律。

（5）变化节奏，师生合作演唱第一部分旋律歌谱。

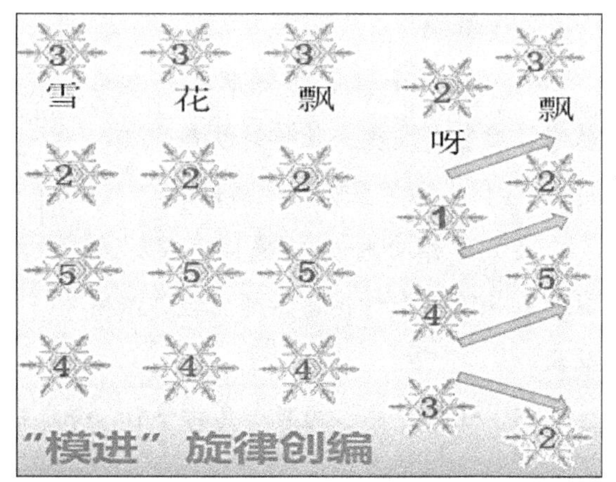

（6）串铃伴奏，钢琴辅助，演唱第一部分。

（7）旋律线辅助，学唱歌曲第二部分。

① 利用小鸟的飞行路线让学生感受旋律的整体线条和变化。

② 在旋律线的辅助演唱下，学生对音乐的旋律进行更为熟知，巩固旋律音准。

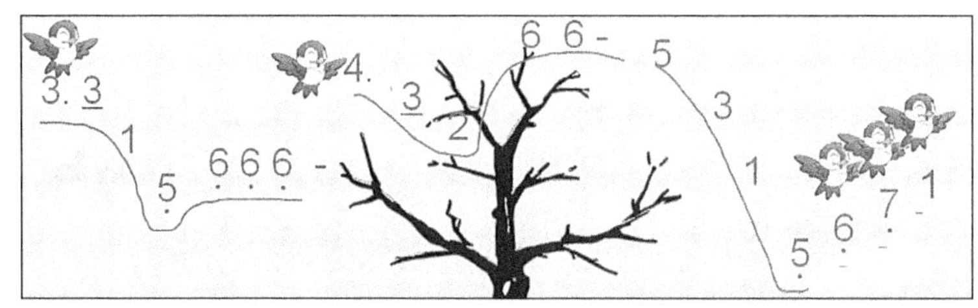

③ 回顾之前的模进旋律，完成两个声部的合作。

【活动反馈】利用模进让学生创编旋律，通过合作，巧妙完成歌曲二声部的演唱，辅助歌曲的演唱。

（此活动设计取材于杭州市大禹路小学张舫《堆雪人》）

案例 支声伴唱《浏阳河》

【活动目标】通过不同形式的聆听感知，感受乐曲的情绪特点，了解变奏的旋律变化手段。

【活动类型】对比聆听、声势节奏等。

【活动情境】教师通过古筝演奏引导学生聆听《浏阳河》音乐主题二旋律，挖掘旋律的变奏变化。

【活动实施】

1. 欣赏《浏阳河》音乐主题二

2. 感受第二乐段在情绪和速度上与第一乐段的区别

乐曲第二乐段与第一乐段相比，速度更快，情绪更紧张。除了这两个音乐要素，旋律也发生了变化。

3. 再次聆听，找出旋律的变化

引导学生了解这种被称之为“变奏”的旋律上的变化。变奏是指在骨干音不变的基础上进行旋律变化，乐曲变得更加欢快丰富。第二乐段和第一乐段相比，速度变快，情绪更激烈，并且运用了变奏。

4. 为不同的旋律选择相对应的图片

如果让你从这几幅图片当中选一幅图片代表第二乐段，你选择哪一幅？波涛滚滚的水流更适合第二乐段。

【活动反馈】教师引导学生聆听《浏阳河》第二乐段在情绪和速度上的区别，从而让学生认识音乐“变奏”，形成支声合作。

（此活动设计取材于杭州市西湖第一实验学校张炜翔《浏阳河》）

案例 复调体验《御风万里》

【活动目标】聆听感受、实践与赏析作品中的三段复调音乐，细品感受作曲家的复调创作手法，在体验复调魅力的过程中感知音乐，把握乐曲风格。

【活动类型】对比聆听、声势律动、声部合作等。

【活动情境】《御风万里》音乐中使用了典型的复调创作手法，将汉、蒙、藏、哈萨克族的民歌融为一体，培养学生聆听复调音乐的能力，感受复调音乐的魅力。

【活动实施】

1. 初次聆听，感受音乐形象

（1）聆听《黄河船夫曲》，画出黄河"几"字形主题旋律线，形象地感受旋律。

（2）聆听B段慢板部分，一起寻找《黄河船夫曲》主题，并感受作品中的其他三条主题旋律，让同学们聆听另三条旋律与《黄河船夫曲》主题旋律叠在一起，交织出现……知晓两条以上的旋律同时出现即为"复调"。

2. 分段欣赏，体验复调音乐

（1）复调一：用赏跳结合的方式熟悉《黄河船夫曲》主题（汉族民歌）与《嘎达梅林》主题（蒙古族民歌）不同的主题旋律。采用哼唱、模仿乐器音色、旋律线、手势动作、合作等方式。

（2）复调二：用赏唱结合的方式熟悉《黄河船夫曲》主题（汉族民歌）与《囊玛》主题（藏族民歌）。听辨除了熟悉的汉族民歌《黄河船夫曲》主题旋律外，还有藏族的音乐旋律。采用听辨、身势、律动、舞蹈、合作等方法。

（3）复调三：《哈萨克族民歌》主题（哈萨克族民歌）。聆听音乐，体会音区，感受高高的旋律线，之后教师轻声用"La"哼唱旋律，并用肢体语言带领同学们感受旋律。采用听辨、哼唱、律动、队形、合作等方法。

3. 对比乐段，感知乐曲结构

逐段聆听三段复调。第一段复调：模仿两种不同乐器的音色进行合唱感受与体验；第二段复调：舞蹈肢体与节奏对位体验和声对位；第三段复调：巧用队形设计让前排同学坐着表现汉族民歌主题，后排同学起立，举起右手并放在头顶表现哈萨克族的主题旋律，形成复调中的音区对位。

【活动反馈】教师通过赏唱结合、节奏对位、音区对比等手段解读与赏析作品，让学生在有效的课堂中积极参与音乐实践，深入感受复调音乐特点，体会作曲家巧妙地用复调音乐的创作手法将汉、蒙、藏、哈萨克四个民族的民歌主题融为一体，加深对作品主题旋律的印象。

（此活动设计取材于杭州市西溪中学张玉《御风万里》）

第五节‖ 音色感教学方法与路径

一、音色分类

由于发声源的不同，不同的乐器和人声有着不同的声音色彩。每一种乐器在不同的音区都具有不同的音色特点；同一类人声的音色也有高亢嘹亮、宽广厚实、细腻婉转等不同特点。了解和掌握不同的音色特点，对于学生提升音乐鉴赏能力和表现能力具有重要作用。

1. 基于音色的人声分类

人声一般分为男声、女声、童声。男高音的中高音区音色明亮纯净，有穿透力，低音略弱；男中音音色饱满，结实，有阳刚气质；男低音音色深沉厚重，宽广有力。女高音的高音区音色明亮、圆润，中低音区力度较弱；女中音的整个中音区音色明亮、丰满、浑厚圆润，高音不很随意，音色略暗；女低音的中低音区音色浑厚、结实、有力，高音区较弱、较暗。

2. 基于音色的乐器分类

乐器的音色有钢琴类音色、半音阶打击乐器音色、风琴类音色、吉他类音色、贝斯类音色、弦乐音色、铜管乐器音色、簧片乐器音色、吹管乐器音色、民族乐器音色、打击乐器音色等。

3. 基于声音的色彩分类

声音色彩是指发音过程中持续表现出的具有个人风格的声音特点。这种超出语言意义的声音特点是由发音的音高、响度、速度和音色混合而成的。关于声音色彩，人们常常根据个人感觉，将其概括为明亮、灰暗、沉闷、高亢、嘹亮等。

二、音色感体验方法

1. 色彩辨析

通过音乐的速度、力度、情绪等的变化和不同，来听辨不同乐器和人声的音色，欣赏辨析音乐作品和主题。

2. 角色扮演

在教学中，通过对某一种情景的角色扮演，并在角色扮演过程中学习知识、理解知识，给学生创设一定的生活情境，使学科知识向生活渗透。

3. 情景表演

在一定时间内结合相对应的情境开展音乐体验。

4. 学具辅助

借助学具，如乒乓球、篮球等体验音色，感受两种球类拍击时音色的不同和力度的变化。

三、音色感体验活动设计

案例　色彩辨析体验《小小少年》(歌曲演唱音色)

【活动目标】借助色彩来辨析音乐，掌握和区分歌曲中主歌和副歌的情绪风格。

【活动类型】节奏律动、色彩辨析、角色扮演等。

【活动情境】《小小少年》是德国故事影片《英俊少年》中的插曲，通过对故事的了解，知道小主人公遇到不小的烦恼，感受歌曲是通过怎样的音乐情绪去表达的。

【活动实施】

1. 完整聆听歌曲，划分歌曲为两个乐段

2. 聆听第一乐段，感受音乐的情绪特点

(1) 分析节奏的特点：附点节奏、较为欢快。

(2) 演唱第一乐段，演唱附点节奏，表现较为欢快舒缓的情绪风格。

3. 聆听第二乐段，感受音乐的情绪特点

(1) 分析节奏的特点：附点节奏，长音较为悠扬。

(2) 演唱第二乐段，演唱连音和附点节奏，表现较为悠扬明亮的情绪风格。

4. 对比第一乐段和第二乐段的情绪风格

第一乐段演唱时声音连贯流畅，情绪舒缓；第二乐段演唱时声音嘹亮悠扬，情绪饱满。

5. 用色彩来辨析两个乐段的情绪特点

第一乐段可以是蓝色；第二乐段可以是红色。

【活动反馈】通过两个乐段的节奏、旋律线的对比，感受歌曲抒发的情绪，区分和感受主歌和副歌的情绪风格，并用颜色来辨析音乐风格。

(此活动设计取材于杭州市保俶塔申花实验学校金帆《小小少年》)

案例　音色辨认体验《打字机》（欣赏曲乐器音色）

【活动目标】能在反复聆听中加强对音乐主题的记忆，能听辨打字机的打字声、铃声和倒机换行声，能掌握乐曲的旋律、节奏、速度、力度等音乐要素的特点和变化。

【活动类型】创编律动、声势、节奏等。

【活动情境】通过聆听音乐，提取作品中富有特点的打字机键盘、打字、铃声等声音，进行动作律动表现，尝试用纸张探索，创造出新的音色并融入歌曲演奏中。

【活动实施】

1. 初听主题旋律，体验音乐旋律

（1）初听旋律，思考乐曲中出现了哪些特殊的声音，在什么地方听到过这些声音。

（2）讨论总结得出旋律中出现的声音是键盘、打字、叮叮声。

2. 揭题《打字机》，介绍乐曲

（1）播放打字员打字的场景，了解音乐打字机的打字声、铃声和倒机换行的声音，熟悉音色。

（2）介绍乐曲背景和作曲家。

3. 复听，并表现主题A旋律

（1）复听音乐，思考铃声和换行倒机这两种声音出现在什么地方，音乐中又是怎样来模拟的。

（2）复听A段旋律，学生手指跟随老师在空中画图形谱，感受旋律特点。

（3）合上音乐把打字、满行警告铃声和倒机换行用动作表现出来。

（4）分键盘组、铃声组和倒机换行组，用身体动作表现主题。

（5）借助道具——纸，表现主题旋律，尝试用纸张来表现音乐中的三种音效。演奏方法可以是揉搓、弹指、摩擦、手指敲击等。

【活动反馈】教师利用打字机的打字声、铃声和倒机换行声作为学生学习的兴趣点，从生活入手，引导学生聆听欣赏，以各种方式参与表现音乐，层层递进，并加入生活中常见的纸作为乐器来激发学生的兴趣，在此基础上哼唱主题旋律，并设计表演动作，使学生更加生动细致地感受音乐。

（此活动设计取材于杭州市文三教育集团夏飞《打字机》）

案例 角色扮演体验《癞蛤蟆和小青蛙》

【活动目标】通过聆听、学唱、角色扮演等音乐活动学习歌曲《癞蛤蟆和小青蛙》，能用力度、音色的变化表现不同的音乐形象，尝试分角色进行表演唱。

【活动类型】节奏敲击、节奏身势、节奏律动、声势创编、角色扮演等。

【活动情境】在课堂教学中利用叫声、姿态和念白，使学生初步感知癞蛤蟆和小青蛙的形象，并通过感受、演唱、扮演来进行歌曲表演和演绎。

【活动实施】

1. 激趣导入，感受形象

老师带领学生拍手（× ×× ×× | × ○ |），跟着欢快的音乐进入教室，随着老师拍手，感受音乐带来的快乐。

2. 恒拍律动，感知节奏

（1）恒拍走路，感受节奏。

（2）聆听音乐，鼓声停止。

（3）聆听鼓声，感受节奏（× ×× ×× | × ○ |）。

（4）打鼓加入，分辨音色。

（5）围圈坐好，感受音色。

（6）老师范唱，角色扮演。

3. 学唱歌曲，准确演绎

（1）第一次聆听，加入念白对话（学生恒拍）。

（2）第二次聆听，感受角色动作。

（3）第三次聆听，学生表演动作。

（4）学唱歌谱，柯尔文手势，解决大跳。

（5）学唱歌曲，解决力度情绪角色。

【活动反馈】歌曲用拟人化的手法，表现了癞蛤蟆和小青蛙之间因为长得相像而互相认错自己的娃娃和爸爸的幽默情节。在课堂教学中，教师利用叫声、姿态和念白，使学生初步感知癞蛤蟆和小青蛙，通过感受、演唱、扮演来进行歌曲表演和演绎。同时，老师结合三大音乐教学体系的理念，让学生循序渐进地感受歌曲，淋漓尽致地表现小青蛙和癞蛤蟆的角色。

（此活动设计取材于杭州市保俶塔申花实验学校金帆《癞蛤蟆和小青蛙》）

案例　学具（乒乓球和篮球）对比体验《乒乓变奏曲》

【活动目标】通过欣赏钢琴独奏曲《乒乓变奏曲》，指导学生感受“乒乓球”的音乐形象，感受到运动的快乐。

【活动类型】节奏律动、借助学具体验、画旋律线等。

【活动情境】教师引导学生一起来玩一玩拍篮球和打乒乓球的节奏游戏，初步感知不同学具音色的不同和节奏感觉的不同，随后引发学生聆听音乐并思考音乐中的音色更适合表现什么运动，从而引出乒乓球的情景。

【活动实施】

1. 乒乓球和篮球拍击体验，感知音色

（1）教师引导学生分别体验拍击篮球和乒乓球，来辨别音色的不同。

（2）对比两种球音色的不同：拍击篮球的音色较为沉闷，而拍击乒乓球的音色比较清脆。

（3）对比两种球带来节奏情绪的不同：乒乓球表现的节奏更跳跃、轻巧，速度较快、有弹性。

2. 聆听欣赏《乒乓变奏曲》，感知音乐

（1）聆听音乐，思考音乐的主奏乐器是什么。（钢琴）

（2）思考音乐更适合表现哪一种球类运动。（乒乓球）

（3）尝试用身体的其他部位来表现乒乓球拍击的声音，进行身势律动，例如响指、弹舌。

3. 聆听音乐主题旋律，再次熟悉音乐中钢琴模仿乒乓球的音色

【活动反馈】通过学具篮球和乒乓球进行实物形象的音色感知和体验，为音乐主题做好铺垫，学生也从体验中感知钢琴模仿的乒乓球会给人一种跳跃、轻巧的感觉。

（此活动设计取材于杭州市西湖区教育发展研究院高峰《乒乓变奏曲》）

第六章 音乐课堂教学范式

真正的音乐教育不是教给孩子什么，

而是带领他们走进音乐，

并让他们以自己的方式享受音乐的美。

——高峰

第一节‖ “四感三层”教学范式

一、教学范式的定义

对教学范式的定义有很多，其中最具代表性的有以下三种。李爽、林君芬认为教学范式是指基于库恩科学范式理论，在特定时期，教学研究与实践共同体在教学本体论、认识论和方法论的基础上，所形成的关于教学的基本信念、理论体系、研究方法、教学政策和实践模式、方法与策略等。① 王文丽认为教学范式是教学共同体在一定时代背景下形成的较为稳定的教学理念与教学模式。② 杨现民认为教学范式是对教学活动的概括性解释，体现了某个时期或阶段教学的综合特征，不仅包含教学理论与研究方法，而且包含教学模式、学习策略、教学评价方式等。③

二、“四感三层”教学范式

基于“四感三层”教学理念，厘清“四感”统领下的教学序列，梳理并重整了教学内容，加强音乐教学序列性、逻辑性和层次性，以支撑整体音乐教学。运用感性音乐经验，从感官层次用多感官体验的方式感知、体验音乐，并逐步提升到表达层次的多感官理解和表达音乐，进而追求音乐层次的与音乐本体建立联系，最终形成音乐联觉，并逐步内化为内心音乐听觉。以节奏先行、旋律行进、和声融合及音色和谐为导向，通过整体感知、多感官体验——局部探索、多层次展开——多元综合、全方位表现的路径，构建西湖音乐课堂教学范式。

《义务教育音乐课程标准》指出：“学生在音乐学习领域所掌握的音乐基础知识和基本技能，形成了文化认知以及音乐听觉与欣赏能力、表现能力和创造能力。”④ 而节奏感、旋律感、和声感与音色感这四感的培养是重中之重。“四感”的核心指向为四能——听觉能力、欣赏能力、表现能力、创造能力服务。音乐教学总体上遵循整体—局部—整体，以及体验—探究—体验的教学程序和规律。提炼概括音乐教学——歌唱

---

① 李爽，林君芬 . 互联网 + 新课标背景下教学范式创新的评价研究［R］. 中国教育学会教育科研规划“十三五”重点课题（项目编号：1601110621A）.

② 王文丽 . 试论教学范式及其变革研究［J］. 东北师范大学学报，2017.

③ 杨现民，骆娇娇，等 . 数据驱动教学：大数据时代教学范式的新走向［J］. 电化教育研究，2017.

④ 中华人民共和国教育部 . 义务教育音乐课程标准［M］. 北京：北京师范大学出版社，2011.

课、欣赏课、器乐课和综合课的教学范式，以改进教学方式，转变学教方式，构建音乐教学多课型范式。

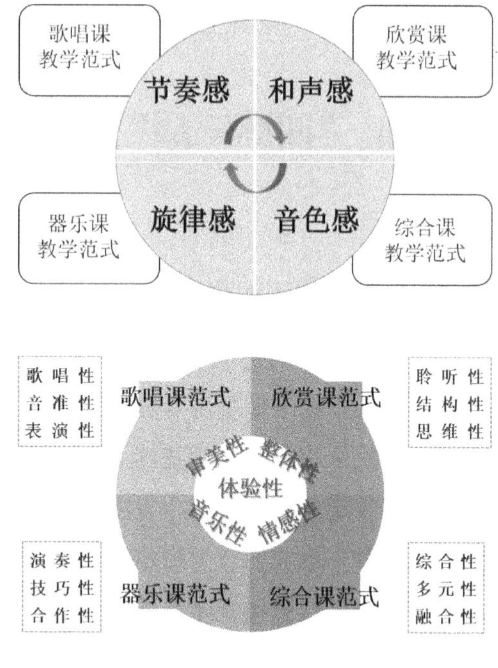

基于“四感三层”理念的音乐课堂教学范式具有诸如审美性、整体性、体验性、音乐性和情感性等共性特征。这些特征在前文已有阐述，在此不再赘述。各个课型教学范式还具有自身所特有的个性特征，如歌唱教学范式的歌唱性、音准性和表演性，欣赏教学范式的聆听性、结构性和思维性，器乐教学范式的演奏性、技巧性与合作性，综合教学范式的综合性、多元性与融合性。多课型教学范式旨在转变学教方式，提升教学能力，涵养音乐素养。

第二节‖ 欣赏课教学范式与课例

一、欣赏课教学范式特点

1. 聆听性

人们常说眼睛是心灵的窗户，而耳朵便是音乐的门户。音乐是听觉艺术，音乐课最重要的学习渠道便是耳朵。通过聆听感知、体验音乐对音乐欣赏课尤其重要。听音乐有泛听、聆听和精听之分。聆听是有目的地欣赏音乐。聆听音乐的整体意境，体验其带来的整体感受，聆听音乐中各要素所起的作用。不论是安静地听，还是在律动中聆听，都需要将内容与要素相融，使理念与多元相称，在聆听上设计多重体验感受，让学生的耳朵充分享受聆听的乐趣。

2. 结构性

音乐欣赏曲目大多有内在结构，如一段体、二段体、三段体和多段体结构。在各类欣赏曲目的整理序列中，按照整体—局部—整体原则，从结构入手，在结构中感知与体验，从结构中聆听与分析，是欣赏教学最重要的教学形式。

3. 思维性

音乐思维作为人类的精神产物和智慧结晶，以其独有的情感渗透力及结构形式中的高度逻辑性，完全不同于人类以语言为基本材料的抽象思维。它产生于主体心灵对客观世界的生命体验，发散于情感的凝练与升华的感悟中，最终作用于主体自身的人格重塑。音乐思维是人类对自身生命本质的体验与再现，是人类艺术掌握世界方式与创造精神美的第一要素。① 在教学中，我们要提升提问的思维含量，多一些追问，让学生学会用音乐的方式思考并解读音乐，培养学生的音乐思维能力。

二、欣赏课之"四感三层"体现

欣赏课如何更好地体现"四感三层"理念？我们通过实践发现，感形象、品主题、析结构和知风格是欣赏教学的四大核心。那么，如何艺术地听才能让学生有效积累听觉感知经验，提升欣赏能力和水平呢？首先，我们将"四感"融于体验，带领学生悄无声息地感知音乐形象。欣赏教学的核心在于"听"，通过将丰富的音乐体验手段融入聆听，在体验中结合"四感"，有音乐，有宽度，有深度，有广度，真正在体验中去感受音乐形象。其次，我们带领学生感结构、品主题，细致对比更清晰。按照整体—局部—整体的原则，以乐曲结构为脉络，以主题旋律为线索，记忆主题旋律，对比乐段，让结构清晰透亮，增强逻辑性和条理性。最后，我们系"三层"重感受，多维辅助知风格。从无意识体验、有意识表达到与音乐本体建立联系三个层次出发，让音乐轻轻流淌，就像是溪流流入了学生大脑的所有沟壑，从而感知其风格。欣赏教学范式打破传统的欣赏思维，基于"四感三层"原理，培养学生高尚的审美情趣和音乐鉴赏能力，扩大音乐视野，发展形象思维，提高学生对音乐作品的感受、分析、鉴赏评价能力。

三、欣赏课教学范式

1. 整体感知音乐，把握乐曲风格

（1）初次聆听，感受音乐情境。

（2）多维辅助，感知音乐风格。

（3）以趣激情，体验音乐形象。

① 程建平. 论音乐思维的特殊性［J］. 武汉音乐学院学报，2000.

2. 细品主题音乐，多重感官体验

（1）聆听主题：通过动听、静听、析听等方式聆听主题音乐。

（2）表现主题：通过律动、身势、演唱、乐器、画旋律线和图形谱等方式表现主题音乐，把握该主题核心音乐要素。

（3）记忆主题：能够用多种方式或综合方式，独立地或合作地呈现主题。

3. 对比其他乐段，感知乐曲结构

（1）逐段聆听，体验乐曲发展。

（2）对比主题，揭示不同要素。

（3）联合听辨，感知乐曲结构。

4. 完整赏演乐曲，深入音乐本体或拓展延伸

（1）完整演绎乐曲，巩固音乐主题。

（2）介绍音乐知识，分享创作背景。

（3）创设完美氛围，揭示乐曲主题。

（4）拓展延伸作品，丰富表现形式。

四、欣赏课教学范式课例

案例　欣赏课教学范式课例一《加伏特舞曲》

科目	小学音乐	内容	人音版义务教育教科书二年级 《加伏特舞曲》
【教材分析】 《加伏特舞曲》是源于民间，后流行于宫廷、贵族社会的一种法国舞蹈音乐。到 18 世纪后半叶虽然不流行了，但它仍作为纯粹的器乐作品被演奏着。《加伏特舞曲》的特点是 2/4 或 4/4 拍子，通常是小快板的速度，由短促的顿音构成跳荡的节奏，性格生动活泼。			
【学情分析】 二年级的孩子以形象思维为主，有着好奇、好动的特点，在教学过程中设计体验为主的主题形象的体验感知活动，用动作、歌声表现《加伏特舞曲》轻盈、优雅的风格。			
【教学目标】 1. 审美情感：通过音乐实践活动，能随着音乐做出相应的情绪表现与动作反应，体验乐曲轻快、活泼的音乐情绪。 2. 过程方法：通过聆听《加伏特舞曲》感受并体验音乐的舞蹈性，逐步培养学生听音乐的兴趣和习惯。 3. 能力认知：通过律动、图谱和演唱等，让学生感受音乐结构，培养音乐听辨与表现能力。			
【教学重点】通过聆听体验感知《加伏特舞曲》的节奏特点和作品轻盈、优雅的旋律特点。			
【教学难点】通过音乐实践活动，培养学生有目的地聆听音乐，并能随音乐进行编创和表演。			
【教学方法】实践体验法、多感官体验教学法、启发开放式教学法、律动教学法			
【教室位置】半圆形座位。  注：男女生间隔。			

【教学过程】

（一）整体感知音乐，把握乐曲风格

1. 走进舞会，律动体验

（1）导入：今天，老师带了一首乐曲，请你们跟老师一起用身体律动来感受乐曲。

（2）提问：这首乐曲带给你们什么样的感受？我们绕圈后再来感受舞曲的特点。

（3）揭题：这首乐曲的名字叫《加伏特舞曲》，“加伏特”原是法国民间舞曲，后流行于欧洲宫廷、贵族。

◎**环节设计意图：**整体感知——恒拍律动。整体感知乐曲，通过恒拍律动，轻轻摇晃身体感受乐曲的特点和情绪。

（二）细品主题音乐，多重感官体验

1. 细听 A 乐段，声势伴奏

（1）提问：你们听，法国的人民跳着舞来欢迎你们了呢，他们的心情是怎样的？体态是怎样的？（活泼明快又略含幽默的色彩）

（2）舞蹈要求：模仿他们跳舞的样子，男孩挺拔，女孩优雅地提着裙子，大家面对面，男孩伸右手邀请，女孩提着裙子回礼，并接受邀请。

（3）旋律节奏：

× × × × × × × × | × × × ○ |

titi ta

①我们一起来拍一拍，念一念。（要求 ti 轻轻地拍在掌心，ta 完全拍击）

②跟着音乐来试一试。

③拍得很不错！我们用脚尖来感受加伏特舞蹈的特点。

（4）点评激励：表现得真不错！就让我们站起来跳一跳吧！让我们像一个优雅的舞者，下巴微微抬起，腰板挺直，帅气一点。

（5）点评激励：你们的舞步可真优美，伸出你们的手指，跟着老师感受一下旋律线、舞步有什么变化？

①请你伸出手指跟老师画一画。

②你能用自己的拍手动作表现音乐的高低变化吗？

③谁还能想出不一样的动作？跟着音乐试一试吧！

（6）合作舞动：就让我们一起来跳一跳《加伏特舞曲》吧！和你的小伙伴面对面试一试。

◎**环节设计意图：**节奏感、旋律感——提取典型节奏。抓住乐曲中的典型节奏，根据节奏的特点对比聆听，发现不同。通过律动感受旋律的高低变化，用动作表现出音乐轻盈典雅的美感。

2. 对比 B 段音乐，律动感知

（1）点评提问：你们优雅的舞姿仿佛把老师带到了宫廷的舞会中。听听舞会中传来的第二段音乐，它的情绪有什么变化？（抒情优美）

（2）活动要求：跟着老师再来体会一次，边画边体会。（边画图形谱，边听音乐）

（3）提问：比较一下乐曲的前半部分和后半部分有什么不一样？（优美的部分，单手往外伸展；较活泼的部分，做高低变化动作。）

（4）律动要求：分成两队，跟着老师的步伐，围成圈跳起来吧。

◎环节设计意图：对比感知体验速度、节奏变化。通过对比聆听，画一画旋律线，感受乐曲连贯和大跳的旋律特点，并能够用动作表现出来，体会不同的音乐情绪。

3. 哼唱再现 A，记忆主题

（1）点评提问：你们表现得真美，舞步特别优雅。听听最后这段音乐跟哪段音乐是一样的？（他们的舞步轻快活泼，踩在地上就像一首优美的歌曲！）

（2）模唱要求：我们一起用舞步发出的“beng、beng”声，来感受乐曲吧！

◎环节设计意图：音色感的培养，能够听出这段音乐与第一段是相似的，并能够用轻快、有弹性的声音表现舞步特点，哼唱并记忆主题旋律。

（三）完整赏演乐曲，拓展延伸

1. 完整演绎乐曲，巩固音乐主题

提问：接下来，就请大家完整欣赏《加伏特舞曲》，听听这首乐曲是用什么乐器演奏的？

2. 音乐知识介绍，分享创作背景

点评介绍：刚才聆听的《加伏特舞曲》是荷兰作曲家、指挥家戈塞克所作歌剧《鲁吉纳》中的一首小提琴曲，后改编为管弦乐、钢琴曲等其他器乐演奏形式。

3. 拓展延伸作品，丰富表现形式

要求：让我们围成圈，一起来跳一跳这古老的《加伏特舞曲》。

◎环节设计意图：整体感知体验音乐风格，表现音乐作品。整体聆听《加伏特舞曲》，感受作品风格特点，听辨乐器的音色。通过主题动作律动、对比聆听、主题旋律哼唱等音乐活动，用动作表演主题旋律，感知记忆主题旋律，让课堂变得有趣生动，使学生充分感受体验乐曲宫廷舞会的特点。

（四）意犹未尽，舞出教室

小结下课：今天我们的音乐之旅就结束了，希望大家记住作曲家戈塞克，记住《加伏特舞曲》，在今后的学习中让更多优秀的音乐作品成为我们的好朋友，让更多的作曲家留在我们的记忆中。

【教学流程】

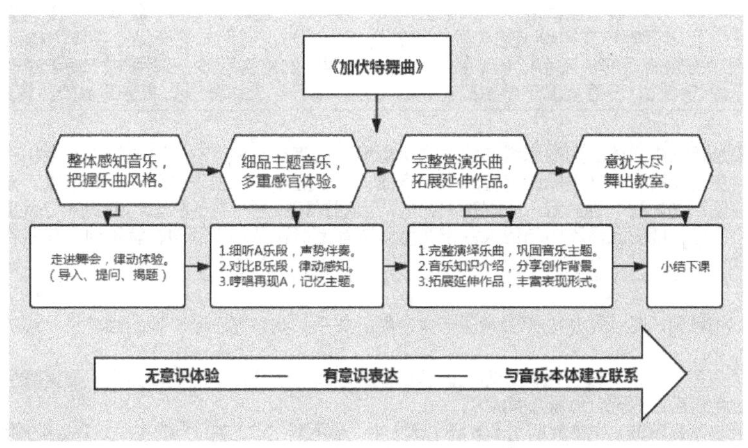

【教学反思】

1. 寓教于乐，激发学生学习兴趣

让课堂活起来，学生动起来，教师空起来。让教学更加生动化、具体化、形象化，帮助学生更好地理解和体验音乐，激发学生音乐学习的兴趣，促进学生在原有水平上发展，提高艺术修养。

2. 螺旋体验，提高审美感知能力

以分层渐进的音乐活动为载体，通过旋律线、图形谱和律动等体验感知音乐，培养节奏感、旋律感、音色感。将音乐本体和元素一点一点地落实到学生身上，由浅入深，层层叠加。学之有效，提高学生的审美感知能力。

3. 透视课堂，旋律可视

旋律可视化中设计的内容既能够抓住教学重点要点，又能够使学生学而能用，让旋律教学变得可听、可看、可演、可描述，在轻松愉快的氛围中让学生多感官体验音乐，提高音乐素养。

此课曾获浙江省小学优质课赛课二等奖、杭州市小学优质课赛课一等奖

设计、执教：杭州市行知小学　陈秀月

指导教师：高峰

案例　欣赏课教学范式课例二《羊肠小道》

科目	小学音乐	内容	人音版义务教育教科书四年级 《羊肠小道》
【教材分析】 《羊肠小道》是管弦乐曲，选自人音版《音乐》四年级下册第七课《回声》单元。课型以欣赏为主，这首作品是美国作曲家格罗菲创作的《大峡谷》组曲中的第三乐章，也是其中最为著名的一个乐章。作者以音乐来表达科罗拉多大峡谷蕴含的变化无穷的自然之美，也是一部用音符写成的游记。 较之以往聆听的曲目，《羊肠小道》的结构较为特殊，作品中的两个主题时而单独出现，时而交织形成两个对比主题的复调织体。本节课主要截取了“小毛驴”和“牛仔”主题，以及两个复调乐段作为重点进行教学。通过聆听、对比、旋律谱等环节初步感知主题旋律的特点，同时，运用节奏杯加上身体的律动来体验音乐，将其转化为对两个主题旋律的认知与记忆。基于“四感三层”的教学理念，采用对比法与分声部合作律动法递进感知复调乐段的特性，多感官调动学生的音乐参与性，提升学生对音乐的情感理解和鉴赏能力。			
【学情分析】 四年级学生的思维逐渐由具体的形象思维向抽象的逻辑思维过渡，在缺乏空间形象的鲜明性和确定性的音乐学科中，只要求学生通过聆听来辨别同时进行的两个旋律，对于四年级学生来说有一定的难度。孩子们喜欢有体验感与探索创造的活动，有一定的音乐基础知识，能对自然界和生活中的各种音响感到好奇有趣，能用自己的声音对它们进行模仿，能够在活动中与他人合作。所以课堂上增添了师生互动、音乐创编表演的活动来提升孩子们的学习兴趣。			
【教学目标】 1. 审美情感：通过欣赏乐曲，学生能感受音乐与大自然的关系，联想音乐所表现的大峡谷壮观的美景和牛仔旅行的心情。 2. 过程方法：通过聆听音乐片段、模仿节奏及音乐形象、表演等活动，学生能根据音乐要素联想音乐所表现的情景，并能通过合作自主探究，增强集体意识。 3. 能力认知：通过欣赏乐曲，学生能听辨《羊肠小道》中“小毛驴”和“牛仔”的主题，并且能用动作表现出来。			
【教学重点】听辨乐曲中“小毛驴”和“牛仔”的两个主题旋律。			
【教学难点】听辨乐曲中两个复调乐段，并对比复调乐段中的两个不同主题。			
【教学方法】情境教学法、多元感知体验法、教师引导示范法、活动联袂演绎法。			
【教室位置】 注：课堂的座椅摆设成 S 形，为《羊肠小道》做一个情境的创设。 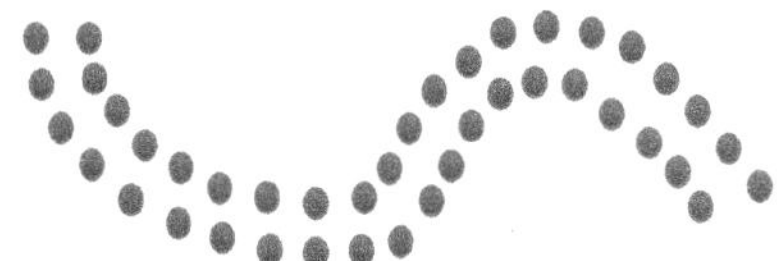			

【教学过程】

（一）整体感知音乐，把握乐曲风格

1. 初次聆听，感知典型节奏

（1）模仿节奏，寻找节奏规律。选取乐曲中最典型的两个节奏型进行拍打（① x x x　x x x |，② x ○ x　x ○ x |），并且让学生模仿和比对两条节奏的不同之处。

（2）敲击杯子，初感杯子节奏。老师带领学生运用学具“杯子”来敲击这两条节奏，并用这两个典型的节奏型创编 8 小节的节奏，邀请一位学生和老师一起用杯子挑战这 8 小节的节奏，让全班学生一起跟着敲一敲，在潜移默化中记住这个“杯子节奏”。

（3）聆听主题，听记杯子节奏。播放本乐曲的主题之一——“小毛驴”，学生在自主聆听中听出隐含在该主题中的“杯子节奏”。

敲一敲

6/8 XOX XOX | XOX XXX |
XOX XOX | XOX XXX |
XOX XOX | XOX XXX |
XXX XXX | XXX XXX ‖

2. 多维辅助，感受音乐情境

（1）多感官联动，模拟音色。跟随着音乐敲击“杯子节奏”，引出本曲的主角之一——小毛驴，引导学生用弹舌的方法模拟驴蹄的声音。

（2）分声部律动，创设情境。通过分组表演的方式，一组跟着音乐敲击“杯子节奏”，一组则是用弹舌和律动的方法来模仿小毛驴行进的样子；老师在“× × ×”这个节奏型出现的时候加入摇铃，从而引出小毛驴滑稽的形象，带学生走入“科罗拉多大峡谷”的音乐情境当中。

3. 以趣激情，体验音乐形象

（1）对话作者，初访小道。教师带学生引入情境后，出示科罗拉多大峡谷的图片，并介绍作者格罗菲谱写乐曲的背景故事。

（2）聆听引子，再探小道。设问 1：这一天出发前，小毛驴的心情是怎么样的？设问 2：牛仔格罗菲是怎么劝服小毛驴的？设问 3：是什么乐器这么形象地表现了小毛驴的叫声？（提点小提琴音色）

◎环节设计意图：提炼乐曲中典型的节奏型，以四感中的“节奏”为主感，引导学生模仿、敲击比对两条节奏的不同。在学生掌握节奏的基础上，用学具杯子随着主题音乐来敲击这两条节奏，因为杯子敲击的声音和驴蹄的声音比较接近，从而转变敲击方式提升学生的学习兴趣及节奏感，同时也为后面欣赏“小毛驴”主题做教学铺垫。随着小毛驴的蹄声引入科罗拉多大峡谷和作者的介绍，使学生从感官层次上体验音乐情景与音乐形象。

（二）细品主题音乐，多重感官体验

1. 聆听“小毛驴”主题，把握音乐形象

结合旋律线感受主题旋律的情绪，引导学生做小毛驴一摇一摆的动作，同时老师画出旋律线，辅助学生感知小毛驴的步伐是怎么样的，自己的感受又是什么。

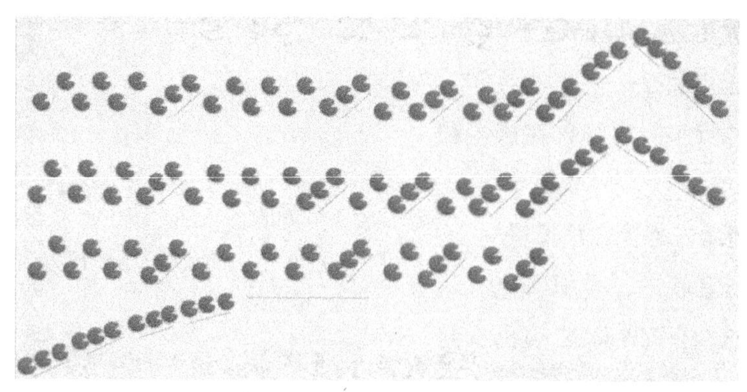

2. 表现“小毛驴”主题，丰富音乐体验

（1）哼唱主题旋律：参与性体验“倚音”在旋律中出现的作用。

（2）听辨主奏乐器：辨别“双簧管”的音色（出示图片和音频对比）；模拟牛仔的角色，边做骑驴的动作，边用“do”哼唱旋律。

3. 记忆“小毛驴”主题，分组合作呈现

分组呈现主题：一组敲击杯子（乐师加入摇铃）；另一组邀请一位表现能力比较好的学生扮演牛仔，带领着其余小牛仔边做骑驴的动作，边走由凳子摆放出的S形的羊肠小道。

设问：小牛仔们，你们刚经过了一条怎么样的小道？引出课题《羊肠小道》并出示图片来欣赏科罗拉多大峡谷中的羊肠小道。

◎环节设计意图：“小毛驴”主题旋律以6/8拍出现，音高跨度极大，不太适合四年级的学生直接哼唱，通过图形谱的直观演示，使学生不但能听到，还能看到音乐各个不同旋律的特点（如旋律中的音乐走向等），帮助学生更进一步记忆音乐主题。聆听主题音乐时，老师引导学生自主聆听、辨别主奏乐器“双簧管”的音色，用“do”哼唱旋律，使学生发现双簧管带有鼻音的音色特点。此环节中凸显了四感中的“节奏感、旋律感、音色感”，通过图谱、哼唱、律动的方式让学生参与聆听，学生在活动中有了听觉、视觉、动觉的体验，更好地理解了音乐形象。

（三）对比其他乐段，感知乐曲结构

1. 逐段聆听，体验乐曲发展

（1）聆听“牛仔”主题，学生结合旋律线感受连绵不断的峡谷。

（2）复听“牛仔”主题，老师出示峡谷图片，结合赏析加深体验。

（3）老师引导学生跟着音乐在空中画旋律线，感受音乐的起伏。

（4）出示主奏乐器圆号，学生拿起杯子，对准杯口用“wu”哼唱主题旋律，模仿圆号圆润饱满的音色。

（5）聆听“牛仔”和“小毛驴”同时出现的第一段复调乐段，学生边模仿骑在驴背上悠闲观看风景的样子，边用“wu”来哼唱，表现“牛仔”的主题。老师引导学生听出其他熟悉的旋律。

◎**环节设计意图：**“牛仔”主题富于歌唱性，音域跨度比较大，学生通过音画结合感受主题的情绪，描画图形谱，主动感受音乐要素，建立音乐空间感，表现音乐作品；关注圆号的音色，用杯子模仿，一方面可提升学习兴趣，另一方面可培养学生的音乐感知能力。

2. 对比主题，揭示不同要素

（1）揭示乐曲中的两个主题，学生感受不同主题所带来的不同情绪并归类。

（2）聆听由管弦乐奏出的第二个复调乐段，感受与第一段复调的不同之处。

3. 联合聆听，感知乐曲结构

观看管弦乐合奏版本的主题片段视频，简单了解管弦乐，并对比由不同乐器演奏出来的音乐效果和音乐情绪。

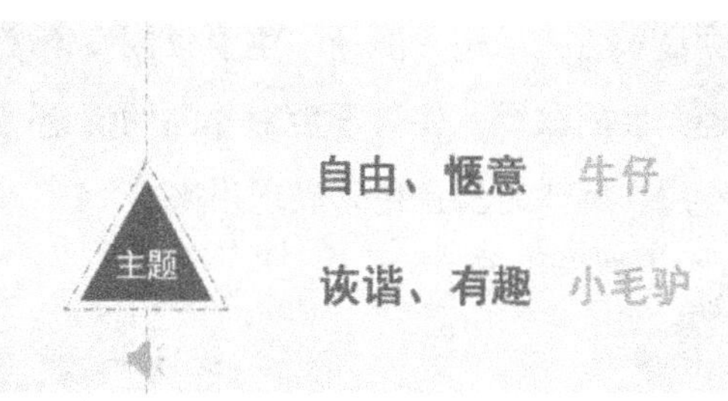

◎**环节设计意图：**这两个环节侧重于“音色感、旋律感”，引导学生关注乐器的音色特点、音响与部分旋律的变化，让学生比对这段音乐与前面音乐的不同之处，初步感知复调乐段。这个环节再次总结和归类两个主题，更多的是让学生去关注音乐本身，而不是过早地固定学生的思维。让学生区分第二个复调与第一个复调的不同之处，通过观看管弦乐队演奏的片段，加深对两个主题的记忆，以及清晰乐曲的曲式结构，基于“四层三感”的教学理念，更多的是教给学生聆听的方法，通过高通路的引导，让学生自由地、自主地聆听音乐，提高音乐记忆效率。学生通过自己的理解，有意识地表达音乐，体现表达层次。

（四）完整赏析乐曲，深入乐曲本体

1. 音乐知识介绍，分享创作背景

简单介绍《大峡谷组曲》，《羊肠小道》为乐曲的第三乐章。这一乐曲是作曲家格罗菲用了10年时间完成的音乐巨作。（黑板呈现乐曲结构板贴）

2. 完整演绎乐曲，巩固音乐主题

将学生分成三组。第一组在“小毛驴”主题出现时用杯子敲击节奏，模仿驴蹄声。第二组用身体律动的方式走S形小道，演绎牛仔骑在驴背上颠簸行进的形象。第三组则在“牛仔”主题出现时用杯口唱“wu”，演绎牛仔悠闲自在、赞叹不已的模样。在乐曲的开头让学生加入鸟笛声，老师在小毛驴行进时加入摇铃声，更好地将学生带入音乐情境中。

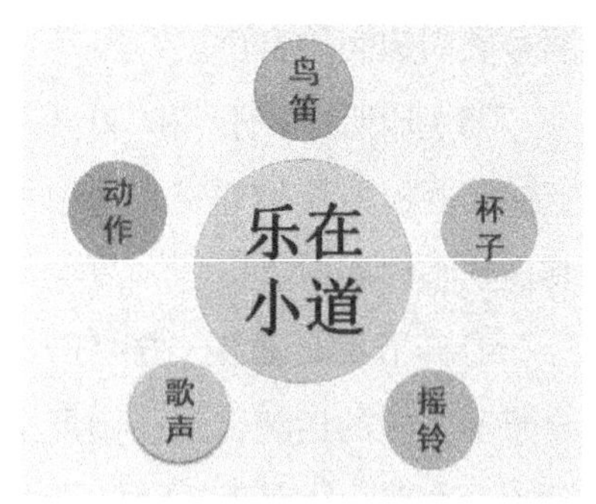

3. 拓展延伸作品，丰富表现形式

最后的片段由于时间关系，老师加入旁白，学生自由创编表现：乐曲这个时候进入中间段落，开始了梦境般的宁静，好像是牛仔格罗菲和小毛驴走累了，停下脚步休息的情景。钢片琴的声音奏出了清泉般的音响。弦乐的明快演奏，迎来了管弦乐队全奏的高潮，犹如牛仔骑在驴背上在山路上疾跑……最后，乐曲在乐队奏出的响亮的驴叫声中结束！

◎**环节设计意图：** 整体感受是欣赏课中必要的环节。分组表现不同的主题片段，学生能通过表演大致了解这个乐曲的结构和主题出现的顺序，而不是通过教师用语言去说乐曲的结构。演绎中主要以创设情境的方式诱导学生提升对乐曲的情感理解，以趣味性的演绎，促进学生对作品的情绪感知。在纯音乐表达中，学生将所认知到的节奏感、旋律感及音色感表现出来。

【教学流程】

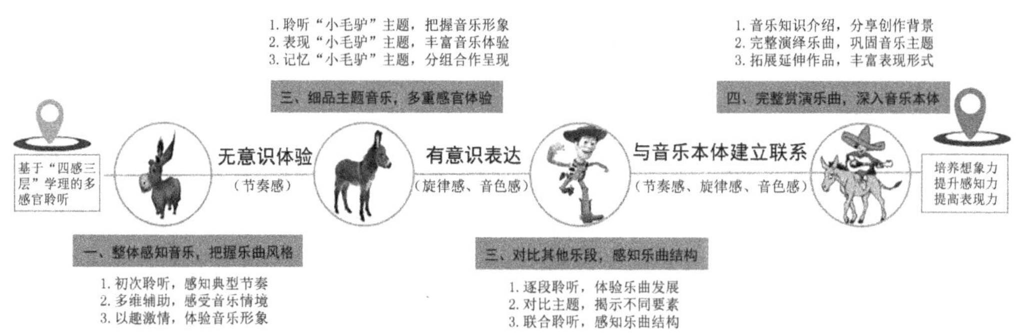

【教学反思】

《羊肠小道》是小学音乐教材中四年级第七单元中的一首乐曲。这是一首演奏时间长达 8 分钟的管弦乐合奏曲。基于“四感三层”的教学理念，以音乐要素为线索，通过不同的聆听参与、对比、模仿、表演等方法，引导学生体会乐曲两个主题的不同情绪，使学生能联想音乐所表现的大峡谷壮观的美景和牛仔旅行的心情，并且通过学具的巧妙运用、分组，以及鼓励让学生通过自己对音乐的理解大胆地表现音乐主题，营造了一个活跃的课堂气氛，整堂课的教学也有很好的成效。同时，这也带来了以下几点思考：

1. 多方式引导，以“杯”激情，培养想象力

关注音乐本身，培养学生的音乐听辨力是欣赏教学中的中心点，结合“四感三层”的教学理念，提炼乐曲中典型的节奏型，将对比模仿和杯子敲击的方式融入乐曲的赏析中，递进式聆听渗透，听记节奏型，让学生从无意识感知到有意识表达再深入音乐本体表现节奏，通过静听、动听两种聆听方式建立对音乐作品的初步的印象，围绕“聆听”展开丰富的实践活动，是学生表达情感体验的一种有效的途径，不仅激发学生学习的积极性，课堂中还调动了学习的兴趣。

2. 多感官参与，以“境”诱情，提升感知力

在主题音乐的聆听中，引导学生专心聆听、想象音乐是同步的。两个主题的学习以图形谱为辅助教学的手段，借助图谱、线条让学生有视觉上的体验，并且通过哼唱旋律、模拟音色、合作律动等动觉体验促进学生的听觉体验，帮助他们感知音乐要素的变化与发展，达成知觉上的体验。课中设计以音画结合的方式创设情境聆听，紧随着听觉感受的展开，这样能快速将学生带入科罗拉多大峡谷的情境，并且把握小毛驴、牛仔的音乐角色形象，让学生沉迷于音乐所带来的情感冲击之中，感受音乐的情绪，加深对音乐作品的感知，从而培养学生的听辨力、感受力及对音乐主题的记忆力。

3. 多联觉演绎，以“趣”促情，提高表现力

音乐欣赏探究学习的内容应该是学为主，教为辅。在熟悉两个主题后，让学生根据自己对音乐的感知理解，自主归类两个主题所表达的情感。在最后的演绎环节中，鼓励学生与他人合作表演，呈现音乐主题，在设定好的空间里，增加趣味性的演绎环节，在“引子—‘小毛驴’主题—第一段复调—‘牛仔’主题—第二段复调—结尾”的过程中，以聆听音乐审美活动为基础，遵循自身的认知规律，主动参与音乐表演全过程，在S形路径中行走，并且自由编创小毛驴的动作以表现音乐主题的情感，将最初“感性”地感受音乐上升为“理性”地分析和认知音乐。鸟笛声、杯子敲击模仿驴蹄声，最后的结尾延伸表演，这些环节都是生生合作进行的，同时展现出丰富的表现力，让学生学会同伴之间进行合作，共同表现音乐。如果在最后演绎环节中，让学生自主选择喜欢的主题，给予学生最大的自主表现空间，那可能又会呈现另一种意想不到的效果。

此课曾获西湖区小学优质课赛课一等奖

设计、执教：杭州市大禹路甲来路小学　陈舒

指导教师：高峰、许彦等

案例 欣赏课教学范式课例三 《小河淌水》

科目	小学音乐	内容	人音版义务教育教科书六年级《小河淌水》
【教材分析】 《小河淌水》选自人音版第 11 册教材，是作曲家鲍元恺的管弦乐作品《炎黄风情》第二组曲《云岭素描》中的第一首。乐曲以云南民歌《小河淌水》为主要基调，首先以甜美的英国管和明亮的长笛先后奏出柔美动人的主题，仿佛带领观众走进了云南姑娘阿花的内心世界。紧接着，旋律转为全体弦乐齐奏，低声部模拟“阿哥”，以放慢一倍的同一旋律热烈应和，把炽烈的爱情之歌推向高潮。这节课主要以旋律感为主线展开，在云南民歌旋律的一步步深入体验中挖掘内心情感的不同层次的表达，并在欣赏过程中听辨英国管、长笛、弦乐齐奏的音色。在情感的渗透和表达中去体验和感受云南山歌音乐的特点，并通过自己的理解拓展和改编。从感官层次到表达层次再到纯音乐层次，一步步挖掘学生的内心情感，提升学生的音乐创作表达能力。			
【学情分析】 六年级学生开始进入青春期，身心的发展正处在由幼稚趋向成熟、由依赖趋向独立的半幼稚半成熟交错的矛盾时期，他们求知的欲望和能力、好奇心都有所增强，对新鲜事物开始思考、追求、探索。他们掌握的音乐基础知识比较扎实，对各种音乐要素、音乐体裁都比较了解，能听辨一些常用的演奏乐器的音色，能视唱一些简单的乐谱等，这些都为新课学习奠定了基础。			
【教学目标】 1. 审美情感：通过体验不同版本的《小河淌水》，感受管弦乐作品和声乐作品在表达方式上的特点，体验作品本身的情感，并乐于参与体验与创作。 2. 过程方法：通过聆听、模仿及对比等方法，感受英国管、长笛、弦乐等乐器的音色，并逐步记忆《小河淌水》的主题旋律。 3. 能力认知：通过师生合作演绎课堂改编版本，体会作品的意境、特色，加深对云南山歌的印象。			
【教学重点】欣赏乐曲，听辨不同乐器演奏主题时所表达的情感变化，并感受山歌的特点。			
【教学难点】通过欣赏不同版本的《小河淌水》，感受作曲家如何从一首短小的山歌入手，创作出一部大型的管弦乐作品，并体会乐曲所表达的情感和意境，加深对云南山歌的印象。			
【教学方法】多感官体验教学法、律动教学法、创作教学法等。			
【教具准备】多媒体课件、钢琴等。			

【教学过程】

（一）整体感知音乐，把握乐曲风格

1. 初次聆听，感受音乐情境

（1）律动进教室：在《小河淌水》的伴奏音乐中进入教室。

（2）气息体验：在音乐声中进行气息练习，进一步感受主题旋律。

2. 多维辅助，感知音乐风格

（1）情景练声：今天，老师要给你们讲一个关于月亮的故事，你听

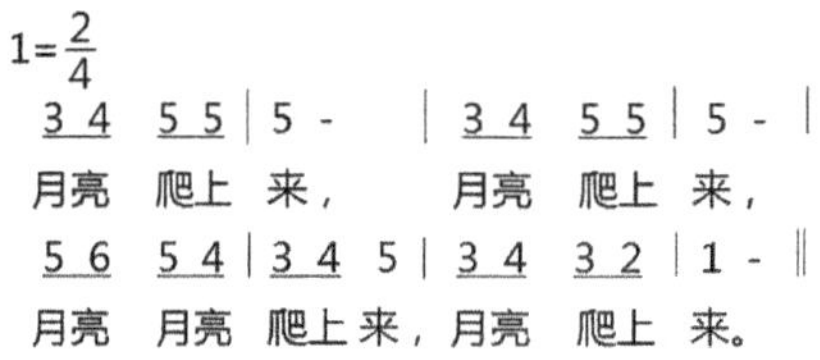

1= $\frac{2}{4}$

3 4 5 5 | 5 - | 3 4 5 5 | 5 - |
月亮 爬上 来， 月亮 爬上 来，
5 6 5 4 | 3 4 5 | 3 4 3 2 | 1 - ‖
月亮 月亮 爬上 来，月亮 爬上 来。

①师范唱。

②生模仿演唱。

③有变化地演唱。第一遍：再听听，这一遍老师唱得有什么不同？第二遍：你觉得哪一种情景更美？（力度变化）我们来试试，请你带着微笑歌唱，想象着月亮爬上来的情景。

（2）通过“云南山歌”进一步感受主题音乐。

师深情范唱：月亮已经高高地挂上了树梢，此时，月亮底下走来了一位姑娘。今晚，她好像有心事。你听，她深情的歌声似乎在向我们诉说着什么。

3. 以趣激情，体验音乐形象

揭题（山歌的故事主题音乐伴奏）：这位云南姑娘就是我们今天故事的主人公。而且，我要给大家讲的是一个真实的故事。她叫阿花……这就是属于他俩的《小河淌水》。

◎环节设计意图：运用一个练习气息的小游戏，让学生在优美的主题音乐中练习歌唱的气息，无意识地感受主题音乐，也为接下来的欣赏和歌唱学习做好准备。紧接着，教师以深情地范唱先吸引学生，再用一段真实的故事打动学生，让学生沉浸在这段唯美的音乐与故事之中，再次感受《小河淌水》的主题音乐。这一环节主要激发学生的感官层次，初步体验与感受主题旋律中的云南音乐风格。

（二）细品主题音乐，多重感官体验

1. 聆听主题，欣赏宋祖英版本表演唱视频

欣赏提问：这首民歌以它动人的旋律、真挚的感情感染了很多人，很多歌唱家也将它搬上了舞台。我们来欣赏一段宋祖英的表演。请你一边欣赏一边思考：云南民歌在音调、节奏、旋律上有哪些特点？

2. 表现主题

（1）总结云南山歌在音调、节奏、旋律上的特点。

（2）图谱展现主题旋律起伏变化。

3. 记忆主题

（1）学生视唱主题旋律，感受情感的起伏变化。

（2）这首山歌发自内心、深情感人，我们也来学唱一小段。

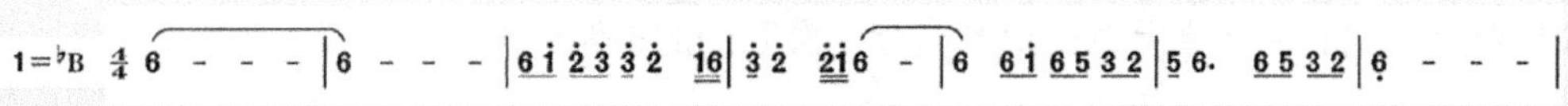

1=♭B 4/4 6 - - - | 6 - - - | 6 i 2 3 3 2 i6 | 3 2 2i6 - | 6 6i 6 5 3 2 | 5 6. 6 5 3 2 | 6 - - - |

◎环节设计意图：在情境中通过感官层次初步感受主题旋律之后，继续围绕旋律感进行更深入的挖掘。在宋祖英声情并茂的歌声中进一步感受云南山歌独特的音乐特点及行云流水般自由的节奏感特点，并通过表达层次的学唱主题旋律细细品味和想象，更直接地去体验和表达。

（三）对比其他乐段，感知乐曲结构

1. 逐段聆听，体验乐曲发展

边欣赏边思考：这段主题一共出现了几次？每次采用的主要演奏乐器是什么？

（1）分别聆听三段主题，感受不同乐器所带来的变化。

（2）感受英国管、长笛、弦乐齐奏这三种不同的表达方式。

感受主题的变化

	第一遍	第二遍	第三遍
演奏乐器	英国管	长 笛	弦乐齐奏
力 度	p	m	f
内心情绪	淡淡的忧伤	深深的思念	波澜起伏

2. 对比主题，揭示不同要素

要求：对比不同版本的山歌，感受不同表达方式带来的不同感受。

3. 联合听辨，感知乐曲结构

要求：走进音乐厅，感受音乐家的现场演奏。可以从演奏乐器、力度变化、内心情绪的发展等方面来细细品味和想象。

◎**环节设计意图：**这一环节是在学生的表达层次做进一步的深入与提升。听辨主题旋律的三次出现，进一步感受三次不同乐器音色的表达，以及带来的三种不同情绪的发展，让学生在听辨与主动表达中更深入地理解主题发展的情绪线条，促进这种发展的创作手段就是采用不同乐器声部，通过独奏、齐奏、合奏等多种演奏形式推动音色的变化来实现。

（四）完整赏演乐曲，深入音乐本体

1. 完整演绎乐曲，巩固音乐主题

（1）小结：云南的山歌以它嘹亮的音调、自由的节奏、无尽的深情打动了很多人！今天，我们在课堂上也来现场演绎一次我们的课堂改编版。

（2）演唱、提问、练习。

①今天，我就是云南姑娘阿花，伴随着一声轻柔的呼唤，我来到了小河边……接下来是一段描绘今晚月色的歌声，我想邀请你们来演唱……

②我们是站在山谷里歌唱，所以会听到什么？（回声）请问，在哪儿加上回声？怎么表现会比较好？（学生讨论创作）

③接下来，是阿妹深情地呼唤阿哥。你听，她呼唤了阿哥几次？（三次）

（3）讨论：这三遍呼唤应该呈现出一种什么样的变化？第一遍，由师轻声呼唤；第二遍，由女生加入；第三遍，由男生加入，将呼唤的力度一步步推向高潮……最后，只剩下小河淌水的声音，在山谷里不断地回荡着……

（4）完整表演。（加上练声时的《月亮爬上来》）

旁白：今晚的夜色真迷人，月亮也悄悄地爬上了树梢……月亮底下走来了一位姑娘，她深情地眺望着远方……

2. 音乐知识介绍，分享创作背景

小结介绍：这首管弦乐版本的《小河淌水》是作曲家鲍元恺先生的大型管弦乐作品《炎黄风情》中的一首。下面，我们来听听作曲家自己是怎么介绍的……

3. 创设完美氛围，揭示乐曲主题

揭示主题：这部具有中国民歌元素的管弦乐作品，一经问世就让世界各国的交响乐团争相演奏。这段动人的旋律流传到各个国家，被大家亲切地称为“东方小夜曲”。

4. 拓展延伸作品，丰富表现形式

拓展欣赏：一首民歌经过不同的改编，还可以带来完全不同的感受。让我们在这段充满欢乐和激情的《小河淌水》中下课吧。

◎环节设计意图：这一环节建立在学生之前的充分体验与表达的基础上，通过老师与学生的合作，用自己的方式改编和演绎作品，建立与纯音乐层次的连接，利用创设的情境与音乐的自身魅力，再一次挖掘学生内心的情感，激发学生的创作潜能，让他们陶醉在自己的表演之中。在合成表演时，以《月亮爬上来》为表演的引子，让这节课首尾呼应。最后，拓展欣赏一段不同风格的改编，打开学生的思路，让《小河淌水》带来不一样的欢乐和激情！

【教学流程】

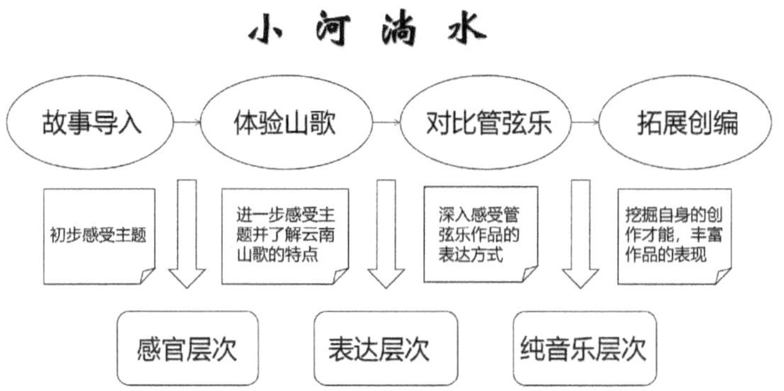

【教学反思】

《小河淌水》是一首有着丰富内心情感的云南山歌，它源于一个真实感人的爱情故事。对于六年级的学生来说，将爱情延伸为亲情、思念之情更为合适。让孩子们在情感的渗透中去体验和感受云南山歌的音乐特点，也是整堂课的重点与难点。在整堂课的设计中，教师主要以“旋律感”为主线展开教学，并在深入中渗透“节奏感”，凸显云南音乐的特点，以及运用“音色感”推动乐曲情绪的发展，让学生在层层递进的教学中一步步深入，不断挖掘自身的音乐表现能力。在拓展创编环节，借助情境和情绪的助推，激发学生的创作潜能，让学生能力呈现三个层次螺旋提升的发展。

1. 借助故事、情感先入——感官层次初体验

在这节课的教学中，创设了一个“月下”的情境：首先，在月亮底下感受歌唱的呼吸，无意识地熟悉主题音乐，进入优美安静的心境。其次，《月亮爬上来》是气息练习的延续，也是本节课故事的开始。营造一个迷人月夜的意境，为后面的学唱主题、完美表演做好铺垫。然后，月亮底下走来了一位姑娘，她用歌声向我们讲述了一个真实的故事……情感先入、烘托主题，呈现主题音乐在故事情境中的初体验。

2. 体验山歌，深入感受——感官层次深挖掘

进一步感受作品时，选择了一个视听结合的歌唱家宋祖英的舞台表演唱版本。这个版本就像在表演这个故事一般，歌声动人，情境唯美，十分感人，学生被深深吸引。同时，教师及时地向学生提出“云南山歌”的体裁概念，并一起体会山歌的音乐特点，非常及时地深入作品，在“旋律感”和“节奏感”的渗透中感受云南山歌的独特魅力。

3. 对比欣赏，层层深入——表达层次推情感

通过学生自己的演唱表达，以及对比欣赏管弦乐版本与独唱版本，感受器乐作品

与声乐作品不同的表达方式。体验管弦乐版本利用不同乐器音色的变化、演奏形式的变化、力度的变化等层层推进的表现手法，并感受以此带来的情感的波澜起伏，从而更深层次地去体验和感受《小河淌水》的魅力。

4. 拓展创编，提升能力——纯音乐层次激潜能

在课程的尾声，利用此时情感的激发，充分挖掘孩子们自身的音乐创作才能。教师与学生一起在创设的情境中现场改编并拓展表演，将故事性语言、情景练声曲、唯美音乐声及学生的创造性歌声融合成一个全新的作品，更深入地去理解作品、表达作品，升华情感、提升能力！

此课曾获教育部“一师一优课”优课奖

设计、执教：杭州市竞舟小学　陆平平

指导教师：高峰等

案例　欣赏课教学范式课例四《御风万里》

科目	初中音乐	内容	人音版义务教育教科书八年级《御风万里》
【教材分析】 《御风万里》是初中音乐教材八年级的作品，是一首专门为迎接香港回归而创作的交响序曲，表现了全国人民在香港回归时响彻大江南北的兴奋、热烈、狂欢之声。全曲结构：引子 +A+B+A' + 尾声。本课时选取 B 段作为主要教学内容。B 段音乐中使用了复调的创作手法将汉、蒙、藏、哈萨克族的民歌融为一体，寓意着五十六个民族间的团结、和睦。乐曲的快板部分真实地表达了激动与热烈的情绪。基于“四感三层”的教学理念，通过赏、唱、节奏、肢体律动来学习聆听、对比感受、深入体验作品，培养学生赏析复调音乐的能力。			
【学情分析】 复调音乐于作品意境描述和音乐形象设计而言具有举足轻重的意义，对于初中生而言确实有一定的欣赏难度。在音乐教学中，教师要让学生从感性上体验复调音乐，理性上理解复调不同表现手法所产生的各类效果。在教学活动中，教师让学生切实体验、感受、表达三段复调音乐，真正深入欣赏和感知复调的美，尝试在课堂中带着学生一起赏析音乐，感受复调，享受复调。			
【教学目标】 1. 审美情感：通过听辨作品，熟悉汉、蒙、藏、哈萨克族四段民歌主题，感受民族大团结。 2. 过程方法：通过音乐实践活动，初步了解作品中的复调创作手法，培养学生聆听复调音乐的能力，感受复调音乐的魅力。 3. 能力认知：从作品中感受和领悟民歌在音乐创作中的作用，领悟民歌在创作中的渊源。			
【教学重点】作品中三段复调音乐的感受、实践与欣赏。			
【教学难点】复调创作手法。			
【教学方法】体验性音乐教学法、实践教学法、探究性音乐教学法、多感官体验教学法。			
【教室位置】女生：左侧；男生：右侧。			

【教学过程】

（一）赏唱结合，表现和声

1. 感受陕北民歌《黄河船夫曲》

画出歌曲的旋律线（黄河"几"字形主题旋律图形谱），让学生更形象地感受歌曲旋律线。

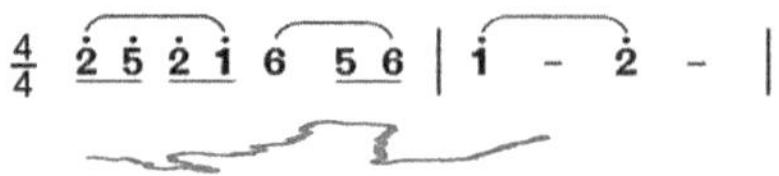

2. 完整聆听 B 段慢板部分

一起寻找《黄河船夫曲》主题，并感受作品中的其他三条主题旋律，让同学们聆听另三条旋律与主题旋律叠在一起，交织出现……由此引出课题。

欣赏复调一：《黄河船夫曲》主题（汉族）与《嘎达梅林》主题（蒙古族）

1. 听音乐，辨别两条旋律的主奏乐器

（1）聆听与感受双簧管与圆号的音色。

（2）再听音乐，模仿乐器音色。师：双簧管音色特点有哪些？（细腻的、柔和的、抒情的）老师个人觉得双簧管的音色除了细腻抒情外，还带有浓浓的鼻腔共鸣特点，请模仿老师，用食指与拇指的指尖轻轻地捏着鼻尖，口腔打开，感受哼鸣"Hm"。学生模仿体验，放开指尖带着这样的音色特点跟琴哼鸣与模唱，要求边唱边画旋律线。

（3）圆号的音色特点有哪些？（饱满的、圆润的、浑厚的）模仿老师将左手轻轻地放在胸前，用"La"感受模唱圆号饱满的音色，体验胸口的震动感，并用"La"体验哼唱。

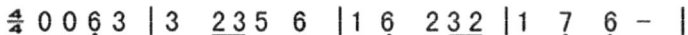

4/4 0 0 6 3 | 3 2 3 5 6 | 1 6 2 3 2 | 1 7 6 - |

2. 复听音乐，尝试二部合唱

（1）聆听两条旋律交织。音乐中的两条旋律是怎样交织进行的？特别注意第二条旋律是什么时候进来的。（出示 PPT 显示谱例，教师用手势提醒第二条旋律的进入）

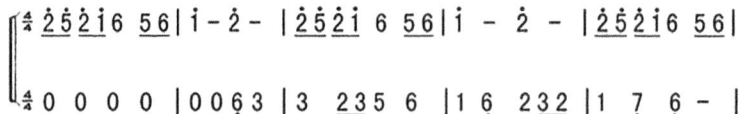

4/4 2 5 2 1 6 5 6 | 1 - 2 - | 2 5 2 1 6 5 6 | 1 - 2 - | 2 5 2 1 6 5 6 |

4/4 0 0 0 0 | 0 0 6 3 | 3 2 3 5 6 | 1 6 2 3 2 | 1 7 6 - |

3. 教师钢琴范奏复调

生生合作进行二部合唱：女生模仿双簧管音色，表现汉族民歌主题；男生模仿圆号音色，歌唱蒙古族民歌主题。

（1）听辨主奏乐器——欣赏复调。教师画主题旋律引导学生专注聆听。学生听辨出主奏乐器双簧管与圆号。

（2）模仿乐器音色——歌唱复调。师生演唱《嘎达梅林》旋律，体验在无垠的草原上用宽广歌声抒发的赞美之情。

（3）体验和声色彩——表现复调。二部合唱真切感受复调音乐，体验作曲家用“和声色彩”表现出复调音乐的美。

◎环节设计意图：黄河“几”字形就是主题旋律的图形谱，能让学生更形象地感受旋律的行进方向。带着要求聆听，目的在于引导学生听出不同的主题和作品的音乐主线。聆听音乐时要求画《黄河船夫曲》主题旋律线，并找出与之不同的其他主题音乐，引领学生初步感受复调音乐。通过模仿乐器音色的主题模唱，让学生形象地感受不同乐器的音色，并深刻体会不同乐器塑造的不同音乐形象。教学中注重“四感”中的旋律感、音色感、和声感，“三层”中的感官层，有意识表达层层递进，调动学生的多感官体验，提升学生的赏析能力。

（二）节奏对位，实践律动

欣赏复调二：《黄河船夫曲》主题（汉族民歌）与《囊玛》主题（藏族民歌）

1. 引入新旋律

在聆听第二段音乐时，除了熟悉的汉族民歌《黄河船夫曲》主题旋律外，请关注老师随音乐表现出来的是哪个民族的舞蹈。

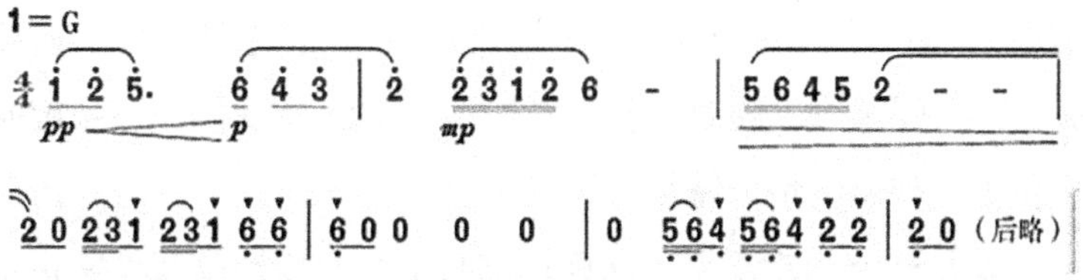

1＝G

4/4 1 2 5. 6 4 3 | 2 2 3 1 2 6 - | 5 6 4 5 2 - - - |

pp p mp

2 0 2 3 1 2 3 1 6 6 | 6 0 0 0 0 | 0 5 6 4 5 6 4 2 2 | 2 0（后略）

2. 聆听音乐

（1）《囊玛》主题，教师舞蹈律动。提问：请判断是哪里的民歌？（藏族）

（2）你是从哪里感受到的？（音乐感觉，藏族舞蹈）

（3）师生随音乐律动，学习主题，体验“囊玛”。提问：这段旋律带给你怎样的体验与感受？（流畅、平缓、典雅）

（4）“囊玛”简介：藏族人民的传统歌舞，歌曲的最大特点是典雅流畅、节奏平稳。再次欣赏，感受囊玛踢踏舞节奏。

（5）寻找黄河主题：这段舒展的囊玛民歌主题中还带有藏族典型的踢踏舞节奏，打出你们听到的这组踢踏舞节奏。它隐藏在哪条旋律中？（《黄河船夫曲》）

对位节奏：

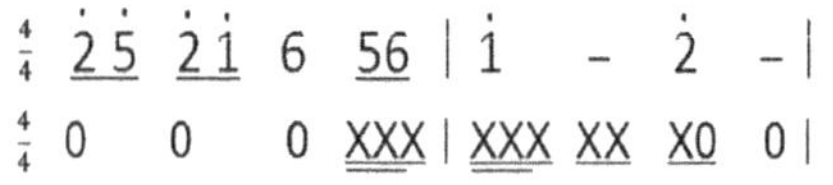

4/4 25 21 6 56 | 1 - 2 - |
4/4 0 0 0 XXX | XXX XX X0 0 |

3. 节奏实践

请所有的女生打第一条节奏（边唱边打），男生打第二条节奏（注意休止）；男女生合作表现；合作中加入力度要求，弱击踢踏舞节奏。

（1）肢体律动——营造复调画面感。让有舞蹈基础的同学上讲台表现囊玛舞蹈，全班随音乐画出“几”字形汉族民歌主题，或男女同学生生合作律动。

（2）对位节奏——呈现复调音响性。让同学们从旋律中找到节奏型，打好两条节奏，合作表现。

◎环节设计意图：用律动的方式感受与表现作品情绪，了解藏族民歌《囊玛》主题最大的音乐特点——典雅流畅；通过生生合作和两条节奏的音乐实践，让学生感受作品中的复调创作手法之“节奏对位”。层层铺垫，培养学生专注聆听音乐的习惯。通过二部合唱让学生真切感受复调音乐，体会作曲家用“和声色彩”表现复调音乐的美。

（三）旋律描绘，关注音区

欣赏复调三：《黄河船夫曲》（汉族民歌）与《哈萨克民歌》主题（哈萨克民歌）

1. 聆听音乐，体会音区

（1）感受旋律线——畅想复调。请同学们独立完成作品欣赏，听到《黄河船夫曲》民歌主题时画出旋律线，同时随音乐在脑海里清晰呈现另外一条旋律线，关注不同旋律的音区位置，作品的地域特征、民族特色等。

（2）活动巧设计——描绘复调。汉族民歌与哈萨克族民歌复调赏析中，在体验音区时巧用队形设计的方式，前三排同学坐着表现汉族民歌主题，后三排同学起立举起右手在头顶表现哈萨克族的主题旋律，队形上就将复调中的音区对位清晰描绘。

◎环节设计意图：在音色感、旋律感、节奏感、和声感依次建立的基础上，学生的歌唱能力与表现能力不断提升，引导学生从单纯的音乐感受，到再次聆听与实践，有效引领学生有层次、有梯度地感受、领悟音乐，能让学生更清晰地解读作曲家在这段复调中运用了巧妙的音区对比的创作手法。“四感三层”学理中的纯音乐层次无形中得到推进。多感官的体验感受让学生大胆畅想音乐，敢于实践创作与表现，不断提升音乐素养。

【教学流程】

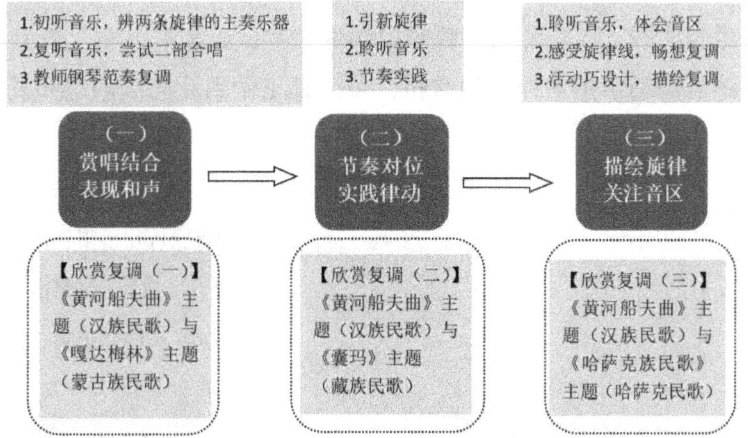

【教学反思】

《御风万里》为三段体复调，织体丰满，欣赏时粗略听和细细品味，对作品的感受与理解完全不同。初中生实际欣赏水平有限，需要教师在实践中摸索与积累，基于“四感三层”的教学理念，多感官调动学生赏析，让学生循序渐进地感受和体验复调音乐，提升复调赏析能力。在教学中，教师通过赏唱结合、节奏对位、音区对比等手段解读与赏析作品，让学生在有效的课堂中积极参与音乐实践，深入感受和体会复调音乐特点，体会作曲家巧妙地用复调音乐的创作手法将汉族、蒙古族、藏族、哈萨克族四个民族的民歌主题融为一体，加深对作品主题旋律的印象，独立完成复调音乐的欣赏与领悟。

1. 立足教材　挖掘文本

教师要深入教材，反复聆听，剖析复调。只有教师稳稳吃透文本，才能有效设计教学，定好目标。在备课时要从学生的实际出发，找到适合本校学生的课堂教学设计。

2. 注重实践　教学有效

有效教学不是口号，而是由浅入深、层层深入，注重有效的课堂实践。对于有难度的复调作品，要帮助学生打开欣赏思路，能够从符合中学生心理与实际的课堂达成度出发，教学手段多样化，重视实践和参与，真正做到教学有效。

3. 善于积累　鼓励创造

做个有心的教师，勤动笔，记录课堂的生成与效果，鼓励学生用他们喜爱的方式表现音乐，创作简单的复调音乐，对复调有自己的见解与思考。复调音乐很美，但是上好初中复调音乐课并不容易。笔者以《御风万里》为例，反复斟酌教材文本，不断重复聆听作品，多次修改教学设计，课堂中的案例片段呈现的教学方式与手段经过了一次次的思考与实践。事实证明，教师以学生为本，从文本出发，基于“四感三层”的学理，多感官调动学生对作品的赏析，可以真正做到让同学们感知复调、赏析复调、享受复调。

此课曾获杭州市中学优质课赛课一等奖

设计、执教：杭州市西溪中学　张玉

指导教师：高峰、王鸣、张骊、张燕群等

第三节 | 歌唱课教学范式与课例

一、歌唱课教学范式特点

1. 歌唱性

所谓歌唱性是指音乐表演者在演唱或演奏的过程中，运用一些技巧对音乐进行处理，让演唱或演奏变得更加优美和动听。① 歌唱是中小学，尤其是小学音乐课最主要的学习内容与形式。歌唱课要更多体现以“唱”为主的思路，唱所占比重要大。通过接唱、对唱、模唱、哼唱、齐唱、轮唱、小组唱、领唱、表演唱等多种不同的表现形式，让歌唱性发挥到极致，从而达成自信而有感情地演唱。

2. 音准性

音准是歌唱的基础性保障，也是歌唱表现力呈现最重要的前提。歌唱中有了良好的音准，歌曲的表现也就成功了一大半。因此，音准对歌唱的重要性不言而喻。在歌唱教学中，通过聆听、示范、比较、点拨和演示等形式，同时运用肢体、身势、乐器、旋律线、图形谱等辅助方式，加强识谱教学，帮助学生提升音准。

3. 表演性

在四大课型中，尤以歌唱课的表演性最为突出。歌唱是一种艺术形式，更是一种表演性艺术。它是通过人的声音表达的一门艺术，因此需要有表演成分，歌唱才能

① 陈放．浅析歌唱性在音乐表演中的技巧与表现［J］．文艺生活中旬刊，2016（12）．

有灵魂。要更好地表现作品，既要表现声音，更要将自己的感情融入歌唱中，表达情感，做到声情并茂。因此，在歌唱中要注重培养学生良好的音乐形象感知力、音乐情感表达力和音乐表现的心理素质等[①]，多为学生提供表演的舞台，突出表演的重要性，以及培养学生的表演能力。中小学音乐歌唱课以“唱”为主，从感受体验音乐开始，到有意识地学唱，再到有张力、有表情地歌唱，螺旋式上升，真正从源头掌握“唱”的技能，表现“唱”的意境。

二、歌唱课之“四感三层”体现

歌唱教学过程，包括音乐知识、歌唱技巧、识谱等学习，包含音乐感受、欣赏和表现力的培养。教师围绕“四感三层”对歌曲进行深度剖析，让歌唱学习有梯度性，从唱会—唱好—会唱—唱美，螺旋式提升学生的歌唱表现能力。首先，梳理各年级的歌唱教学内容，提炼表现性要素；在歌唱作品中寻找表现性要素，并抓住“四感”，结合最重要的音乐要素为切入点开展歌唱教学；在清晰的序列中对歌唱内容精准定位，为“四感”培养奠定基础。其次，多感官唱“旋律”，提升演唱品质。通过接唱、对唱、模唱、齐唱、小组唱、律动唱、表演唱等形式，让学生多感官参与，激活其全身感官细胞，使其沉浸于音乐之中，感受音乐之美。最后，歌唱教学中显“三层”，培养内心听觉。通过创设情境、示范模仿、分析歌曲、激发情绪、提供平台等途径，锻炼学生心理素质，提升学生的表演能力。避免像传统歌唱课那样一味地机械重复唱，导致学生对唱失去兴趣。通过基本会唱—完整演唱—有表情唱—唱出韵味的教学，最终使“唱”得以升华。

三、歌唱课教学范式

1. 初步体验，整体感知

（1）创设情境，感知音乐形象。（或情境模拟，丰富表现形式，如声势模拟、节奏组合、引子创设等）

（2）律动体验，感知歌曲恒拍。

（3）感官联动，感知音乐元素。（如节奏、速度、力度、旋律等）

2. 学唱歌曲，分层表达

（1）初唱歌曲，整体把握，发现问题。

（2）深入演唱，解决难点，唱准唱好。（运用方法：示范、比较、点拨等；形式载

---

① 杨昭晖. 表演性练习在歌唱学习中的作用［J］. 文学教育中文版，2014（5）.

体：接唱、对唱、模唱、哼唱、齐唱、肢体、身势、乐器、和声、旋律线、图形谱、识谱等）

（3）完整呈现，表达歌曲情绪意境。（音准、节奏、情绪、表现力等）

3. 表现歌曲，拓展延伸

（1）丰富形式，完整表演歌曲。（方法：丰富演唱形式、变换演唱方式、改变音乐要素、增加表演方式等）

（2）多维呈现，提升表现能力。（如加入引子、尾声等）

（3）拓展延伸，升华表现方式。（如不同版本作品、同类作品对比等）

四、歌唱课教学范式课例

案例　歌唱课教学范式课例一《大鹿与小兔》

科目	小学音乐	内容	人音版义务教育教科书三年级 《大鹿与小兔》
【教材分析】 《大鹿》是一首具有童话色彩的法国儿童歌曲，它旋律简洁流畅，歌词生动有趣，符合儿童的心理特点，深受孩子们的喜爱。教师把《大鹿》这首歌和四年级上的《土风舞》的旋律结合，融汇了两首歌的乐思，抓住了模进、级进的旋律特点，做了二度改编，并做一些二声部合唱的尝试，做成了本节课课堂学习的作品《大鹿与小兔》，以"四感三层"学理为支撑，运用多感官体验、感知和表演音乐，提升学生的音乐能力。			
【学情分析】 这节课的教学对象是中段的学生，随着年龄和知识的增长，其体验感受、探索创造的能力增强，具备了一定的节奏感、律动感、演唱能力，也开始接触二声部的作品。但是他们的学习兴趣容易分化，所以教师要选择生动活泼、多种方式的教学方法来吸引他们主动参与到音乐活动中来。			
【教学目标】 1. 审美情感：指导学生用多种方式感知和表达歌曲，发展学生对音乐的感受力和表现力，培养学生的节奏感及身体动作的协调性。 2. 过程方法：用模仿、声势、节奏、演唱等方法来对作品进行多方面的综合体验。 3. 能力认知：用圆润饱满的声音演唱歌曲并且尝试二声部演唱，了解歌曲旋律模进、级进的特点。			
【教学重点】用声势、律动感受音乐，用圆润饱满、有弹性的声音演唱歌曲。			
【教学难点】能够准确地完成二声部的演唱。			
【教学方法】律动教学法、听唱法、多感官体验教学法。			
【教室位置】学生围成两圈。 			

【教学过程】

（一）初步体验，整体感知

1. 创设情境，感知音乐形象

教师跟着《大鹿与小兔》的伴奏音乐组织教学，踩恒拍进教室。找空间，学生听着伴奏踩恒拍，找准歌曲二拍子的节奏。

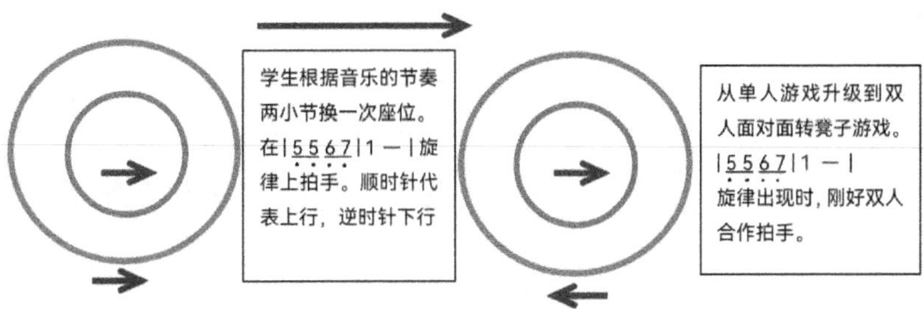

2. 律动体验，感知歌曲恒拍

老师带领学生在音乐中加入从下往上的声势活动（拍手）。

3. 感官联动，感知音乐元素

（1）双人合作：老师带领学生从自己拍过渡到第二小节的第一拍，就近两人合作拍手。

（2）旋律哼唱：学生踩着恒拍回座位，用“lu”哼唱旋律。

（3）了解旋律走向：教师根据旋律上下行安排律动，学生观察。（预设：迈步表示上行，后退表示下行。）

（4）声势表达旋律走向。

（5）转凳子游戏：上行旋律向右换凳子，下行向左换凳子。两人合作换凳子。拍手、爬指动作由学生两人配合完成。

◎环节设计意图：在找空间的恒拍练习中熟悉音乐，找到歌曲中相同的乐句并提前解决，为后续律动做铺垫。学生通过律动感受旋律的走向，培养旋律感。从原地感受到圆圈感受，做一个增量，为最后的表演唱打好基础。“四感”中的节奏感、旋律感在此环节充分体现，“三层”中的感官层次从课程的一开始就调动了学生的学习兴趣。

（二）学唱歌曲，分层表达

1. 初唱歌曲，整体把握，发现问题

（1）找旋律特点。根据旋律的走向，学生找出每组第三句的音高，教师介绍旋律的模进。

（2）师生接唱全曲简谱。学生演唱刚才找出来的乐句，教师演唱其他部分，处理“4”到“5”的音准，加入柯尔文手势再接唱一遍，清唱接唱，学生做手势。

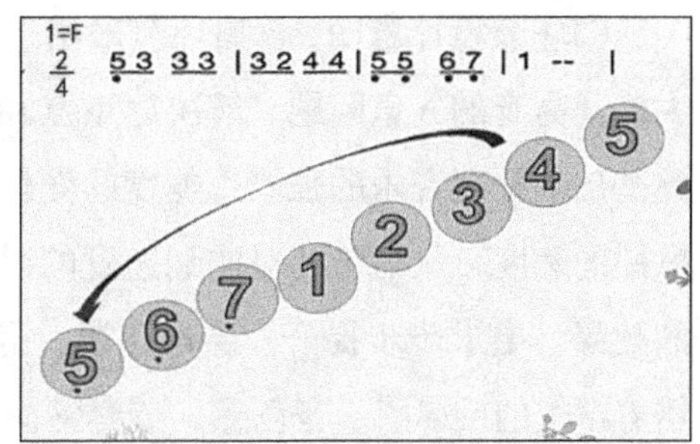

（3）加入歌词演唱。教师范唱：这是一首非常有名的法国儿歌，讲述了大鹿和好朋

友小白兔默契合作、逃脱危险的故事。

2. 深入演唱，解决难点，唱准唱好

（1）师生接唱，流畅旋律。这个乐句用连贯和跳跃的不同音色演唱，表达小兔脱离危险后轻松喜悦的心情。

（2）带入情景，提升音色。处理歌声情绪：用歌声表达小兔紧张不安的心情。这个乐句中，学生的“6”音准容易偏低，没有到位，用小白兔紧张急切、焦虑不安的心情，提示学生用上气息，把音准唱到位。强调“快”字和“追”字。

（3）变速演唱，对比感受。教师变速演唱，把头尾乐句快速演唱，中间乐句慢速演唱，让学生听辨声音发生了怎样的变化。学生通过教师的指挥手势一起演唱变速版本的歌曲。

《大鹿与小兔》 改编自法国儿歌《大鹿》

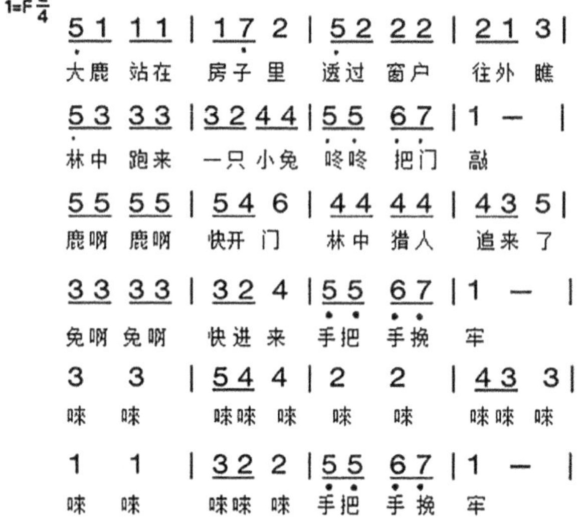

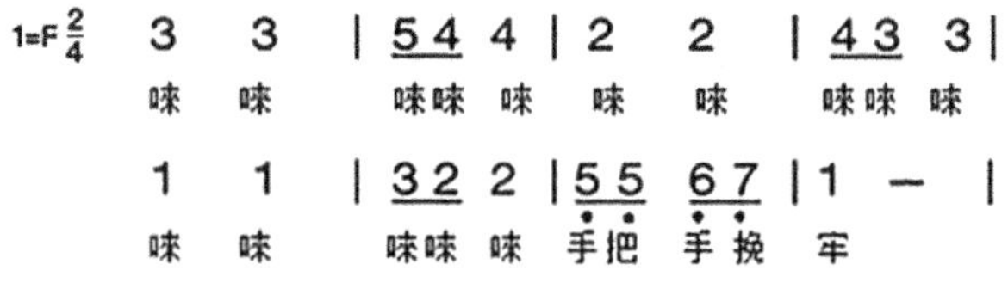

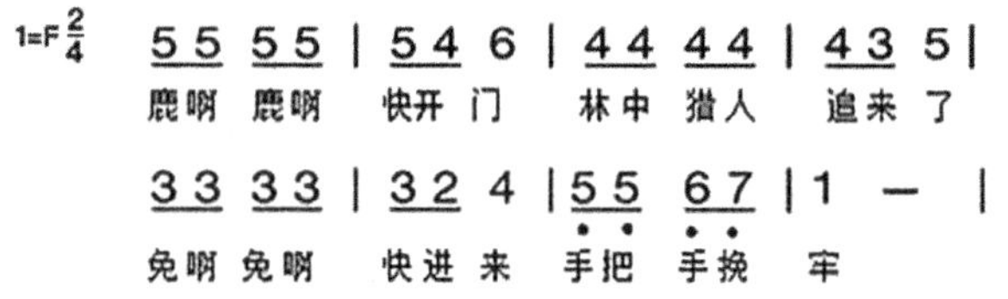

1=F 2/4

51 11 | 17 2 | 52 22 | 21 3 |
大鹿 站在 房子 里 透过 窗户 往外 瞧

53 33 | 3244 | 55 67 | 1 — |
林中 跑来 一只 小兔 咚咚 把门 敲

55 55 | 54 6 | 44 44 | 43 5 |
鹿咧 鹿咧 快开 门 林中 猎人 追来 了

33 33 | 32 4 | 55 67 | 1 — |
兔咧 兔咧 快进 来 手把 手挽 牢

3 3 | 54 4 | 2 2 | 43 3 |
唻 唻 唻唻 唻 唻 唻 唻唻 唻

1 1 | 32 2 | 55 67 | 1 — |
唻 唻 唻唻 唻 手把 手挽 牢

1=F 2/4

3 3 | 54 4 | 2 2 | 43 3 |
唻 唻 唻唻 唻 唻 唻 唻唻 唻

1 1 | 32 2 | 55 67 | 1 — |
唻 唻 唻唻 唻 手把 手挽 牢

1=F 2/4

55 55 | 54 6 | 44 44 | 43 5 |
鹿咧 鹿咧 快开 门 林中 猎人 追来 了

33 33 | 32 4 | 55 67 | 1 — |
兔咧 兔咧 快进 来 手把 手挽 牢

3. 完整呈现，表达歌曲情绪意境

（1）跟音乐伴奏演唱。难点和重点都解决好之后，教师带领学生跟着音乐伴奏演唱，提醒音准、节奏。

（2）加动作完整演唱。加上前面的拍手动作，完整表现歌曲。

◎环节设计意图：教唱环节采用了柯尔文手势和钢琴的辅助来解决音准、音程的大跳及高音的气息问题。解决好重点和难点，才能为后续的演唱打好坚实的基础。在此基础上处理音乐的强弱、速度的变化对比，情绪的舒缓和急切对比。教师示范改变歌曲的速度，从情绪的对比到速度的对比，让学生体会音乐要素的改变带来的不一样的效果。要求步步提升、层层递进，通过多感官联动体验，充分调动学生的积极性，培养学生的旋律感、音色感、节奏感，基于“四感三层”学理的音乐学科教学序列，发展学生关键音乐能力和素养。在激发学生兴趣的同时，教师也获得了课堂的成就感。

（三）表现歌曲，拓展延伸（二声部教学）

1. 找出高低声部

教师把后面的乐句往上移，变成一首合唱歌曲。（出示谱面）低声部的最后两句上移，后面两条旋律移位变成低声部。

2. 尝试二声部合唱

（1）学生先唱低声部，重点解决主副歌部分的连接处的音准。

（2）教师带学生唱低声部，钢琴加入高声部的旋律。

（3）给学生分声部，调整两个声部的音量。高声部主旋律可以稍微突出一些，低声部的伴唱部分可以稍微弱一些。

3. 处理合唱的音准及二声部的和谐

4. 表演唱

（1）请学生为歌曲创编几个简单的动作。

（2）在圆圈内流动表演唱。

（四）拓展延伸，升华表现方式

《大鹿与小兔》音乐剧：让学生尝试用课堂中生成的 4 个版本的歌曲来表演唱。

1. 学生看着教师的指挥手势清唱变速版歌曲

听，小兔顺利逃脱危险，两个小伙伴开心地合唱起来。

2. 学生跟着伴奏唱二声部

他们开心地玩起转凳子的游戏。

3. 面对面转凳子游戏

两个小伙伴在房子里载歌载舞玩得不亦乐乎。

4. 圆圈流动表演唱

最后以一个造型结束。

◎环节设计意图：在综合呈现部分，让学生用 4 幕的音乐剧方式表现歌曲，是对学生的综合能力做了一个升华，做了更高的要求。从局部探索到多层次展开体验到多元综合，充分体现了“四感三层”学理中让学生充分感知音乐、表达音乐的理念。学生的演唱能力已经螺旋式提升，他们在表演唱上通过不同的速度、不同的情绪、不同的律动和不同的表演合作方式，全身心地投入到音乐中来，主动地参与到音乐活动当中去，做音乐的主人。以音准、节奏、旋律为基础，以二声部和声为拓展，紧扣“四感三层”的理念，让学生的音乐能力和音乐素养都能够得到很好的提升。

【教学流程】

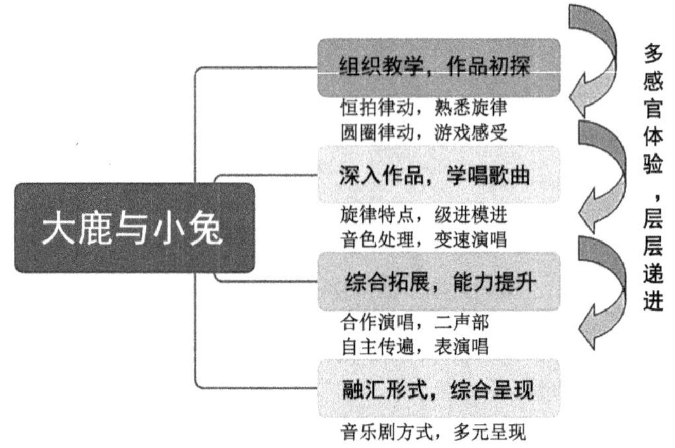

【教学反思】

奥尔夫主张原本性音乐绝不是单纯的音乐，是和动作、舞蹈、语言紧密结合在一起的。结合"四感三层"的理念，依据儿童的身心成长特点，用音乐最简单、质朴的元素为切入点，自然地引发学习者参与其中，在活动的过程中去体验、表现并创造音乐。

1. 多样音乐游戏，调动学习兴趣

三年级的学生还是以形象思维为主，要让他们在音乐课上保持较长时间的注意力较为困难。这节课用了多个游戏律动的方式，比如找空间、圆形流动、转凳子等游戏，充分调动学生的积极性，让他们主动参与到音乐活动中来，总体教学效果好。

2. 注重音乐本身，重视学习过程

律动、节奏、模仿等教学方法只是辅助，音乐课还是要回归到音乐中去。这首曲子虽然是一首改编的作品，但演唱难度其实不大，所以对三年级学生来说，学会唱全曲不是难点。要知道如何表达歌曲的情绪，如小兔着急的情绪及获救后愉快的心情，学会通过具体的音乐形象表达音乐。

3. 以歌曲为基础，提升二声部演唱

在改编《大鹿与小兔》这首作品时，教师抱着想让学生尝试二声部的想法。在学会演唱歌曲以后，只需在最后一个乐句提前变成低声部，就可以让学生尝试二声部的合唱，不会对学生造成很大的学习负担。但个别学生还是容易被别的声部带跑，还需要后续更多合唱的练习来巩固。

4. 以表演为手段，感受学习愉悦

最后的音乐剧表演，学生用学到的各种版本串联表演，充分发挥主体性，树立自己就是音乐剧主角的意识，一幕幕不同的版本需要自己去展现。但由于时间关系，每个“剧目”之间衔接得比较匆忙。在清唱变速版时，学生的音准也出现了一些问题。但总体来说，整节课做到了让学生在玩中学、动中学、乐中学。

此课曾获西湖区小学优质课赛课一等奖

设计、执教：杭州市学军小学紫金港校区　郑洁

指导教师：高峰

案例　歌唱课教学范式课例二《癞蛤蟆和小青蛙》

科目	小学音乐	内容	人音版义务教育教科书四年级 《癞蛤蟆和小青蛙》
【教材分析】 《癞蛤蟆和小青蛙》是小学音乐新教材四年级第三单元中的歌曲。这是一首风趣、活泼的具有儿童歌表演特点的歌曲，2/4 拍，F 大调。歌曲用拟人化的手法，表现了癞蛤蟆和小青蛙之间因为长得相像而互相认错自己的娃娃和爸爸的幽默情节。因此，课堂教学中利用叫声、姿态和念白，初步感知癞蛤蟆和小青蛙，并通过感受、演唱、扮演来进行歌曲表演和演绎。基于“四感三层”的教学理念，结合三大音乐教学内容体系，多感官调动学生的每一个细胞，让学生循序渐进地感受歌曲，淋漓尽致地表现小青蛙和癞蛤蟆的角色，最终让学生的音乐素养和能力有螺旋式上升和提高。			
【学情分析】 通过四年的学习，学生对歌曲的学习能力已基本上有所提高和掌握，但是对于音准，尤其是跨度较大的音程的把握还是需要一定的练习，因此这首歌曲在“2 6、1 6”等音准上需要老师用手势适当引导提醒。对于歌曲的形象把握和演绎，在老师的引导下，学生应该可以将两种不同的角色及它们的音色表现出来，并且富有趣味性。			
【教学目标】 1. 审美情感：学习《癞蛤蟆和小青蛙》，愿意用角色进行表现，体验幽默丰富的歌曲情绪。 2. 过程方法：通过聆听、学唱、表演等活动，尝试分角色进行表演唱，表现不同的音乐形象。 3. 能力认知：能用欢快、活泼的歌声演唱歌曲，尝试用蛙鸣筒、木琴为歌曲伴奏，丰富歌曲的音乐表现。			
【教学重点】学生能够感受歌曲，用不同的音色和声音表现癞蛤蟆和小青蛙。			
【教学难点】歌曲中大跳的音准（2 $\underset{\cdot}{5}$ 1 6）；能够用动作和音色准确地演绎歌曲。			
【教学方法】听唱法、多感官体验性教学法、启发开放式教学法、实践律动教学法。			
【教室位置】女生：浅色；男生：深色。 			

【教学过程】

（一）初步体验，整体感知

1. 创设情境，感知音乐形象

老师带领学生拍手（ $\underline{\times\ \underline{\times\times}}$ $\underline{\times\times}$ ｜ × ○ ｜ ），跟着欢快的音乐进入教室，感受音乐带来的快乐。

2. 律动体验，感知歌曲恒拍

老师带领学生走恒拍，再次在音乐中感受歌曲，在恒拍中寻找自己的空间。

3. 感官联动，感知音乐元素

（1）融入鼓声，表现典型节奏。加大难度，加入鼓声。鼓声节奏（ × × × × × | × ○ | ），并提醒学生能够用拍腿和拍手表现其典型的节奏型，注意男女生表现的不一样哦！

（2）加入念白，把握角色音色。用身体乐器感知节奏后，引导学生进入歌曲情境，揭示角色癞蛤蟆和小青蛙，并进行对白的音色表现。男女生音色不同，更有童趣。

（3）添入动作，扮演角色形象。念白音色把握之后，为了让形象更深入人心，教师引导用手上动作分别表现癞蛤蟆和小青蛙。

◎环节设计意图：引导学生用夸张的动作拍腿和拍手掌握典型节奏，初步感受癞蛤蟆和小青蛙形象；引导学生用不同的位置、情绪和音色，甚至动作来表现歌曲中的念白部分，为接下来的歌唱教学奠定基础。从能力层次来说，此环节从简到难，一步步加大难度，每次要求都不一样，呈阶梯式上升。"四感"中节奏感、音色感在此环节充分体现；"三层"中的感官层次、表达层次融入其中，调动学生的多感官体验，学生能力逐渐激发。

（二）学唱歌曲，分层表达

1. 初唱歌曲，整体把握，发现问题

（1）学生跟着老师轻声哼唱全曲，老师对学生的情况大致了解。

（2）学生跟着钢琴慢速演唱，老师引导学生找出难点之处。

◎环节设计意图："四感三层"理念下的音乐课堂注重以学生为本，从学生出发，让学生主动、积极、自主地学习。此环节引导学生自主发现，自己找出问题所在，全方位调动学生的学习积极性，使其主动参与思考，想办法解决重点难点。俗话说，"授之以鱼不如授之以渔"，教给学生解决问题的方法和能力，也是提高其音乐素养的有效途径。

2. 深入演唱，解决难点，唱准唱好

（1）解决音准，简谱帮忙。学生自己发现问题，若音准不够好，老师可引导演唱谱子来帮助音准。在手势引导下，提醒学生唱准、唱好，乐句的旋律感才更流畅，不突兀。

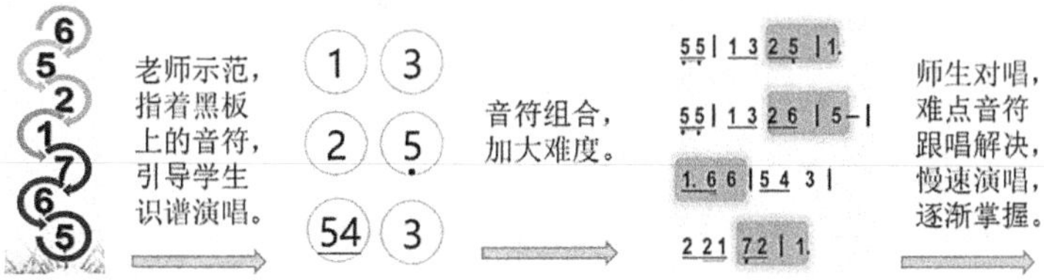

（2）衬词引导，流畅旋律。解决难点“哎”“咦”两个衬词的演唱。

（3）感知风格，稍提速度。在慢速解决音准后，加上歌词，唱准节奏，进行速度稍快的演唱。初步掌握幽默风趣的风格。

（4）老师示范，对比感受。在解决基本的难点之后，为了让学生演唱时音色表现得更好，老师通过两种不同的范唱对比，让学生直观、明显地感受到音色的不同，引导如何发声，提示怎样的声音才能唱出好听的音色，并带领学生练习。

（5）手势点拨，强弱分明。有了音准和音色，歌曲已经比较完整了。在这个程度上再加大演唱深度，让强弱体现得更有层次。老师利用手势的高低宽窄来引导学生展现强弱变化，演唱情绪再次高涨。

◎环节设计意图：音准是一切歌唱的基础。因此，这里采用点唱法和柯尔文手势及钢琴的辅助来解决音准，解决本课的重点和难点，扫除障碍，后面的歌唱才能游刃有余。在此基础上，再加入手势动作，处理音乐强弱，演唱要求逐渐加强、变难，能力螺旋式提升。通过耳、眼、口、手、身多感官的体验感受，调动学生的积极性。首先是为歌曲增添音色和情境，其次是在学生的节奏感、音色感、旋律感能力培养上再次升级，使其兴趣更浓。

3. 完整呈现，表达歌曲情绪意境

（1）跟音乐伴奏演唱。难点和重点都解决好之后，老师带领学生跟着音乐伴奏演唱，提醒音准、节奏。

（2）加动作完整演唱。加上前面的手上动作，完整表现歌曲。

◎环节设计意图：学习内容初步表演呈现，首先从心理学的角度考虑，给予学生一定的学习收获，使其有成就感、满足感、获得感，才会更有激情地投入最后的拓展表现环节。拓展学生的音乐视野，使其知道一首作品可以用不同形式来表现，也可以用不同题材版本来表现。

（三）表现歌曲，拓展延伸

1. 丰富形式，完整表演歌曲

在完整演唱完之后，首先请两位学生分别扮演各自的角色进行表演，再让全体学生一起加入表演，男生扮演癞蛤蟆，女生扮演小青蛙，一边表演一边演唱，队形上有变化，演唱上有男女合作，再次升华演唱，演得好，唱得好。

2. 多维呈现，提升表现能力（加入引子、尾声等）

情到深处，可以更美、更和谐，加上引子（癞蛤蟆和小青蛙的叫声，用小乐器分别伴奏），加入尾声（选择自己最喜欢的角色造型，找到自己的空间，随意摆弄）。场景童趣诙谐，学生们其乐融融。再次升华主题，升级表演。

3. 拓展延伸，升华表现方式（爵士版本的风格表演）

最后，教师弹奏一段以歌曲改编的爵士版旋律，请同学们说说发生了什么变化，再引导学生跟着不同风格的旋律，将癞蛤蟆和小青蛙的感受和感觉表现出来。

◎环节设计意图：从不同形式、不同动作的表演唱，到加入引子、尾声想象性的表演唱，最后到不同风格的创造性表演唱，表演唱能力得到提升，全身心地去感受、参与、体验、表现和创造音乐的美。全方位地开发潜能，进而产生内心音乐联觉。以节奏领先、旋律行进、音色和谐为策略，培养学生在音乐学习中的节奏感、旋律感、音色感。

【教学流程】

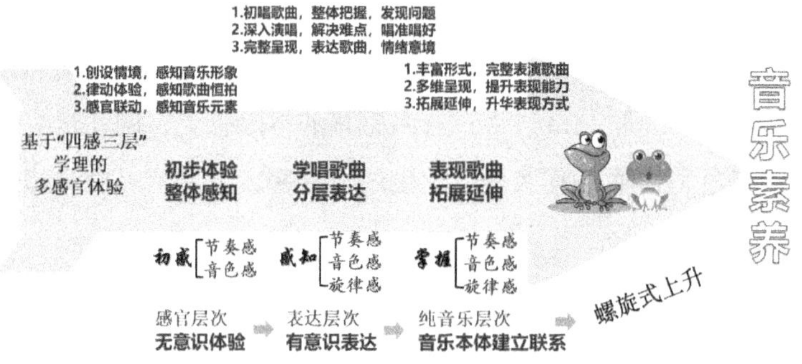

【教学反思】

《癞蛤蟆和小青蛙》是小学音乐新教材四年级第三单元中的歌曲。这是一首风趣、活泼的儿童歌，基于"四感三层"教学理念，结合三大音乐教学法，多感官调动学生的每一个细胞，让学生循序渐进感受歌曲，淋漓尽致地表现小青蛙和癞蛤蟆的角色，最终让学生的音乐素养和能力螺旋式上升和提高。整节课的氛围轻松愉悦，学生学得投入、尽情，课堂效果非常好！这给我带来了以下几点思考：

1. "四感三层"，紧扣理念，提升素养

在课堂教学中，从《癞蛤蟆和小青蛙》的音乐出发，抓住典型的节奏型、两种不同的音色和流畅的旋律，设计不同的学习模式和方法。从无意识体验、有意识表达和与音乐本体建立联系这样三个层次，结合节奏感、旋律感、音色感、和声感这四感作为核心素养的教学方向，引导学生进行律动和感知。学生非常投入，音乐能力和素养得到了很好的提升。

2. 螺旋上升，梯度设计，提高能力

在课堂中，从节奏型的聆听行走，到节奏型的拍手拍腿形式表现，再到念白的表达，再到念白音色的处理，层层递进，学生学得扎实有效。无论是节奏练习、音色感知，还是旋律演唱，都是从无意识的体验出发，让学生尽可能放松地、毫无杂念地去感受音乐、感知音乐，有了初步体验再进行有意识的表达，最后与音乐本体建立联系。

3. 角色扮演，情境创设，激发创造

通过癞蛤蟆和小青蛙的角色表演，通过角色把握歌曲情绪，感知歌曲内容，表现歌曲音色，让角色创造情境，情境酝酿情义，全方位调动学生的积极性，使其主动参与思考，激发创造，这也是提高音乐素养的有效途径。

4. 多维方式，合作探寻，浓郁兴趣

以学生为主体，自主探索，合作表演，通过男女生不同角色的扮演合作，让学生感受音乐的乐趣和魅力。通过各个环节不同形式的合作，有歌唱、表演、创造等，让学生兴趣大增，学习乐趣不断升华。

5. 情景表演，个性展示，拓展延伸

最后完整呈现音乐作品，给学生足够的表现空间。全体学生一起进行情景式表演，并适当加入一位男生和一位女生分别扮演角色，展开更有创造性、更个性的表演，增强表现欲望和表现力。老师作为一个引导者，给予学生的空间可以再多点，给予学生的想象探索可以再大胆点，发挥学生不受拘束的想象力，对癞蛤蟆和小青蛙的角色把握和表现可能会有更多意想不到的效果。拓展部分的延伸可以更加开阔。目前采用的是改编的爵士版本。其实音乐是无限的，可以让学生进行尝试改编，民族的、戏曲的、京味的，或者在演唱形式上尝试合唱、对唱等不同形式，涉及的面可以更广、更丰富多彩。

此课曾获浙江省小学优质课赛课一等奖

设计、执教：杭州市保俶塔申花实验学校　金帆

指导教师：高峰、邬淑颖、张骊等

案例　歌唱课教学范式课例三 《彩云追月》

科目	中学音乐	内容	人音版义务教育教科书八年级《彩云追月》
【教材分析】 作品《彩云追月》是一首广受人们喜爱的，带有广东音乐风格的民族器乐合奏曲。在创作后的几十年间，作品被改编成了管弦乐、合唱等各种版本。其中，用阿卡贝拉（Acappella）演绎的《彩云追月》深受年轻人的喜爱。因此，教师基于“四感三层”的教学理念，调动多感官体验，以让学生体验节奏的律动感、多声部的层次感、声音的画面感为教学内容，以欣赏和体验阿卡贝拉演唱形式为主线，通过多声部人声演唱的方式，使学生潜移默化地领悟民族旋律在阿卡拉演唱表现手法上体现出来的创新性，螺旋式、卷入式地认识和体验阿卡贝拉。			
【学情分析】 通过之前七年的学习，学生掌握了一定的歌唱能力。另外，在第一课时已经学习过歌曲《彩云追月》，因此他们对作品的主旋律比较熟悉。面对结合流行音乐元素的、阿卡贝拉演绎的《彩云追月》，学生应该会很有兴趣。对于歌曲的把握和演绎，在老师的引导下，学生应该可以富有韵味地表现出不同声部叠加的多声部歌曲。			
【教学目标】 1. 审美情感：通过欣赏和体验阿卡贝拉演唱形式，能够对无伴奏多声部人声演唱形式产生兴趣。 2. 过程方法：通过聆听、模唱、对唱、节奏律动、多声部演唱等音乐实践活动，能够用自然的声音合作演绎阿卡贝拉形式的《彩云追月》，表现多声部音乐的立体美感。 3. 能力认知：了解阿卡贝拉演唱形式，并通过聆听不同风格的《彩云追月》，了解作品表演形式的流变。			
【教学重点】学生能够尝试用阿卡贝拉的形式演绎《彩云追月》。			
【教学难点】歌曲中低音节奏的掌握；多声部的音准和和谐。			
【教学方法】听唱法、多感官体验教学法、启发开放式教学法、律动教学法。			
【教室位置】 注：双排梯形  			

【教学过程】

（一）初步体验，整体感知（多声部音乐初体验）

1. 创设情境，感知音乐形象

播放《彩云追月》（阿卡贝拉人声伴奏版本），老师带着学生随着音乐打响指并加上身体自然律动。

2. 律动体验，感知歌曲恒拍

学生模仿老师的动作和声音，初步体验阿卡贝拉中的人声打击声部。

节奏一：4/4 X X X X X X X X |
dong ci ka ci dong ci ka ci
跺脚 捻指 拍手 跺脚 捻指 拍手

节奏二：4/4 X X X XX XX X X X |
dong ci ka ci dong ci dong ka ci
跺脚 捻指 拍手 拍手

3.感官联动，感知音乐元素（节奏、旋律）

（1）加入低音旋律，感受二部叠加。学生聆听钢琴，模仿低音旋律（左手放在胸口上，右手画旋律线），并分两组，一组演唱节奏声部，一组演奏低音声部，感受二声部的叠加。

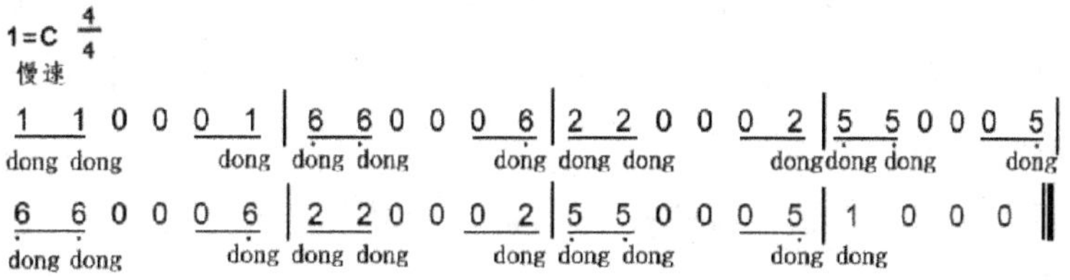

1=C 4/4
慢速

1 1 0 0 0 1 | 6 6 0 0 0 6 | 2 2 0 0 0 2 | 5 5 0 0 0 5 |
dong dong dong dong dong dong dong dong dongdong dong dong

6 6 0 0 0 6 | 2 2 0 0 0 2 | 5 5 0 0 0 5 | 1 0 0 0 ‖
dong dong dong dong dong dong dong dong dong dong

（2）卷入主题旋律，感受三部叠加。将学生分成两组，一组演唱节奏声部，一组演奏低音声部，老师加入主旋律声部，感受三声部的叠加效果。

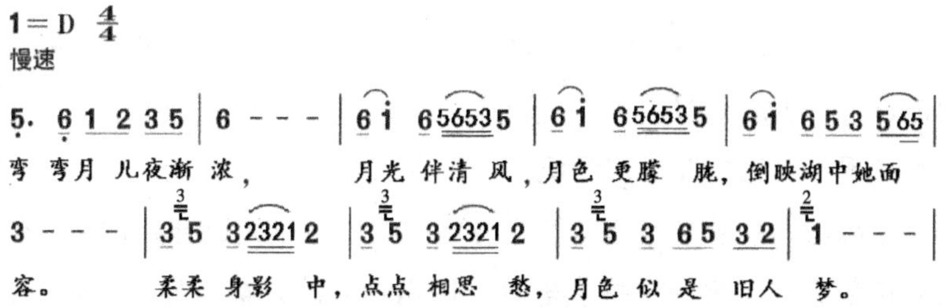

1=D 4/4
慢速

5. 6 1 2 3 5 | 6 - - - | 6 i 6 56535 | 6 i 6 56535 | 6 i 6 5 3 5 65 |
弯 弯月 儿夜渐 浓， 月光 伴清 风，月色 更朦 胧，倒映湖中她面

3 - - - | 3 5 3 23212 | 3 5 3 23212 | 3 5 3 6 5 3 2 | 1 - - - |
容。 柔柔 身影 中，点点 相思 愁，月色 似是 旧人 梦。

◎**环节设计意图：**利用课前时间欣赏阿卡贝拉版本的《彩云追月》，有利于调节学生情绪，熟悉多声部人声音乐，营造良好的课堂氛围。从节奏、低音旋律、主旋律入手，通过实践，呈螺旋式地层层递进，逐一叠加声部，让学生初步体验多声部人声音乐的特点。“四感”中的节奏感、和声感在此环节中充分展现，“三层”中的感官层次、表达层次也有所涉及，由易到难，加入身体的动作，积极调动学生的多感官体验。

（二）学唱歌曲，分层表达

1.初唱歌曲，整体把握发现问题

（1）欣赏阿卡贝拉人声版本《彩云追月》，思考歌曲采用的演唱形式及聆听感受。

（2）简单介绍阿卡贝拉，师生共同探讨声部构成。欣赏阿卡贝拉代表版本。

（3）学唱主旋律声部（Lead Vocal），老师引导学生找出演唱的特点和难点之处，体验旋律即兴创作、一字多音等手法。

◎**环节设计意图：**此环节注重以生为本，以乐为基，从学生出发，让学生主动学习、积极探索的课堂。引导学生从阿卡贝拉的演唱形式、编制、演唱风格等方面，主动与这种音乐学习进行“对话”，从而发现音乐的特点与演唱的难点。同时，在欣赏和了解阿卡贝拉这种无伴奏多声部人声演唱形式的基础上更有利于旋律声部的学唱，并注重流行音乐的即兴性原则。因此，此环节体现了能力与素养的培养扎实落地。

2. 逐层演唱，解决难点，唱准唱好

（1）学唱低音声部（duble bass）。模仿电贝司的动作，感觉麦克风（话筒）放在人中位置，接收到的低频会比较多一些，头唱成铃铛声（bell singing），模仿电贝司（electronic bass，低音流行乐器）。

（2）学唱人声打击声部（vocal percussion）。女生模仿男生的声音，想象自己在打架子鼓，解决吸气问题。

◎环节设计意图：在此环节中，通过耳、眼、口、手、身多感官的体验感受，调动学生的积极性，令其主动去想象、模仿低音声部、人声打击声部的声音。在这个环节，学生模仿电贝司和架子鼓的音色感不断深化，节奏感不断加固。教师借助螺旋式的教学，引导学生依次学唱低音声部和人声打击声部，在之前铺垫的基础上，可以更加顺利地进行下一步的学习。

3. 完整呈现，表达歌曲情绪意境

（1）分组练习，寻求统一。将学生分成三组，分别是旋律声部组、低音声部组和人声打击乐声部组。每组一个平板电脑，用钢琴软件调整音准，听录音；老师分组进行针对性指导。

（2）合作呈现，塑造多声。分组练习比较熟练后，全体同学按照自己的声部进行集体呈现，体验多声部的立体效果。（老师视班级具体情况，可以在第一段加入人声打击声部，在第二段加入和声声部）

◎环节设计意图：在此环节中，以小组合作的形式进行分组练习，老师进行有针对性的个别指导，通过同学之间的积极影响，体验团队的收获感、自信心。之后，让学生将本节课的主要学习内容初步完整呈现，让学生体验努力之后的获得感，激发学习的兴趣，提升学生的能力，从而使其以更饱满的热情投入最后的拓展表现环节，也为螺旋式能力的进一步培养奠定基础。

（三）表现歌曲，拓展延伸

1. 丰富形式，激发创新演绎歌曲

以小组为单位，6 个人演绎阿卡贝拉（建议编制：主旋律声部 2 人，低音声部 3 人，人声打击声部 1 人）。在小组展示中，学生可以创造性地加入一些新的元素，例如对旋律声部的装饰加花、人声打击声部的节奏创新、低音声部的变奏等，从而激发自身的音乐创造能力，同时将其分享给同伴。

2. 多维呈现，依托形式表现能力

练习完之后，分小组展演，学生和老师给予一定的评价。

3. 拓展延伸，追根溯源升华方式

了解《彩云追月》的前世今生。

（1）了解《彩云追月》的创作背景。

（2）了解钢琴版本《彩云追月》（由教师演奏作品片段）。

◎环节设计意图：通过此环节，学生的学习演唱能力、合作能力已经得到了螺旋式提升。虽然由于声部不全，学生展示的演唱与严格意义上的阿卡贝拉编制有些差距，并不是那么完美，但是他们真正享受这个过程，也创造了属于他们的“阿卡贝拉”。在分组展演中，学生的歌唱技能、歌曲表达的能力和合作的默契程度得到展示，他们获得了参与表演的满足感。同时，学生们也在相互评价中学会了交流与合作。以和声性的多声部思维为主导，兼顾不同声部的音色、节奏及旋律，培养学生在音乐学习中的节奏感、旋律感、音色感和和声感。“四感三层”学理中的纯音乐层次在螺旋式的引导中得以实现。多感官、联觉性的体验感受让学生对阿卡贝拉这种音乐形式进行体验式、卷入式、沉浸式的深度学习。

【教学流程】

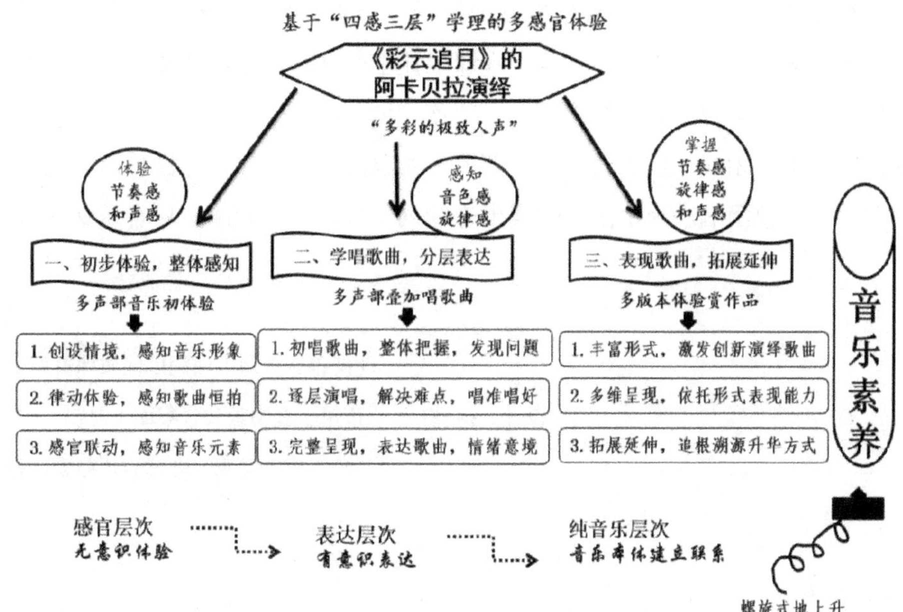

【教学反思】

用阿卡贝拉形式演绎的《彩云追月》深受年轻人的喜爱。基于"四感三层"的教学理念，结合三大音乐教学内容体系，多感官调动学生的每一个细胞，让学生循序渐进地感受歌曲，以体验的方式让学生入其境、知其味、乐在其中，享受合作和创造的乐趣，在赞许、认可的快乐中，唤醒参与音乐实践的热情，最终音乐素养和能力得到螺旋式的上升和提高。同时，这节课也给教师带来了以下几点思考：

1. 螺旋设计，开启欣赏传统音乐新方式

通过修饰旋律、调整歌词、增添伴奏，以及重新布局整体结构等方式，对传统的民族音乐进行艺术化加工，不仅可以使原始民族音乐的艺术性得到极大的提升，还可以被更广泛的听众理解、喜爱，对我国民族音乐的传播与发展具有积极的意义，也是传承民间音乐的有效途径。通过体验、感知、掌握一系列螺旋式设计，让学生在学习音乐的过程中得到音乐素养的提升。

2. "四感三层"，唤醒音乐实践学习新状态

让学生能在"玩中学、乐中学"，进行轻松快乐的有效训练，享受阿卡贝拉带来的快乐体验，让学生入其境、知其味、乐在其中，享受合作和创造的乐趣，在赞许、认可的快乐中，唤醒参与音乐实践的热情。

3. 多维感知，构建音乐感知体系新模式

阿卡贝拉指由中世纪教堂音乐发展而来的无伴奏人声合唱音乐，是一种不依赖乐器的人声音乐、人声打击乐的结合。本课以让学生体验节奏的律动感、多声部的层次感、声音的画面感为主要教学内容，以欣赏和体验阿卡贝拉演唱形式为主线，以代表性的版本欣赏为副线，重点通过多声部人声演唱的方式，使学生潜移默化地领悟民族旋律在阿卡贝拉演唱表现手法上体现出来的创新性，从而理解中西音乐文化融合的现象。

此课曾获杭州市西湖区优质课赛课一等奖

设计、执教：杭州市第十五中学教育集团（总校） 朱凯璐

指导教师：高峰、赵燕娜、张玉等

第四节‖ 器乐课教学范式与课例

一、器乐课教学范式特点

1. 演奏性

演奏性是表演者基于一定的演奏技巧、能力和心理素质的一种乐曲表现、表达与诠释。课堂乐器演奏是音乐教学的主要内容和形式之一。演奏需要有规范的指法、纯熟的技巧和一定的表现力。演奏为学生开辟了直接体验和表达音乐的路径，是提升对音乐深刻感悟和理解的表现源泉。

2. 技巧性

中小学音乐课堂涉及的乐器种类繁多，大多以音高类小型易携带的乐器为主，如口风琴、竖笛、口琴、陶笛、葫芦丝等。每一种乐器的演奏都有属于自己特有的要求和特征。但在演奏技巧上，指法的运用、气息的掌握等，则是这些乐器存在的共性要求。在器乐教学中，教师要重视技巧性，教会学生掌握演奏的要领和方法。如口风琴的吐音吹法、口琴的吹吸、竖笛和陶笛等的按孔指法等，均需规范教学，循序渐进，同时正视学习差异，进行合理的分层教学。

3. 合作性

音乐作为一门实践性很强的学科，在许多情况下是群体性的活动，如齐唱、齐奏、合唱、合奏及综合性艺术表演等。这种相互配合的群体音乐活动，同时也是一种以音乐为纽带进行的人际交流，有助于养成学生共同参与的群体意识和相互尊重的合作精神。[①] 而在中小学音乐课堂的器乐教学中，可通过不同声部、不同小组之间的合作，让学生异质互助、同质互学，更富有表现力。

二、器乐课之“四感三层”体现

《义务教育音乐课程标准》指出：“器乐教学对于激发学生的音乐兴趣，提高对音乐的理解、表达和创作能力有着十分重要的作用。”[②] 器乐教学范式是在音乐课堂上用简单易学、便于携带的乐器开展教学，如口琴、口风琴、竖笛、陶笛、葫芦丝等，将

① 中华人民共和国教育部．义务教育音乐课程标准［M］．北京：北京师范大学出版社，2011.
② 中华人民共和国教育部．义务教育音乐课程标准［M］．北京：北京师范大学出版社，2011.

其与歌唱、欣赏、创编等内容密切融合，发挥器乐教学的功能，梯度性地进行演奏练习，使乐器成为音乐学习的伙伴。首先，在“四感”中练习技巧，掌握演奏技能，化音乐要素为表现内容，在旋律中熟悉，在节奏中突破，在和声中合作，在音色中提升，提高学生的演奏能力。其次，在“三层”里多重感受，演奏体现梯度，从易到难，从简至繁，由浅入深，无意识感受，有意识体验，有层次练习，让演奏水平逐步提升。最后，“声部”合作添色彩，完美赏演乐曲。从一个声部，到多个声部；从一个层次，到不同层次；从一条旋律，到多条旋律。在合作中体验感受不同的色彩，让情感升华，让乐曲完美呈现。

三、器乐课教学范式

1. 整体感知，熟悉主题旋律

（1）音阶练习打基础。（练习基本功：结合作品练习音阶、指法、节奏、气息）

（2）丰富感知知整体。（熟悉主旋律：结合作品创设情境、熟悉节奏、旋律、和声）

2. 分段（分层）演奏，拎重点、破难点

（1）重点乐句单独练，解决难点。（方法：范奏、模仿、视唱）

（2）突破自我进一层，尝试挑战。（形式：个人、小组）

（3）教师指导助提升，画龙点睛。（内容：气息、指法、手型、音色）

（4）小组合作重点练，巩固成果。（形式：个别展示、小组展示）

（5）演奏乐曲合作练，完整呈现。（形式：生生合作、师生合作、声部合作）

3. 创编合作，完整呈现作品

（1）丰富作品，多维呈现。（加入引子、尾声，色彩性乐器，唱奏结合，肢体表现等）

（2）丰富声部，完整呈现。（加入织体、增添声部）

（3）拓展延伸，表现升华。（欣赏相关优秀作品、情境表演情感升华）

四、器乐课教学范式课例

案例 器乐课教学范式课例一 尤克里里 *You Are My Sunshine*

科目	小学音乐	内容	尤克里里器乐课 四年级 *You Are My Sunshine*
【教材分析】 歌曲 *You Are My Sunshine* 是美国乡村音乐家 Jimmie Davis 创作的，曲调活泼轻快，节奏舒缓，C 大调，4/4 拍，是一首经典的英文歌曲，很适合尤克里里弹唱教学。其弹奏和弦由 C 和弦、F 和弦和 G7 和弦构成，很适合加入其他音乐元素，从而丰富作品表现形式。本节课以歌曲 *You Are My Sunshine* 为素材，基于“四感三层”的教学理念，围绕分解和弦、和弦转换和乐曲变奏展开尤克里里教学，让学生在循序渐进中掌握“三指拨弦法”的演奏技能，最终作品能以乐曲变奏的形式呈现。			
【学情分析】 学生在上一课时已经学唱了歌曲 *You Are My Sunshine*，能够用自然、流畅的声音演唱歌曲，感受了歌曲的情绪和旋律特点。五年级大部分同学已经能够掌握一部分和弦的弹奏方法，如 C 和弦、F 和弦、Am 和弦等。本课时在此基础上，通过身势律动的方式整体感知音乐；通过“库乐队”自制音频练习，掌握“三指拨弦法”的分解和弦演奏技能，并能加入节奏创编，完整呈现作品。			
【教学目标】 1. 审美情感：了解以不同的演奏方法呈现音乐所产生的情绪是不同的，树立积极乐观的生活态度。 2. 过程方法：通过情境创设、节奏创编，体验并感知二声部和声。 3. 能力认知：学习分解和弦弹奏中的“三指拨弦法”，并能熟练地进行和弦转换。			
【教学重点】掌握分解和弦的弹奏技能，能完整演奏乐曲，多层次呈现作品。			
【教学难点】和弦转换，以及二声部和声的体验与感知。			
【教学方法】律动教学法、演示法、欣赏法、自主参与体验法、探究法。			
【教室位置】女生：浅色；男生：深色			

【教学过程】

（一）整体感知，熟悉主题旋律

1. 音阶练习打基础（练习基本功：结合作品练习音阶、指法、节奏、气息）

（1）复习歌曲，整体感知。创设情境“森林的早晨”，教师用尤克里里弹唱歌曲，开门见山，引出主题。

（2）分解和弦“三指拨弦法”的演奏要领。学生在老师的尤克里里伴奏中复习歌曲，并观察老师弹奏歌曲时使用的演奏方法跟以前学过的有什么不一样。引出“分解和弦”——把和弦中的音依次演奏出来的奏法称为分解和弦。老师范奏时使用的是“三指拨弦法”。

（3）靠弦技能训练。在空弦基础上，学生依次演奏了四弦、三弦、二弦、一弦，其中四弦的演奏涉及“靠弦”演奏技能。学生在练习过程中掌握了这一演奏技能。

2. 逐层递进，练主音（C、F、G7 和弦的分解和弦）

练习和弦转换。从空弦的分解和弦弹奏过渡到主干音 C 和弦、F 和弦、G7 和弦的弹奏，与此同时，学生唱出各和弦音。之后跟随“库乐队”自制 C 和弦、F 和弦、G7 和弦的练习伴奏弹奏分解和弦。和弦转换的频率由“每 4 小节换和弦”至“每 2 小节换和弦”。

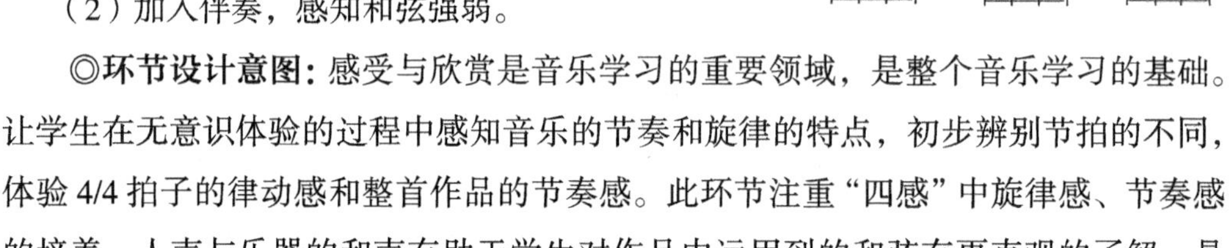

3. 丰富感知，知整体

（1）加入琶音，强调弱起小节。

（2）加入伴奏，感知和弦强弱。

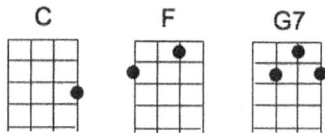

◎**环节设计意图：**感受与欣赏是音乐学习的重要领域，是整个音乐学习的基础。让学生在无意识体验的过程中感知音乐的节奏和旋律的特点，初步辨别节拍的不同，体验 4/4 拍子的律动感和整首作品的节奏感。此环节注重“四感”中旋律感、节奏感的培养。人声与乐器的和声有助于学生对作品中运用到的和弦有更直观的了解，是“三层”中无意识体验的环节。

（二）分段演奏，拎重点、破难点

1. 重点乐句单独练，解决难点（方法：范奏、模仿、视唱）

（1）发现规律，解决旋律难点。学生通过观察和弦谱，会发现整首作品中只出现了三个和弦（C 和弦、F 和弦、G7 和弦），并且每个乐句中出现的和弦在顺序的排列上是有规律的。从整体上帮助学生建立歌曲的乐句结构概念，强调作品的旋律感。

（2）师生合作，解决节奏难点。最后一个乐句以每小节一拍的形式出现，对演奏技能提出了更高的要求。老师分别引导学生以单独弹奏和弦、加入歌词弹奏和弦、加入琶音弹奏和弦的形式，对和弦节奏的转换技能提出了更高的要求。

（3）生生合作，解决音色难点。学生之间相互合作演奏不同的乐句，在合作中聆听对比分解和弦的音乐特点，感知音色特点。

◎**环节设计意图：**对节奏的正确把握是演奏完整旋律的基础。尤克里里和弦的演奏一般在每小节的强拍上或次强拍上，并且都是按照一定的规律进行排列的。因此，这里采用观察乐句和弦结构的方法，来解决演奏的节奏问题。与此同时，和弦的转换也很好地得到了解决，为后面的分组合作奠定了基础。此环节还是“四感”中音色感的体现，也是“三层”中有意识表达的重要环节之一。

2. 突破自我进一层，尝试挑战（形式：个人、小组）

（1）两两配合。两人一组，一位同学弹奏分解和弦，一位同学演唱主旋律。完成一遍后互换角色。

（2）个人练习。学生自主练习，演奏不够流畅的地方着重练习，尝试边弹边唱。

老师在过程中对演奏不熟练的同学进行一对一指导，纠正持琴、坐姿、手型、拨弦等问题。

3. 教师指导助提升，画龙点睛（内容：气息、指法、手型、音色）

（1）问题：拨弦无声——手指未垂直于琴板。

（2）问题：和弦转换不够熟练，需慢速练习。

4. 小组合作重点练，巩固成果（形式：个别展示、小组展示）

全班合作练习：第一组演奏分解和弦；第二组演唱主旋律。

5. 演奏乐曲合作练，完整呈现（形式：生生合作、师生合作、声部合作）

（1）师生合作创情境。一位学生弹唱歌曲，三位同学以“｜ × – × × ｜”的节奏拍击琴箱，老师演唱和声旋律。

（2）和声旋律学习。第一遍，柯尔文手势＋唱名；第二遍，柯尔文手势＋“u”；第三遍，弹奏单音＋唱名；第四遍，弹奏单音＋哼唱“u”；第五遍，弹奏单音＋琴箱（师打鼓）；第六遍，弹奏单音＋分解和弦。

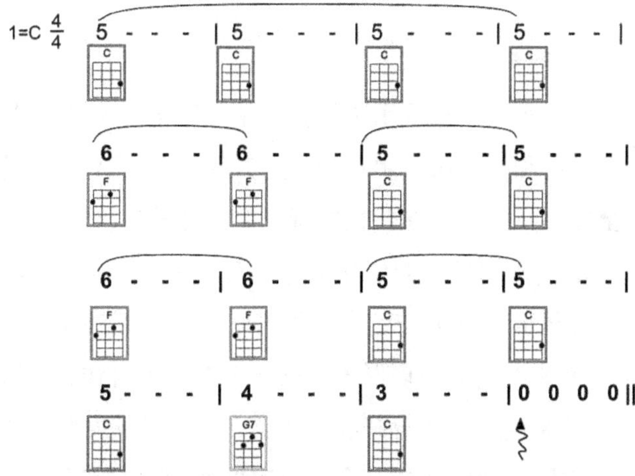

◎**环节设计意图：**此教学环节是有意识表达的集中体现。通过聆听、学唱伴奏旋律，丰富了作品的旋律感，遵循了听觉艺术的感知规律，进一步加强学生对不同旋律及和声的感知。因此，这一环节重在培养旋律感、音色感与和声感，体现了“三层”中的感官层次。

（三）创编合作，完整呈现

1. 丰富作品，多维呈现

师生合作：第一组弹奏分解和弦＋主旋律，第二组弹奏单音＋和声旋律，老师（或鼓手同学）打康佳鼓，稳定节拍。

（1）丰富声部，完整呈现。

（2）创编自己喜欢的表现方式，加入拍击琴箱的声部、声势律动的声部。

（3）创编成果展示。分别以小组的形式完整呈现创编内容，并选一两组上台展示。

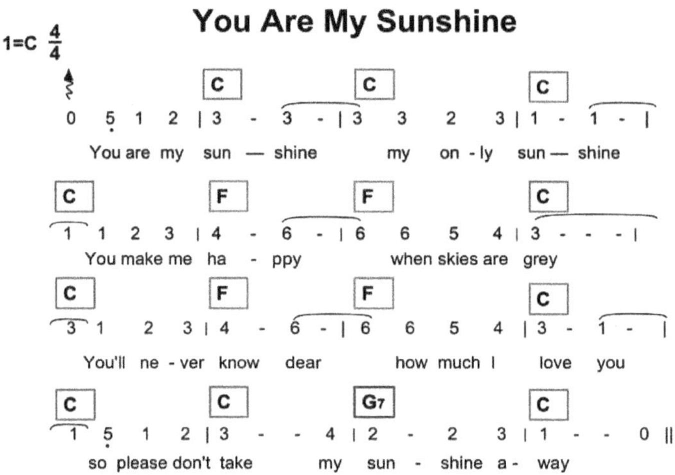

2. 拓展延伸，表现升华

（1）第一遍：台上展示的小组展示（扫弦 + 拍琴箱 + 主旋律 + 声势律动）

（2）第二遍：第一组和弦，第二组单音（只有乐器），康佳鼓引进来……

（3）第三遍：全体扫弦弹唱。在欢快的音乐中离开教室，结束本堂课。

◎环节设计意图： 选择完整的合奏乐曲作为最终的音乐表现形式，围绕“四感三层”学理，通过多感官体验、探究与综合，提升学生的感性音乐经验。不同的学生对音乐的理解不一样，创编不同的表现形式有助于丰富学生对作品的理解。创编能使得歌曲的情绪变得更加活泼生动，与分解和弦优美、流畅的旋律特点形成鲜明对比。不同形式、不同风格的创编，让学生在纯音乐层次的基础上，充分调动各感官，完美呈现作品。此环节是“三层”中纯音乐层次的完美体现。

【教学流程】

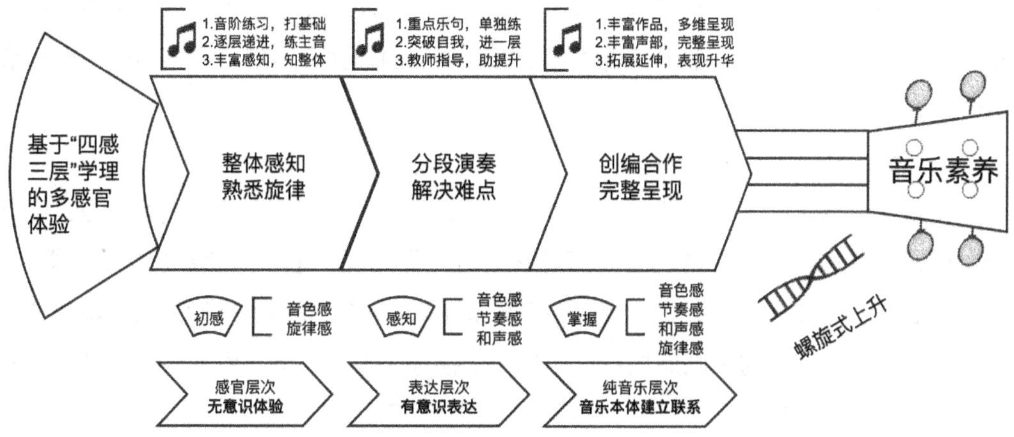

【教学反思】

You Are My Sunshine 是尤克里里弹唱作品中一首中等水平的作品，曲调轻快、节奏舒缓。基于“四感三层”的教学理念，多感官调动学生对尤克里里演奏的积极性，使用分解和弦和扫弦两种方法演奏乐曲，感受不同的演奏风格。整节课的氛围轻松愉悦，学生学得热血沸腾，课堂效果非常好！同时这节课也给教师带来了以下几点思考。

1.“四感三层”，扣理念

抓住旋律轻快活泼的特点和典型的强拍休止的节奏型，设计不同的弹奏方法，从无意识体验、有意识表达和与音乐本体建立联系三个层次，结合节奏感、旋律感、音色感、和声感作为核心素养的教学方向，引导学生进行尤克里里演奏方法和作品意境的感知。学生在音乐能力和素养上得到了很好的锻炼。

2. 以乐为本，现音乐

在“音阶练习打基础”的教学环节，在口令指导练习的基础上加入各个音的唱名，如“sol、do、mi、la”。因此，学生在实践中掌握了演奏技巧，从而遵从了“以音乐为本”的教学理念，体现了“四感三层”学理的旋律感和纯音乐层次。

3. 一唱一和，创情境

在“和声”教学环节中，在台上师生合作的同时，台下学生（或一小部分学生）以固定的节奏型拍击琴箱，丰富了和声支体，真实地参与了音乐创作，了解了和声的意义，共同营造了“清晨森林雾气朦胧、大地欢乐”的情境，并为编创环节中拍击尤克里里琴箱的部分奠定了基础。

4. 情境编排，展整体

创编环节设计成不限制展示的形式和方式，可以注重弹唱，也可以注重小组内的配合等。最终，在现场教学中诞生了几个很有创意的形式，小组内分工明确，整体表现非常好。

5. 课堂互动，缺生成

回顾整节课，除了创编环节外，更多是在老师的引导下进行尤克里里学习，没有为学生提供更多自主探寻的机会。面对学生的一些表现，老师也没有及时地把握住，并据此展开，延伸内容。比如在最后一个环节拓展部分，有一个小组使用了身势律动表现作品。如果能将这一亮点抓住，将是一个很好的教学环节，可为最后作品完整地呈现提供更多丰富的形式。

此课曾获西湖区小学优质课赛课一等奖

设计、执教：杭州绿城育华小学　王腾飞

指导教师：高峰等

案例　器乐课教学范式课例二　口风琴《与我同在》

科目	小学音乐	内容	口风琴器乐课 六年级 《与我同在》
【教材分析】 本课的教学内容选自《千与千寻》动画中的主题曲《与你同在》。这首作品由日本音乐家木村弓所创作，曲风欢快活泼，旋律简洁优美。作品在帕赫贝尔的《D 大调卡农》和声基础上使用了三拍子进行创作。原曲是由温暖轻柔的女声独唱呈现。全曲由两个乐段、每乐段四个乐句构成，曲速中速稍快，节奏以四分音符与八分音符为主，音域不宽，也没有复杂的调式转换，但细腻的旋律极具音乐表现力。本课的口风琴音色正能凸显这首作品简约而又不失魅力的音乐色彩。			
【学情分析】 口风琴作为本校区建校以来沿用至今的课堂乐器，一直深受学生们的喜爱。学生从二年级开始便正式进入口风琴的学习，而本次授课的对象为六年级学生。这一阶段的学生已经具备了一定的音乐知识积累和演奏技能，对 F 大调、G 大调及二声部的合奏也已经掌握，但由于个体差异，教师考虑到了分层教学，因材施教，采用多种形式的锻炼，多引导多鼓励，逐步加强技能技巧的训练和自信心的树立。			
【教学目标】 1. 审美情感：在口风琴的学习中，感受、体验乐曲的意境与美感，激发学习兴趣，培养合作能力。 2. 过程方法：通过范奏、体验、对比等方法，在吹奏和实践过程中互相合作来表达音乐作品。 3. 能力认知：使用口风琴合作演奏双声部，并逐步加入色彩性乐器进行合奏。			
【教学重点】运用稳定的呼吸换气与科学的弹奏指法，流畅地演奏音乐作品。			
【教学难点】能够加入二声部与色彩性乐器进行合奏。			
【教学方法】本节课主要采用的教学方法分为教法与学法两点，教师的教法以演示法、对比法、指导法为主。学生的学法以欣赏法、体验法、实践法、合作法为主。			
【教室位置】高声部：▲、✱；低声部：●			

【教学过程】

（一）整体感知，熟悉主题旋律

1. 新课导入，进入情境

通过音乐作品配合动画画面，让学生直观地感受音乐在动画中的意境与美感，同时引入今天的课程曲目《与我同在》。

2. 音阶练习，打好基础

由于这是一首 F 大调的作品，先让学生结合作品用 F 大调的音阶为其伴奏，并在音阶练习中体验作品三拍子的韵律，学会吐音技法，为后续的演奏打下良好的基础。

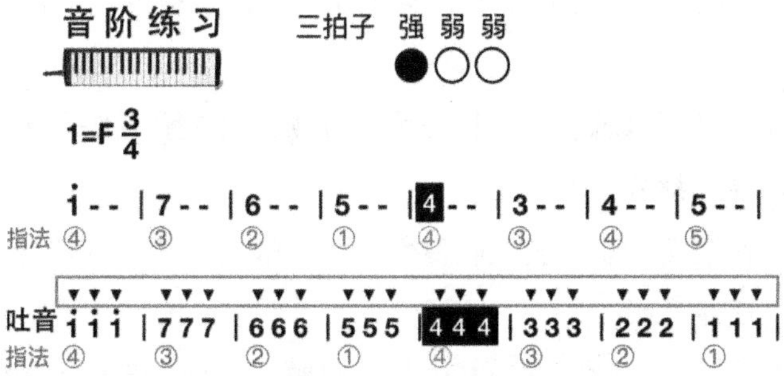

音阶练习　　三拍子　强 弱 弱

1=F 3/4

i - - | 7 - - | 6 - - | 5 - - | 4 - - | 3 - - | 4 - - | 5 - - |
指法 ④ ③ ② ① ④ ③ ④ ⑤

吐音 i i i | 7 7 7 | 6 6 6 | 5 5 5 | 4 4 4 | 3 3 3 | 2 2 2 | 1 1 1 |
指法 ④ ③ ② ① ④ ③ ② ①

3. 丰富感知，熟悉整体

通过基础练习后，出示作品的曲谱，并标出作品的主干音，让学生运用两种演奏方法来练习演奏主干音，并解决作品中弱起小节的进入。

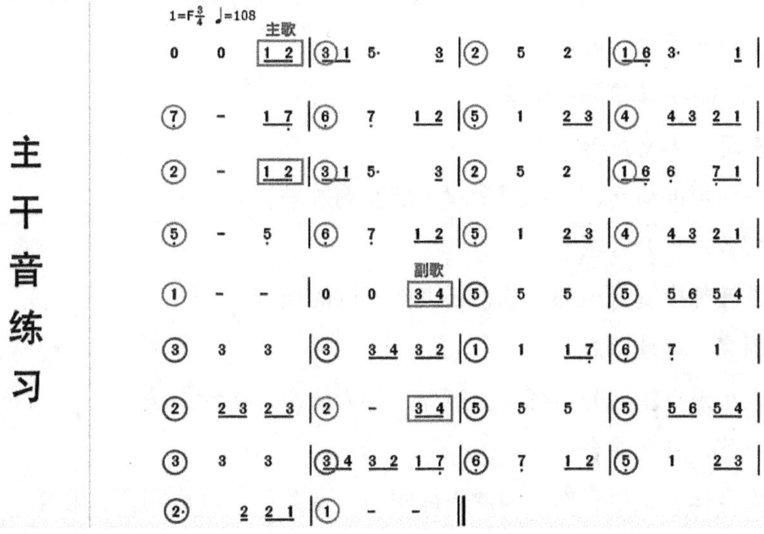

主干音练习

1=F 3/4 ♩=108

主歌
0 0 1 2 | ③ 1 5· 3 | ② 5 2 | ① 6 3· 1 |
⑦ - 1 7 | ⑥ 7 1 2 | ⑤ 1 2 3 | ④ 4 3 2 1 |
② - 1 2 | ③ 1 5· 3 | ② 5 2 | ① 6 6 7 1 |
⑤ - 5 | ⑥ 7 1 2 | ⑤ 1 2 3 | ④ 4 3 2 1 |
副歌
① - - | 0 0 3 4 | ⑤ 5 5 | ⑤ 5 6 5 4 |
③ 3 3 | ③ 3 4 3 2 | ① 1 1 7 | ⑥ 7 1 |
② 2 3 2 3 | ② - 3 4 | ⑤ 5 5 | ⑤ 5 6 5 4 |
③ 3 3 | ③ 4 3 2 1 7 | ⑥ 7 1 2 | ⑤ 1 2 3 |
②· 2 2 1 | ① - - ‖

◎**环节设计意图：**好的导入是成功的一半，为了培养学生的兴趣，营造良好的课堂氛围，教师采用学生最感兴趣的动画欣赏的方式来进行展开。在F大调中进行口风琴技法的基础练习，再由师生合作，熟悉作品的节奏、旋律，通过这种循序渐进的方式，潜移默化地为学生解决在后续演奏中将会遇到的难题。

（二）分层演奏，拎重点、破难点

1. 示范演奏，加入吐音

教师完整演奏作品，学生在聆听中找出加入吐音的音符并标上顿音记号。

2. 视唱歌谱，静音摸奏

教师用口风琴领奏，学生边唱边在键盘上摸奏，熟悉键位。

3. 自主练习，纠正指法

学生学习 iPad（平板电脑）上的指法示范视频，自主静音练习。

4. 师生合作，尝试挑战

师生第一次合作演奏。学生尝试吹奏作品，教师用吉他为其伴奏。

5. 调整音色，画龙点睛

师生第二次合作演奏。教师在演奏中找出问题（气息、音色），并进行指导。

6. 统一换气，完整呈现

师生第三次合作演奏。教师标出换气记号，让演奏更加整齐。

◎**环节设计意图：**学生的亲身实践练习是尤为重要的，通过教师的演示法、指导法，学生的实践法、合作法，有步骤地展开教学，让学生像堆积木一样由浅入深地掌握演奏，逐步提高演奏能力。

（三）声部合奏，丰富演奏形式

1. 示范演奏，丰富声部

教师示范双声部演奏，学生感受双声部音响效果。

2. 视谱摸奏，区分音域

学生跟着教师摸奏低声部，熟悉低声部区域的演奏。

3. 自主探究，设计指法

通过四人小组自主探究，练习低声部，并为低声部设计指法。

4. 声部合作，音色融合

通过师生合作、生生合作，强调声部间的强弱关系，以达到音色融合。

◎**环节设计意图：**从高声部的示范指法到低声部的自主设计指法，让学生的学转变为自身的一种能力。演奏时，学会聆听两个声部之间的配合，是在调动学生多种感官协调作用，培养学生的乐感与合作能力。

（四）创编合作，完整呈现作品

1. 脱谱演奏，加入乐器

学生通过隐藏部分乐谱挑战半脱谱演奏，再到完全脱谱。教师则用串铃与箱鼓为其伴奏。

2. 创编伴奏，组成乐队

学生尝试挑战用串铃与箱鼓为作品伴奏，并用风铃连接乐曲的两个部分。教师用吉他与其组成乐队。

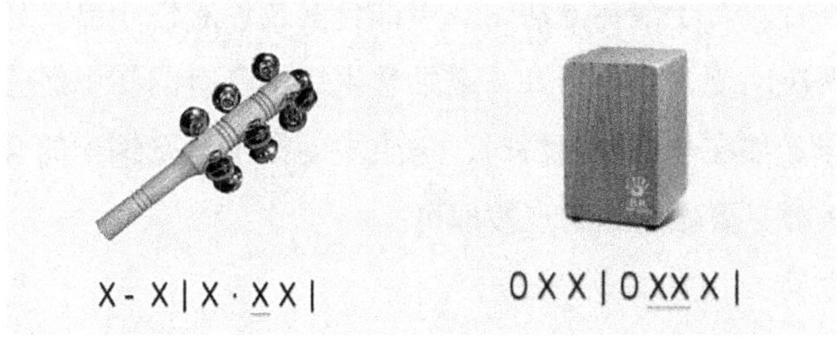

3. 动画配乐，综合呈现

通过动画音乐会的形式，完整呈现作品。

◎环节设计意图：创编合作丰富了音乐的表现力，让这首作品达到了一个新的高度，也让学生体会到了合作的魅力。

【教学流程】

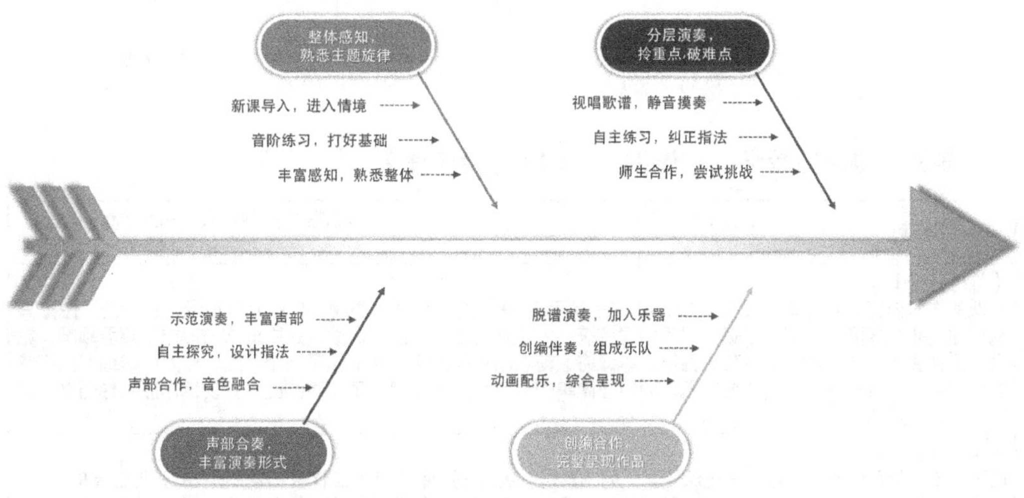

【教学反思】

1. 教学内容方面

本课所选的口风琴曲目是学生较为熟悉的动画《千与千寻》中的主题曲《与我同在》。作品生动、形象，富有美感，有利于学生的音乐审美培养。多声部的合奏及色彩性乐器的加入，有利于学生音乐创造与实践、合作等多种能力的发展。

2. 教学过程方面

本课是把课堂实践与练习的时间最大限度地留给学生。因为口风琴教学强调以练为主，教师在教学中只起到引导作用，激发学生学习的积极性，为学生自主学习能力的培养搭建好平台。对于演奏方法、二声部合奏及色彩性乐器，让学生通过自主练习，发现问题，解决问题，获得新知，鼓励学生运用已有的知识经验学会探究，自行解决吹奏中的难点。如在学习新指法时，学生主动提出自己编配的合适指法，这是非常值得鼓励的，教师只要做适当的点拨即可。

3. 教学效果方面

本课完成了教学任务，达成了教学目标，学生的学习兴趣、学习能力、实践能力、创新意识都得到了提升，掌握了更多的口风琴演奏技巧。本课还首次加入了 iPad 进行辅助教学，提高了教学效率，效果明显。最后通过动画音乐会的形式，提供给学生一个自我展现的平台，学生对口风琴的学习兴趣更加浓厚了。

此课曾获西湖区小学优质课赛课一等奖

设计、执教：杭州市学军小学紫金港校区　项百川

指导教师：高峰等

案例　器乐课教学范式课例三　口琴《我和你》

科目	中学音乐	内容	人音版义务教育教科书八年级 《我和你》
【教材分析】 本课的教学内容是八年级下册第一单元的一首奥运会主题歌，4/4 拍，为第 29 届北京奥运会主题曲，由陈其钢作曲，曲风抒情、朴实且温暖，采用中国传统民族五声调式进行创作。原曲是由刘欢与莎拉布莱曼领唱，融合了多种演唱形式，音域集中在高音区。本课将这首歌曲稍作改编，往下移了一个八度，作为口琴练习曲在最舒适的中音区进行演奏，音色更饱满。同时在简单的五声音阶中又融入了和声的配合，使得作品简约而又不失和声听觉的魅力。			
【学情分析】 口琴是本校特色的课堂乐器，一直深受学生们的喜爱。从初一进课堂的第二节课，学生便正式开始口琴的学习。本次授课的对象为八年级学生，这一阶段的学生已经具备了一定的音乐知识积累和演奏技能，对音阶练习和气息控制相对成熟。因此，教师在作品中加入了和声配合与颤音练习，引导学生纵向听音乐，感受和声走向的进行，体会和声变化的色彩。			

续表

科目	中学音乐	内容	人音版义务教育教科书八年级《我和你》
【教学目标】 1. 审美情感：在口琴的学习中，聆听与感受乐曲的调性色彩，激发学习兴趣，培养合作能力。 2. 过程方法：通过范奏、体验、配合等方法，在吹奏和实践过程中互相合作来表达音乐作品。 3. 能力认知：使用口琴连贯有情感地演奏乐曲，并逐步加入多声部和声进行合奏。			
【教学重点】运用连贯的气息，准确地演奏音乐作品。			
【教学难点】能够将旋律声部及和声声部配合进行合奏。			
【教学方法】教法：演示法、对比法、指导法；学法：欣赏法、体验法、实践法、合作法。			
【教室位置】两组：高低声部各一组。			

【教学过程】

（一）整体感知，练音阶、熟作品

1. 音阶练习，吹吸分明

口琴是一吹一吸规律排列的乐器，因此练习音阶时，除了练习上下行的音阶，还加入了吹气音与吸气音分开练习的音阶，以便帮助学生学会气息的合理运用。

2. 音程大跳，游戏互动

作品中有几处大跳的音符，将难点提炼出，进行游戏式的互动。老师随意组合字母，如 ABAC 或 AABC 等，请同学快速演奏出旋律。

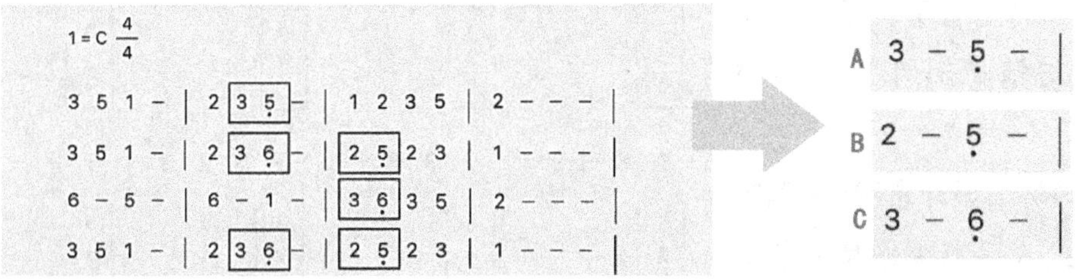

1 = C $\frac{4}{4}$

3 5 1 - | 2 3 5̣ - | 1 2 3 5 | 2 - - - |
3 5 1 - | 2 3 6̣ - | 2 5̣ 2 3 | 1 - - - |
6 - 5 - | 6 - 1 - | 3 6̣ 3 5 | 2 - - - |
3 5 1 - | 2 3 6̣ - | 2 5̣ 2 3 | 1 - - - |

A 3 - 5̣ - |
B 2 - 5̣ - |
C 3 - 6̣ - |

3. 颤音辅助，初识作品

出示谱例，教师示范演奏全曲，引导同学们在 4 拍时值的音符上，与教师一起演奏，并加入颤音（左手固定不动，右手轻微摇动）。

◎**环节设计意图：**从口琴的特征入手，将音阶分成吸气音与吹气音，培养学生一气多音的习惯；从难点入手，通过游戏互动，激发学生学习的兴趣；最终通过师生简单的配合，帮助学生对作品乐句做快速的划分。

（二）分段演奏，拎重点、破难点

1. 视唱歌谱，找出规律

作品共四句体，第二、第四乐句为相同旋律，在教师弹伴奏，学生唱旋律的过程中，让学生自己发现作品四句体的起承转合，第三乐句为情感最高点。

2. 演奏乐句，解决难点

练习第二、第四两个乐句，及时纠正大跳旋律的音准，调整状态。

3. 师生合作，接龙交换

教师演奏第一、第三乐句，学生演奏第二、第四乐句，师生配合演奏。紧接着，交换乐句。

4. 颤音加入，丰富长音

在 4 拍长音上加入之前练习的颤音，使得作品更加生动。

5. 调整力度，情感融入

第三乐句上移 4 度进行，与前音产生 6 度大跳，包含了全曲最高音，意味着全曲情感走向最高点，调整学生气息与音量力度，精雕细琢。

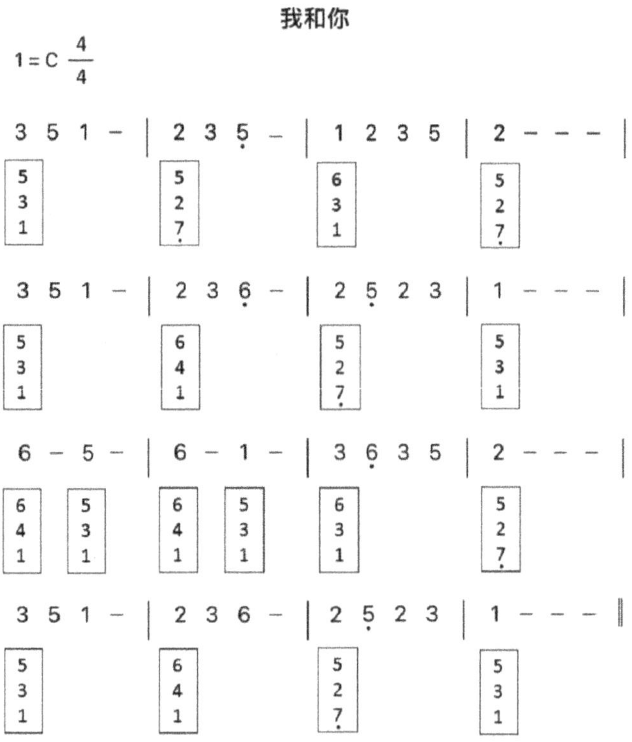

6. 角色分配，配合演奏

第一、第二乐句分别由男生、女生演奏，第三、第四乐句情感升华，由全体演奏。

◎**环节设计意图：**用演唱的方式入手解决作品的节奏问题，通过师生的配合、男女生的合作，营造了课堂学习的活跃氛围。并在尝试与配合的过程中，潜移默化地融入音色感、旋律感的提升，螺旋式地围绕着"四感"培养基本音乐素养。

我和你

1 = C $\frac{4}{4}$

3 5 1 – | 2 3 5̣ – | 1 2 3 5 | 2 – – – |
[5 3 1] [5 2 7̣] [6 3 1] [5 2 7̣]

3 5 1 – | 2 3 6̣ – | 2 5̣ 2 3 | 1 – – – |
[5 3 1] [6 4 1] [5 2 7̣] [5 3 1]

6 – 5 – | 6 – 1 – | 3 6̣ 3 5 | 2 – – – |
[6 4 1] [5 3 1] [6 4 1] [5 3 1] [6 3 1] [5 2 7̣]

3 5 1 – | 2 3 6 – | 2 5̣ 2 3 | 1 – – – ‖
[5 3 1] [6 4 1] [5 2 7̣] [5 3 1]

（三）和声润色，辅旋律、附色彩

1. 声部分工，感受和声

将学生分成三组，分别演奏和弦中的“根音”“三音”“五音”，引导学生感受和弦色彩，感受主调上大三和弦安宁祥和的意境，相互聆听，体会声部的共振，自主调配音量的均衡。

2. 和弦进行，体悟色彩

出示作品中的 4 个和弦，根据分组，横向进行演奏，每个音演奏 4 拍，感受不同和弦带来的不同色彩。

3. 师生合作，丰富作品

引导学生进行小组讨论，自行为旋律配和弦。老师演奏主旋律，学生演奏和弦，通过师生配合，让作品纵向更加丰富。

◎环节设计意图：加入和弦的润色，让学生体验多感官层次的刺激，更能为之后的表达层次奠定坚实的基础。同时加强了学生对和弦色彩的把握与理解，遵循着因材施教原则，照顾到班级里下游同学的感受，使其增强自信心。

（四）创编合作，显层次、展实力

1. 优选角色，单独展示

通过自荐或推荐的方式，选出 3~5 名优秀的同学进行演奏。这既是给学生展现自己的机会，也是为之后的领奏预定人选。

2. 加入和弦，配合演奏

由领奏的同学演奏主旋律，其余同学进行和弦伴奏。

3. 多维角度，完整呈现

（1）第一遍：由领奏的同学单独演奏。

（2）第二遍：领奏同学演奏主旋律，其余同学和弦伴奏。

（3）第三遍：全体同学一起演奏《我和你》主旋律及颤音，老师钢琴伴奏。

◎环节设计意图：班级里不同的学生有着不同的音乐表达水平，根据能力的不同设计了角色的难易程度，让所有同学都能参与其中。创编不同的表现形式有助于丰富学生对作品的理解，更加关注学生的表达层次。用口琴做和弦的伴奏，不加入任何的打击乐，更能让学生在纯音乐层次的基础上，充分调动各感官，完美呈现作品。将完整的乐曲合奏作为最终的音乐表现形式，围绕“四感三层”学理，通过多感官体验、探究与综合，提升学生的感性音乐经验，有效构建多课型教学范式。

【教学流程】

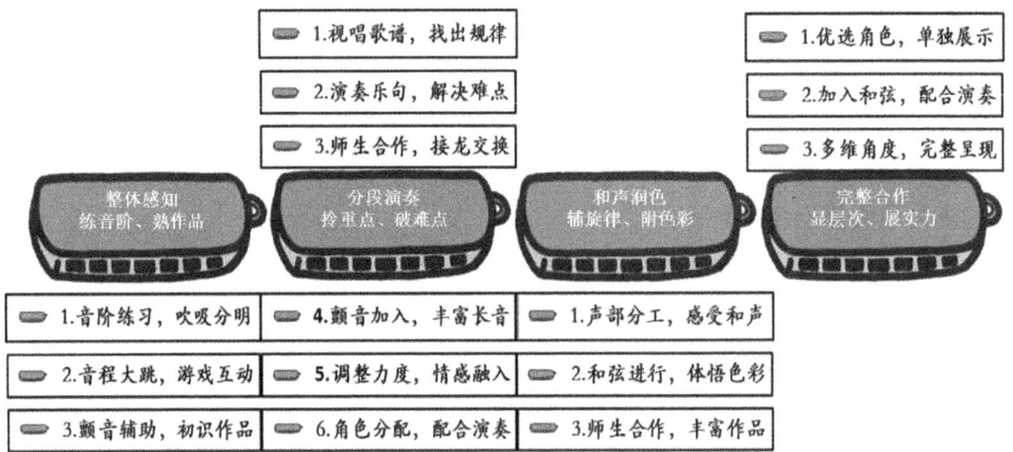

【教学反思】

基于“四感三层”的教学理念，多感官调动学生的每一个细胞，让学生循序渐进地感受音乐，表达出极具温暖的旋律线条，最终让学生的音乐素养能力得以螺旋式地上升和提高。整节课的氛围轻松愉悦，学生学得投入尽兴。

1. 紧扣理念，由易到难，剖析作品

本课所选的内容是由教材歌曲《我和你》改编的一首口琴练习曲。作品给人以舒缓而温情之感，极富西方艺术歌曲的韵味。实际上，这种极具亲和力的主旋律是以中国传统五声音阶为基础进行创作的，因此，课堂一开始就将五声音阶融入口琴的吹吸音阶中，有利于学生的音乐审美定位。加入全班的和弦配合及变化，有利于学生多感官体验音乐的纵向美，同时培养学生实践与合作等多种能力的发展。

2. 以乐为本，因材施教，深入作品

本课既将口琴作为旋律主体，又使其变身为和声伴奏角色，围绕“以乐为本”设计整堂课，遵循因材施教，提倡人人参与。和声伴奏的声部相对简单，始终围绕“以生为本”，可以增强学生学习的自信心。把课堂实践与练习的时间最大限度地留给学生，强调“以练为主”，教师在教学中只起到引导作用，激发学生学习的积极性。通过小组讨论确定和弦配置，既能锻炼学生对和声色彩的把握，又能为学生自主学习能力的培养和提升搭建好平台。

3. 多维合作，螺旋上升，呈现作品

学习过程中通过男女配合、师生合作、生生合作，给学生提供探索空间和表现空间，并在自由探索中，巩固了抽象的乐理知识，增强了学生探索的兴趣。本课完成了教学任务，达成了教学目标，学生的学习兴趣、学习能力、实践能力、创新意识得到了提升，掌握了更多的口琴演奏技巧。

教学设计、执教：杭州市翠苑中学　姜盼婧

指导教师：高峰

第五节‖　综合课教学范式与课例

一、综合课教学范式特点

1. 综合性

综合性就是把系统的各部分、各方面和各种因素联系起来，考察其中的共同性和规律性。任何一个系统都可以看作是由许多特定的要素而组成的综合体。[①]中小学音乐综合课的重要性体现在它的综合性，不是单纯以器乐、歌唱、欣赏等表现形式为综合的要素，而是重点以某一个音乐要素为主体出发，用多首作品支撑的综合性学习。这也是音乐课更加具有音乐性的表现。

2. 多元性

系统的组成部分各自具有不同的性质、特点、目的和行为，因而相互区别所形成的系统特性叫作多元性。[②]音乐本身就具有多元性，多元的音乐文化具有很强的包容性，推动着世界音乐文化向前发展。中小学音乐的综合课，可以是聚焦某一个元素或几个元素，也可以从音乐文化入手，还可以从音乐情境开始，进行多元展开、多作品穿插、多层次渗透、多角度解读、多方位融合，培养音乐能力，迁移音乐知识，提高音乐素养，让课堂饱满立体。

3. 融合性

融合性一词来源于医学或病理学术语。在音乐上的融合大多体现在音乐的学习内容、学习方法，音乐的表现形式及音乐文化等方面。音乐综合课的多元性即决定了融合性，要将课堂上的一切教学要素进行有机融合，形成一个整体，从而发挥最大功

① 陆雄文．综合性原理．管理学大辞典［M］．上海：上海辞书出版社，2013.

② 管理科学技术名词审定委员会．管理科学技术名词［M］．北京：科学出版社，2016.

效。综合课的融合性体现在音乐要素融合、音乐文化融合及音乐情境融合三个方面。音乐要素融合集节奏、旋律、音色、和声等为一体；音乐文化融合集世界各国、各地区及各民族音乐于一体；音乐情境融合集人文、自然、社会三大主题于一身。在表现形式上，更是将律动、演唱、演奏和综合性艺术表演等融合为一体。

二、综合课之"四感三层"体现

综合课可以从"音乐元素""主题情境""音乐文化"这三个方面入手，通过某一个知识点或者主题线索的贯穿，运用多种感知体验方式进行深度学习，让学生不断感受音乐整体形象的魅力，增强学习兴趣，陶冶高尚情操，提高音乐的学习、表现能力。以音乐要素为例，通过一种或几种音乐要素的学习开展，围绕一种或几种音乐要素，进行一系列感知体验，通过基于要素的多个作品，感知音乐的异同、感知与表现，提升综合表现和音乐素养。首先，通过围绕"元素"展开，进行多种形式感知，让元素形象化、感知化、体验化、立体化，"元素"塑造性更强。其次，基于"四感"进行深入的感知体验，发挥多种感官的作用，让学生全身心投入参与，不断深化，让"四感"得以内化。最后，串联作品体验，综合"三层"拓展，围绕要素进行多个作品串联，强化、巩固、内化和升华音乐能力，提升音乐表现能力、审美能力和音乐素养。

三、综合课教学范式

1. 元素导入，初步感知

（1）元素切入，初感知。

（2）围绕元素，初体验。

（3）基于元素，寻特点。

2. 元素解析，深入体验

（1）相似作品，找规律。

（2）不同作品，究异同。

（3）整合元素，深体验。

3. 元素拓展，综合体验

（1）一个作品一个元素，多种方式深入体验。

（2）多个作品同个元素，多种方式综合体验。

（3）一个元素串联作品，多种方式拓展体验。

（注：通过一种或几种音乐要素开展学习，比如围绕节拍开展教学，精选几首

2/4、3/4、4/4 或者 3/8、6/8 等拍号的作品，在一节课上通过学习感知不同节拍的音乐的异同、感知与表现。）

四、综合课教学范式课例

案例　综合课教学范式课例一 《节拍的梦》（音乐元素式）

科目	小学音乐	内容	人音版义务教育教科书四年级《节拍的梦》
【教材分析】 本节课以节拍为教学主要元素，选取 3/4 拍《小小的船》和 6/8 拍的《愉快的梦》进行教学。《愉快的梦》为 6/8 拍，速度较慢，节奏平稳，表现恬静、悠闲的意境。第一乐段齐唱，旋律进行具有下行的特点；第二部分合唱，旋律转为上行，音区移高。整首歌曲反映了儿童对新奇而美好的事物所怀的向往和追求。6/8 为复合拍，学生掌握起来有难度。因此，创设“节拍的梦”这一情境，将学习 3/4 拍《小小的船》作为铺垫。用气球体验 6/8 拍，熟悉旋律，借助木琴学习二声部。基于“四感三层”的教学理念，以感性音乐活动为主要教学内容，以实现自主情感体验为基本教学要求，以内心音乐联觉为重要的音乐能力，将音乐实践活动作为重要教学途径，最终达到提升学生音乐素养的目的。			
【学情分析】 四年级的学生有一定的节拍能力和演唱能力，识谱能力也比较强，已经具备了一定的音乐基础知识和音乐基本技能，并能进行简单的二声部演唱。但是对于音准尤其是合唱的能力还需要进一步练习和提高。通过两种节拍的体验，进一步巩固和培养学生的节拍感。			
【教学目标】 1. 审美情感：表演歌曲《愉快的梦》，感受优美、抒情的情绪，用气球创设情境，想象梦境中的美好生活。 2. 过程方法：在模仿、律动、游戏、听唱、探究、创编等音乐实践活动中体验两种节拍的异同，并学习歌曲中的“连线”“下行”的音乐知识。 3. 能力认知：能用轻柔、优美、连贯的声音演唱歌曲，感受二声部合唱的独特魅力。在学唱歌曲中，学习 6/8 拍的含义，并能用气球表现节拍及歌曲的节奏规律。			
【教学重点】能用优美的声音演唱歌曲，感受 6/8 拍摇曳优美的感觉。			
【教学难点】一字多音，体会感受旋律下行感，连贯的视唱曲调。			
【教学方法】听唱法、多感官体验教学法、启发开放式教学法、律动教学法。			
【教室位置】左右半圆形，分高低声部座位。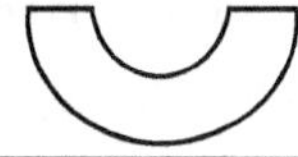			

【教学过程】

（一）元素导入，初步感知

1. 元素切入，初感知（复习 3/4 拍，感知 6/8 拍）

（1）老师带领学生，听着《小小的船》歌曲，踏着恒拍走进教室。

（2）复习歌曲《小小的船》，感受旋律的意境，体会其情感。

（3）听辨歌曲的节拍，并用身体动作表现出来。

（4）播放《愉快的梦》旋律，学生听辨在节拍上的变化，并尝试用脚步表现出来。

◎环节设计意图：本环节设计从复习 3/4 拍歌曲及节拍特点从而引出本节课要学习 6/8 拍，创设“节拍的梦”的教学情境。选择《小小的船》作为过渡作品是因为歌曲意境及歌词与《愉快的梦》有着异曲同工之妙。

2. 围绕元素，初体验

（1）恒拍体验。老师带领学生围成圆圈，继续走恒拍，引导学生观察教师脚步变化。

A：×.　　　　　　　　B：×̲ ×̲ ×̲

（2）队形变化。第一乐段围圈走，第二乐段根据乐句变化引导学生向里向外变化队形。

3. 基于元素，寻特点（节拍）

（1）加入气球，体验节拍。

①教师拿出道具气球，请学生自由体验气球的玩法：有的拍、有的抛、有的传……

②选择一个最能表现所听歌曲意境的动作——“抛”，并做自由的抛接动作。

（2）加入拍数，表现节拍。请学生观察教师的动作和学生的有什么不同，引导学生按节拍做抛接的动作。教师：123456 重复拍、数。

（3）加入音乐，表现节拍。用音乐代替教师的拍数，引导学生继续在音乐中做抛接的动作，表现 6/8 拍，表现歌曲梦幻的意境。

◎环节设计意图：引导学生先用脚步来体验 6/8 拍的大拍子和小拍子，并熟悉歌曲旋律，接着引入道具气球。先从无意识的玩中寻找最佳的动作，再从老师的引导中体验节拍，最后能在音乐中有意识地自主通过抛接动作表现歌曲节拍及歌曲梦幻的意境。歌曲优美抒情，6/8 拍节奏韵律把我们带入了奇妙的月夜。利用气球轻巧飘逸的特点创设歌曲梦幻美丽的意境，建立了与音乐本体之间的联系，引导学生从无意识地体验到有意识地表达。

（二）元素解析，深入体验

1. 相似旋律，找特点（第一乐段）

（1）教师揭示课程曲目《节拍的梦》，并聆听歌曲《愉快的梦》，分出两个乐段。

（2）教师演唱歌曲第一乐段，并加上手势动作，学生仔细聆听，在旋律中寻找特点。

（3）教师介绍旋律的下行，学生手持气球表现旋律的下行的走向。

（4）跟琴学唱歌曲第一乐段。（唱谱、唱词）

◎环节设计意图：在这个环节中，学生通过直观体验两种节拍的异同，并观察旋律的小船走向，再通过身体律动，体验歌曲第一乐段的旋律下行进行。巧妙安排了用律动与旋律的结合来表现旋律走向，充分发挥学生的多感官体验，主动参与表现音乐。

2. 不同旋律，找规律（第二乐段）

（1）听歌曲，感受合唱。聆听歌曲的第二乐段，说一说演唱形式（合唱）。

（2）寻规律，创编旋律。

①教师视唱高声部旋律，并带领学生跟随木琴轻轻视唱。

②教师试着写出低声部旋律的第一小节，请学生寻找规律，并按规律创作低声部旋律。

◎环节设计意图：抓住歌曲创作的规律，让学生自主发现且能模仿其规律并进行创作是“四感三层”学理中表达层次的完美体现。在这一环节中，教师运用歌曲旋律的特点，让学生尝试自主创作旋律，发现二声部的规律（三度音程），提高学生对音乐学习的参与兴趣。

（3）破难点，唱准合唱。

①学生在教师引导下运用柯尔文手势练习和声的三度音程。

②木琴分高低声部，由两位同学敲击每一小节第一个主干音辅助音准。

③师生合作二声部。

④生生合作二声部。

◎环节设计意图：进一步巩固节拍感，在这一环节中，教师运用柯尔文手势、木琴及钢琴辅助解决音准，解决演唱的重点和难点，再采用师生合作、生生合作的方式学习合唱，这种合作建立在声部统一和谐的基础上，引导学生充分聆听，逐步形成和声。

3. 完整表演，深体验

（1）跟着钢琴伴奏完整演唱。重点和难点都解决好之后，教师带领学生跟着钢琴伴奏演唱，木琴辅助，提醒音准、节奏。

（2）加简单的身体动作后进行完整演唱，加上前面的律动小船的动作，轻轻晃动身体完整表现歌曲。

（三）元素拓展，综合体验

1. 设计《愉快的梦》活动主题

（1）加入《小小的船》作为表演的引子部分。

（2）听着《愉快的梦》用气球做抛接律动，创设歌曲梦幻的意境。

（3）用轻柔的歌声完整演唱《愉快的梦》，表达歌曲的柔美、神秘的意境美。

2. 拓展延伸，总结风格特点

最后，教师和学生一起回忆曾经学过的6/8拍歌曲，如《摇啊摇》《钟声叮叮当》

等，总结歌曲旋律的特点，巩固对节拍的认识。

◎环节设计意图：在这一环节中，学生的节拍感进一步加强，演唱能力呈螺旋式提升。通过完整的主题式表演，激发学生内心的感动，使其被音乐所描绘的情境所吸引和陶醉，通过表演产生强烈的情感共鸣。这是“四感三层”学理的最高境界——建立与音乐本体之间的联系。最后的回忆巩固是对之前所学知识的链接，使之对所学知识形成一个完整的串联，为后期的学习打下扎实的基础。

【教学流程】

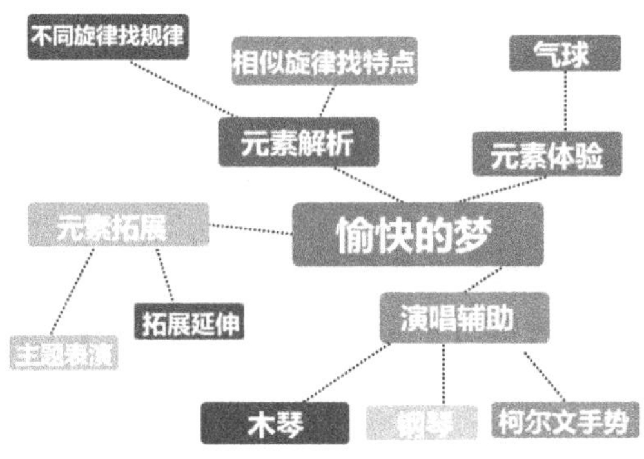

【教学反思】

本节课以节拍为教学主要元素，选取 3/4 拍《小小的船》和 6/8 拍的《愉快的梦》进行教学，是“音乐元素式”的综合课类型。基于“四感三层”的教学理念，多感官调动学生的每一个细胞，让学生循序渐进地体验歌曲、学习歌曲、表现歌曲，最终让学生的音乐素养能力得以螺旋式地上升和提高。学生全情投入的学习过程也给教师带来了以下几点思考。

1. 关注音乐本体，凸显情感

在课堂教学中，综合节奏感、旋律感、和声感与音色感的培养，以 3/4 拍为教学引子，抓住歌曲 6/8 拍的节奏特点，学唱歌曲。同时，在歌曲的学唱中，要一直提醒学生用轻柔的声音来演唱歌曲，在气球这一梦幻的道具辅助下聆听、体验、表现歌曲等。学生在愉快、饶有兴趣的氛围中学习本课，激发了对音乐的情感体验。在教师巧妙的设计中，在体验、模仿等多样的音乐学习活动中，学生读懂了音乐，从而获得音乐的情感体验。

2. 注重音乐实践，提升审美

在课堂中，从自主开发气球的玩法到歌曲二声部的创编等一系列的音乐学习活动，紧紧围绕节拍体验，采用模仿、律动、游戏、听唱、探究、创编等音乐实践活动开展音乐学习。在学习过程中，始终创设一种静谧、优美、神秘的氛围和意境，让学生一直处于一种愉悦的情绪中。通过丰富的学习内容和多样化的学习过程，运用感性音乐经验，进一步积累学生的音乐审美经验，加强学生运用多种感官体验探究音乐的能力，从而形成符合该学段学生的音乐审美价值取向。

3. 螺旋式能力提升，体现三层

学生音乐能力的提升不是一蹴而就的。在本课中，教师首先是借助气球这一学具的辅助，鼓励学生自主发现气球的玩法并寻找最适合表现歌曲的动作；接着在教师引导下，学生体验歌曲节拍；最后在能力完全到达的情况下，熟练地运用气球来表现歌曲的节拍的意境。在合唱过程中，教师巧妙地利用了歌曲创作的特点，先鼓励学生创编二声部旋律，再采用和声音程的练习，从师生合作到生生合作，提升学生演唱能力。这些无不体现出学生学习音乐的三个层次，真正实现了音乐学习从无意识体验到有意识的表达，再到与音乐本体建立联系的过程，促使学生的音乐能力和素养得到螺旋式提升。

设计、执教：杭州市三墩小学　南霞

指导教师：高峰

案例　综合课教学范式课例二　《大海的歌》（主题情境式）

科目	小学音乐	内容	人音版义务教育教科书二年级《大海的歌》
【教材分析】 本课以大海为主题，选取了人音版第二册《欢乐谷》中的歌曲《小小的船》与第三册第七课《大海的歌》中的歌曲《大海》，两首歌曲皆为 3/4 拍，F 调，优美抒情，属同一类体裁的作品。本课主要教学内容《大海》是一首海的抒情诗、海的赞歌，描绘了一幅平静、宽广和博大的大海画面。歌曲旋律宽广，有着海的气势；音调带着柔和的美，描绘了诗画一般的意境，让人遐想。课的设计基于“四感三层”教学理念，打破常规年级与单元之间的局限，将两首歌曲进行情境串联，重点围绕歌曲的旋律进行教学，以三拍子波浪起伏的旋律走向培养学生的旋律感，让学生循序渐进地感受歌曲、表现歌曲，最终让学生的音乐素养能力得以螺旋式地上升和提高。			
【学情分析】 本节课的学习对象为二年级学生，这个学段的学生经过一年的学习，有一定的歌唱和表演能力。二年级学生整体好奇心强，活泼好动，善于模仿，可塑性强。但同时其上课注意力能够集中的时间较短，所以在教学方法上应采用律动的形式，让学生在律动中体验、创造。通过对蓝色绸布的运用，让学生感受三拍子的律动并模拟海浪的状态，让学生能够在课中将唱、动、演完美结合，不会感到单调无聊，这样参与度会比较高。其次，在演唱歌曲方面，可以在完成单声部歌曲的基础上简单叠入二声部支声，让学生有感情地表现歌曲。			
【教学目标】 1. 情感态度：能够通过表演歌曲《小小的船》和《大海》，感悟词曲中蕴含的“美”，明白要保护大海、保护环境、热爱大自然。 2. 过程与方法：能通过倾听、律动、画旋律线、模唱、小组合作、旋律叠加等方式表现歌曲，表演大海。 3. 知识与技能：能用优美、流畅的声音演唱歌曲《大海》；能通过海鸥、海浪、海风等情境元素叠加完成简单二声部旋律表现大海；感受三拍子歌曲的特征和音乐形象，乐于参与音乐表现。			
【教学重点】能用优美、流畅的声音演唱歌曲《大海》。			

续表

科目	小学音乐	内容	人音版义务教育教科书二年级《大海的歌》
【教学难点】能通过海鸥、海浪、海风等情境元素叠加完成简单二声部旋律表现大海。			
【教学方法】听唱法、多感官体验教学法、律动教学法。			
【教室位置】U 形座位。			

【教学过程】

（一）旋律导入，初步感知

1. 恒拍进入，体验旋律节拍

教师带领学生脚踩三拍子，演唱《小小的船》歌谱，并用柯尔文手势做每小节第一个音进入教室。

2. 情境创设，回顾旋律走向

教师创设“乘船去航行”的情境，学生跟着动画边唱歌谱，边画旋律线。

3. 提取主音，模唱海风旋律

将《小小的船》歌曲每个小节的第一个音提取出来用“wu”进行模唱，模拟海风的歌声并融入三拍子的律动，为后面的情境串联做铺垫。

$\frac{3}{4}$ 1=F

5 — — | 3 — — | 1 — — | 2 — — |

wu wu wu wu

5 — — | 3 — — | 1 — — | 1 — — |

wu wu wu wu

3 — — | 1 — — | 1 — — | 2 — — |

wu wu wu wu

3 — — | 5 — — | 3 — — | 1 — — ||

wu wu wu wu

◎环节设计意图：本环节主要通过已学歌曲复习巩固三拍子的节拍特点，复习体验歌曲旋律。通过情境创设简化旋律，模拟海风的歌声为后续综合呈现做铺垫。带领学生进入大海的情景，将表达层次融入其中，调动学生的多种感官体验，学生能力逐渐被激发。

（二）旋律表现，深入体验

1. 感知旋律，律动表现大海

（1）找共通点，表现三拍子的特点。初听歌曲，找出两首歌曲的共通点是皆为3/4 拍的曲子，通过先手做强弱弱，脚踩重拍再到脚踩强弱弱恒拍，手做重拍来强化三拍子的节拍特点。

（2）情境律动，强化三拍子的特点。通过大海情境引出与其有关联的海浪、海鸥等，学生自由创编符合三拍子强弱特点的动作表现海浪、海鸥，为后面学具运用做铺垫。

（3）绸布运用，表现大海。学生根据上一环节做海浪的身体律动，抖动蓝色绸布表现大海海浪情境。

◎环节设计意图：本环节将三拍子的特点作为切入口，通过多种方式让学生充分感知和表现，运用蓝色绸布，既从视觉上表现了海浪的形象，又在表现海浪的律动中完成了三拍子的强弱特点体现，让学生在动中乐、玩中学，充分体现学生的主体性。

2. 表现旋律，歌声演唱大海

（1）手势接唱，情境表现旋律。通过海浪的形象，让学生借助柯尔文手势接唱每一乐句的尾音，熟悉旋律；通过海鸥的形象，借助 PPT 动画边模唱边画旋律线，并直观感受第五乐句音区最高，情绪最饱满；第六乐句节奏密集，演唱要轻巧。

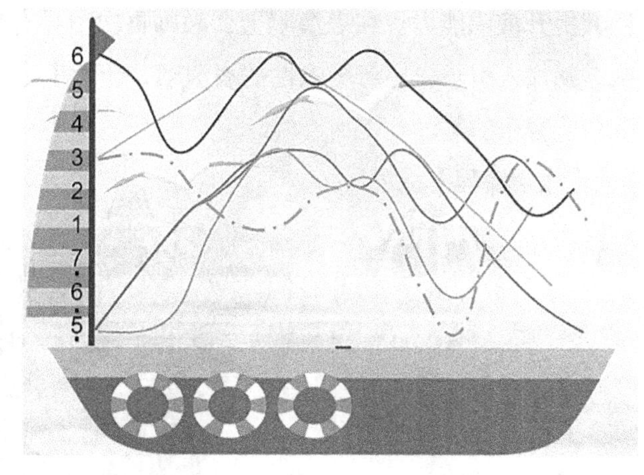

（2）歌词融入，深入演唱歌曲。通过现场作画的形式，让学生直观感受歌曲形象，再通过师生接龙唱的方式学习歌曲，在遇到最后一乐句的节奏难点时通过打节拍特点的方式来解决，完成歌曲学唱。

（3）支声叠入，丰富歌曲形式。学生跟伴奏完整演唱时，老师在过程中加入二声部简单支声，让学生主动发现再进行学唱。

3. 完整呈现，表现歌曲意境

学生分声部演唱歌曲并加入动作表演。

◎环节设计意图：本环节采用点唱法和柯尔文手势，以及钢琴的辅助，来解决音准，熟悉旋律，并且利用 PPT 动画直观形象地展现旋律，既直观地表现了旋律的走向，又体现了旋律的纵向层次性，巧妙地吸引了学生的学习兴趣。接着加入创编的二声部支声丰富歌曲。本环节充分体现了旋律感培养的层层递进，通过有层次的旋律线辅助和多感官体验，调动学生的积极性，提升音乐能力。

（三）旋律拓展，综合体验

1. 丰富形式，完整表演歌曲

在完整地演唱完两声部之后，请学生上台用蓝色绸布表现海浪，其余学生继续分两组演唱两声部并加入动作表演。

2. 旋律串联，提升表现能力

将最初《小小的船》改编的海风声作为引子，并加入音束渲染情境；再演唱歌曲《小小的船》，营造学生坐船去海上游玩的情境；然后学生用蓝色绸布表现海浪形象，分声部演唱歌曲《大海》；最后仍用海风作为尾声结束歌曲。表演流程为：海风 +《小小的船》+《大海》+ 海风。

◎环节设计意图：借助一大块蓝布激发学生，让学生充分体验大海的宽广，并辅助其提升演唱能力。在表演唱上，教师再次引导升华：从不同形式、不同动作的表演唱，到加入引子、尾声想象性的表演唱，让学生全身心地去感受、参与、体验、表现和创造音乐的美。

【教学流程】

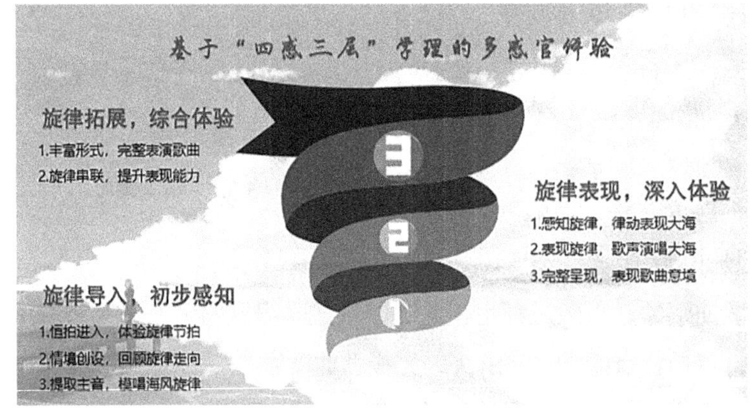

【教学反思】

本课是以"大海的歌"为主题的主题情境式音乐综合课。选用《小小的船》和《大海》两首相关歌曲，以大海为主，以节拍和旋律为体验重点，让学生循序渐进地感受歌曲，淋漓尽致地表现大海、海浪、海鸥、海风的形象，最终让学生的音乐素养能力得以螺旋式地上升和提高。整节课的氛围轻松愉悦，学生学得投入尽情，也给教师带来了以下几点思考。

1. 旋律主线清晰，层次梯度明显

本次教学设计做到了围绕"四感三层"学理中旋律感这一主线进行设计，旋律叠加递进设计合理，整体层次梯度明显，各环节的实施逻辑清晰、层层递进，能做到在重复中变化，在变化中发展。

2. 教学手段新颖，课堂体现生动

本次教学充分利用了多媒体，将旋律走向用动画直观表现，将相对抽象的内容直观化，并且运用道具从形象上表现歌曲，激发学生的学习兴趣，让学生更加乐于融入课堂，表现自我。教学手段新颖有趣，课堂互动性强，呈现较生动。

3. 教材解读充分，教学特色鲜明

本节课对教材进行了充分的解读，深入挖掘教材中要求的节奏、节拍、音色、旋律走向、风格等要素，并且发挥了个人特长，在教学中融入了个人特色，展示了不同风格的音乐课堂。

设计、执教：杭州市文理小学　吴月影

指导教师：高峰

案例　综合课教学范式课例三《新疆的节奏》（音乐文化式）

<table>
<tr><th>科目</th><th>小学音乐</th><th>内容</th><th>人音版义务教育教科书二年级
《新疆的节奏》</th></tr>
<tr><td colspan="4">【教材分析】
本课以新疆音乐文化为基础设计，主题为“新疆好”，选编了四首与新疆有关的曲目。教师基于此单元的学习，提取具有新疆特色的节奏元素，围绕“附点节奏”这一要素在完成单元学习任务后补充教学内容，通过律动、乐器等表现形式的对比聆听，感受新疆维吾尔族歌曲的风格特点。以“四感三层”教学理念为引领，让节奏先行，多感官调动学生的全面感受。因此，课堂教学中利用附点节奏来进行达卜传递、铃鼓演奏、舞蹈表演，并通过听辨新疆曲目去反向认知附点节奏，铺垫学生对新疆音乐的感知，体验维吾尔族音乐的艺术美，同时以身带情，用热情的鼓点和舞姿展现新疆风情，最终实现学生音乐素养能力的螺旋式上升和提高。</td></tr>
<tr><td colspan="4">【学情分析】
学生在两年的音乐学习中接触过大量民族歌曲，也跟着教师在不同曲目中体验过各民族的律动，对各民族的表演风格却始终一知半解。因此，教师采用游戏、挑战的形式让学生在玩中体验维吾尔族复杂的节奏，借助乐器、律动去强化节奏在歌曲中的风格性表现，引导学生进行有效的风格体验，使其保持对民族音乐的好奇心，从而提高学习效果。</td></tr>
<tr><td colspan="4">【教学目标】
1. 审美情感：让学生在歌曲的聆听过程中感受维吾尔族音乐的艺术美，提高对少数民族音乐的鉴赏力，培养热爱祖国民族文化艺术的情感及民族自豪感。
2. 过程方法：通过舞蹈动作学习、达卜传递游戏、身体乐器伴奏、听辨新疆乐曲等多种方式的体验，师生互动感知、表现附点节奏。
3. 能力认知：学生能够掌握附点节奏特点，并用简单的身体乐器、舞蹈动作进行表演，展现新疆风情；能够在多首乐曲中辨别新疆乐曲。</td></tr>
<tr><td colspan="4">【教学重点】
X·X　XX | XX　X ‖ 附点节奏型的掌握，并能运用于各首乐曲中，与身体乐器和舞蹈动作进行配合。</td></tr>
<tr><td colspan="4">【教学难点】学生展现新疆风情；从多首乐曲中听辨新疆乐曲。</td></tr>
<tr><td colspan="4">【教学方法】听唱法、多感官体验教学法、启发开放式教学法、律动教学法。</td></tr>
</table>

续表

科目	小学音乐	内容	人音版义务教育教科书二年级《新疆的节奏》
【教室位置】女生里圈，男生外圈，通过律动变成圆圈。			

【教学过程】

（一）元素导入，初步感知

1. 创设情境，"辨"民族

教师身着维吾尔族服饰，请学生辨认服装属于我国哪个民族。在学生的回答中，师生共同回顾各民族的服装特色。

2. 确认民族，"赏"风格

教师揭示民族，进行舞蹈展示，学生在欣赏中初步感受新疆歌舞热情洋溢的特点。

3. 了解新疆，"看"特色

学生交流他们认识的新疆，并观看介绍新疆特色的视频，再次在音乐中了解新疆的地理、风景、服饰和生活习惯。

4. 多元联动，感知音乐要素（初步感受附点节奏型）

出示"咚""哒"二字，组合节奏型 X·X XX | XX X ||
咚哒 哒哒 咚咚 哒

（1）认真观察，"找"强拍。教师口述附点节奏型，加入拍手动作，提醒学生注意强拍出现的地方和对应的字。

（2）张嘴重复，"说"节奏型。学生进行模仿，用语言和声势做出强弱对比。注意又红又大的"咚"字要念得强一点。

（3）律动配合，"跳"节奏型。用声音和身势初步感受节奏后，教师教授新疆特色动作（行礼、猫洗脸、步伐）以体验民族风格，在步伐练习中带领女生进行空间流动，玩转课堂。

（4）音乐引领，"舞"风情。掌握动作之后，教师带领学生完整地表演歌曲《达坂城的姑娘》，化身新疆小朋友在流动的圆圈队形中开心舞蹈。

◎环节设计意图：用夸张的声势引导学生关注节奏中的强弱对比，奠定强拍体验。学生通过固定音型的模仿培养内心节拍感，并在此后的动作重复中不断提醒声音强弱对比带来的弹性，全方面建立节奏意识。同时引导学生在学跳新疆舞的过程中培养精神饱满、抬头挺胸的挺拔感，为后续表演做好体态的预设。从附点节奏出发，学习难度层层递进，以学生的听觉为基础开始无意识的复述，到以音乐活动为载体跟教师律动，在多种活动的体验参与下，学生已在感官层次上产生宏观理解，逐步获取音乐能力。

（二）元素解析，深入体验

1.“达卜传递”游戏，在传递中巩固附点节奏

（1）认识达卜。出示达卜，让学生在描述中认识这一新疆特色乐器。

（2）玩转达卜。教师示范游戏玩法，学生发现达卜传递的秘密并告知全班。

①邀请回答正确的同学小范围传递，再次强调“咚敲哒传”的传递秘密。

②全班参与达卜传递，学生边念边敲边观察其他同学的使用。

③教师在传递过程中加入片段演唱。

◎环节设计意图：将课堂交给学生，变学生“被动的学”为“主动的想”，引导学生自己去观察乐器形状，聆听达卜音色；自己去探索游戏规则，发现音乐奥秘。学生自主获取的信息远比教师讲授的记得扎实深刻。遵循奥尔夫“玩中学，做中玩”的原则，将节奏教学用师生互动的传递游戏鲜活“重复聆听与反复口述”的过程，避免乏味练习，大大提高了声音的韵律感，学生能在循环反复中建立音乐经验，环节教学指向从感观层次的“会读”过渡到表达层次的“会用”。

2.知识关联，在演唱中体现附点节奏

（1）学生复习唱《新疆是个好地方》。回顾旧知，学生随音乐演唱歌曲，教师大致了解学生情况。

（2）敲击节奏型。

①学生唱，教师加入身体乐器。在学生演唱过程中教师加入身体乐器（“咚”拍手心，“哒”拍手腕），引导学生关注歌声和身体乐器的关系。

②学生挑战身体乐器，教师唱。在学生敲击身体乐器时教师加入歌声，师生在角色转换中了解拍手心的强拍在歌声中应演唱明显，逐步体现歌曲的欢快特色。

③加入铃鼓，片段练习。把握身体乐器的演奏后，为了加深新疆风格，教师引导学生使用铃鼓敲击，慢慢加入歌声，创设歌舞新疆的热情氛围。

（3）提出要求，再唱《新疆是个好地方》。学生再次完整地演唱歌曲，表达歌曲的情绪，在铃鼓清脆热情的伴奏下让歌声更加活泼跳跃。

◎环节设计意图：学生勾连旧知，从无意识地复习歌曲到逐步加入乐器，用多种方式去体验附点，了解附点在身体、乐器、声音中的表现。在此基础上，教师提出演唱要求，使学生更加了解演唱情景，节奏、乐器、歌声结合有意识地去表达歌曲情绪。由节奏切入，在学生已有的演唱基础上叠加附点节奏训练，通过耳、眼、口、手等多感官的体验感受，让学生构建与新疆文化对应的画面感，对歌曲产生新的认识，表达层次的音乐能力呈现螺旋式上升轨迹。

3. 直观出示，讲解认识附点节奏

出示附点节奏型，认识前长后短中间带小圆点的节奏，即附点节奏。回顾附点节奏带来的三个动作和身体乐器的表现。

（三）元素拓展，综合体验

1. 创设情境，反向感受附点节奏

学生寻找附点节奏带来的“来自新疆的音乐礼物”。

（1）身势伴奏，自主反应。第一首敲击身体乐器伴奏，教师稍加起势，学生自主聆听找出强弱规律进行敲击。

（2）听动组合，确认风格。教师播放三首曲目让学生进行听辨，语言点拨，引导学生对比感受民族风情，找出新疆乐曲。

①《嘎达梅林》：马头琴，节奏自由，旋律舒展。

②《阿细跳月》：三弦，节奏鲜明，旋律灵动跳跃。

③《掀起你的盖头来》：达卜，明显的附点节奏，热情活力。

◎环节设计意图：音乐学习要关注音乐要素的作用。先前一切的教学都是从新疆音乐中提取附点进行感受，在此环节则反其道而行，利用听辨曲目，让学生用附点去找出新疆音乐。其次，学生通过聆听三首不同民族的曲目对比回顾蒙古族、彝族的音乐特色和代表性乐器，综合检验学生的音乐记忆，既注重了知识的延续性，也为中高段民族音乐风格作品的听辨做好预设。学生音乐感知能力增强，能够在同一节奏贯穿的不同曲目中强化听觉体验，也能在不同民族风格曲目中找到音乐要素，产生敏锐的音乐听觉感知和理解音乐的能力。

（3）丰富形式，完整呈现。

①圆圈舞蹈，完整表演。学生在教师的带领下使用行礼、猫洗脸、步伐三个动作与铃鼓、音乐共舞，深入体验民族风格。

②师生互动，创意表现。教师与学生舞蹈互动，将新疆歌舞的美传递给每一位学生。

【教学流程】

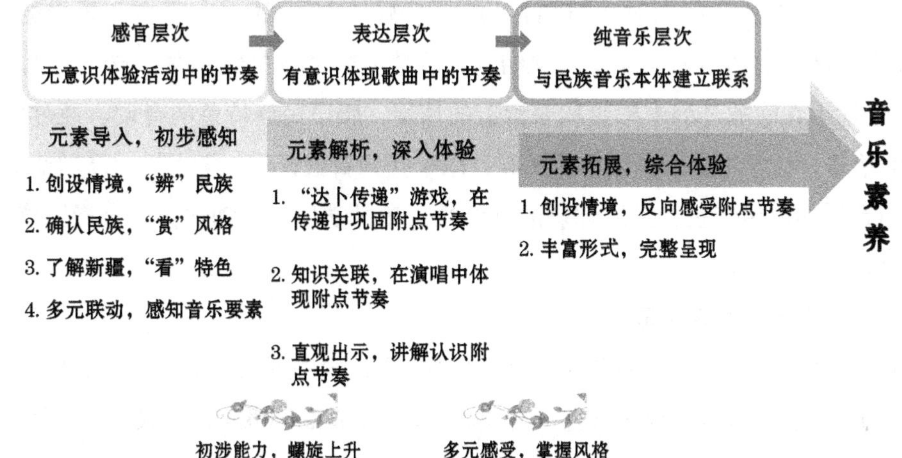

【教学反思】

本课以新疆音乐文化元素为指引，遵循“聆听，聆听，再聆听”的教学理念进行设计，用《达坂城的姑娘》《新疆是个好地方》带领学生感受新疆风情，用《嘎达梅林》《阿细跳月》《掀起你的盖头来》区别感受民族风格。学生能在音乐欣赏中思辨各民族音乐的不同，通过身势律动、乐器使用建立稳定的节奏感，从而完整体验新疆音乐。整个教学把发展学生的音乐听觉和培养学生对音乐良好的感知能力作为重点，最终让学生音乐素养能力呈现螺旋式地上升和提高。学生在精心设计的教学环节中展现了惊人的表现力，课堂参与度高。此次教学也给教师带来了以下几点思索。

1. 理念引领，要素先行

教学中以“四感三层”理念为引领，民族音乐为切入点，抓住典型节奏型，从整体感知入手，运用视觉感知，语言重复、舞蹈律动的教学手段进行无意识体验，从多感官体验出发，多层次进行探索，对比演唱，把握情境，调整状态，去有意识地表达，最后多元综合地表现（听辨曲目、单一表演、互动表演）与民族音乐本体建立联系，从而发展学生多感官表现音乐的能力，培养学生的音乐素养。

2. 拾级而上，内容多元

在课堂中设置节奏朗读和节奏型的舞蹈动作表现，再转为游戏化节奏教学，到编配身体乐器和打击乐表现节奏等不同参与方式，引导学生循序渐进地去感受民族音乐中的节奏特色，学生学得开心，感受深刻。层层递进的节奏训练都是从无意识的体验出发的，学生能够在多元的音乐活动中捕捉到节奏之美，充分体验音乐风格，为后续有感情地演唱新疆音乐和听辨新疆曲目打好基础。

3. 多觉联动，指向明确

通过乐器音色的帮助对比演唱《新疆是个好地方》，感受节奏在音乐中的体现，把握演唱情绪，感受民族风格。听唱结合，将教学指向由"会唱歌曲"转变为"感悟风格"，让学生在演唱过程中感受歌曲营造的情境，感悟民族特色的音调。通过创设找礼物的情景，让学生在不同风格的民族音乐中找到新疆音乐。学生根据已学节奏型关联不同音乐的风格特色，贯通知识的延续性，激励学生去主动学习，直指民族特色，有效提高音乐素养。

4. 多维表现，审美提高

最后综合表现环节梯度展开，在教师的引导下，学生用唱、奏、舞等方式去表达掌握新疆地区歌曲的节奏、风格特色，出现师生共同表演新疆歌舞的场景，也有师生互动表演舞蹈的画面。课堂始终将培养音乐感知能力和提高审美情趣作为教学目标。但在生本课堂的指导下，教师是否可以再大胆给予学生探索展现的空间，让学生重新组合教师教授的动作，呈现一个全新的舞蹈，或者选择一位学生代替教师与全班进行舞蹈互动，增添音乐的不确定性和表演的趣味性。如今的学生课外生活丰富且具备不少技能，只要能够给予足够的时间和空间，一定能创作出让人惊艳的作品，让我们的课堂百花齐放！

设计、执教：杭州市文三教育集团　定山小学　吴月影

指导教师：高峰、夏飞等

案例　综合课教学范式课例四　《非洲的灵感》（音乐文化式）

科目	中学音乐	内容	人音版义务教育教科书九年级 《非洲的灵感》
【教材分析】 本课以非洲音乐文化为基础，选取歌曲《阿伊亚——非洲的灵感》作为教学内容。这是一首带有领唱的无伴奏女声三重唱，是一首经过改编的中非民间歌谣，歌曲中没有歌词，只有"嗨呀，喵喵"一类的衬词，表现出相互思念、呼唤的情景。教材中的谱子非常简单，仅有的一句三声部旋律也是整首歌曲中重要的主题动机。按歌曲音频的完整演唱，可以根据演唱形式的变化分成三部分，中部加入的领唱让歌曲变得更有灵魂。歌曲中的三声部节奏相同，音高不同，大调和声，这些元素对于中学生来说比较容易完成演唱。			
【学情分析】 初三学生生理和心理处于逐渐成熟的变化阶段，已有一定的音乐知识储备，歌曲学唱能力较强。但由于特殊的生理阶段导致很多学生不愿意独自开口唱歌；从心理学角度看，学生独立性和依赖性、自觉性和冲动性等各种矛盾相互交错，心理变化剧烈，对外界的感受甚为敏感，同时参与的意识和交往的愿望在增强。因此，通过集体合唱的方式学习多声部歌曲，亲身参与体会和声效果是一种重要的审美感知。教学中设计由易到难、循序渐进的音乐活动，按照学生实际情况决定歌曲音调，贯彻参与性原则；设计趣味演唱活动，适当增加挑战难度，在传统的学习内容中强调适应时代需要的创新，保持愉悦性学习。			

续表

科目	中学音乐	内容	人音版义务教育教科书九年级《非洲的灵感》
【教学目标】 1. 审美情感：能够通过歌曲的演绎喜爱非洲音乐，感受节奏在非洲音乐中的主导作用，并了解非洲音乐对各国音乐发展的影响。 2. 过程方法：运用模仿、合作、演唱、创编等方法体会非洲音乐的和声感与节奏感，感受音乐即兴的魅力。 3. 能力认知：能够用自然的声音、准确的节奏和音准演唱三声部合唱曲，完成肢体律动互动及节奏创编。			
【教学重点】非洲节奏与三声部歌曲的学唱。			
【教学难点】通过创编节奏与律动配合来辅助歌曲的完整演绎。			
【教学方法】听唱法、多感官体验教学法、律动教学法、创编教学法。			
【教室位置】学生 12~15 人一组，分成三大组。			

【教学过程】

（一）节奏导入，初步感知

1. 调动课堂气氛，整体感受感知

播放南非世界杯主题曲 *Waka Waka* 来调动音乐气氛，带领同学们做简单的节奏律动，感受不同组别之间的节奏层次。

2. 节奏初步体验，抓取主要元素

（1）分声部打击，感受鲜明律动。出示节奏律动的三条节奏，分成三组进行拍手练习。

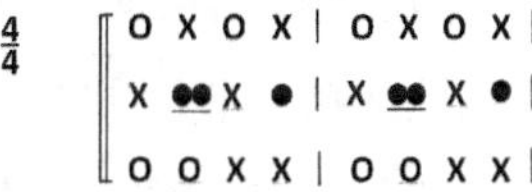

（2）多声部叠加，体验丰富重拍。将拍手改成敲击凳子，继续进行节奏的叠加。引导同学们发现非洲音乐强烈鲜明的节奏，多声部叠加后重拍出现的变化，简单的节奏也可以变得丰富。

3. 基于节奏元素，引出音乐动机

（1）提炼节奏，突出强弱。互动中老师加入鼓的演奏，请同学们模仿老师，区分强弱对比，打出 6 拍子节奏。

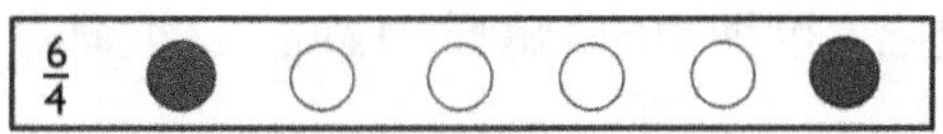

（2）配合节奏，引出旋律。学生用鼓继续打击 6 拍子节奏，老师在节奏中加入旋律演唱。

◎**环节设计意图：**从“节奏律动”这一切口入手，引导同学跟随着音乐动起来，在热情的音乐中感受强烈的节奏感。这带领学生充分体验了“四感”中的节奏感，积极调动了学生“三层”中的感官层次，以音乐要素来层层递进，比用更多的语言去解释效果会好很多。

（二）深入作品，解读演绎

1. 分声部演唱，体验探究和声音响

（1）学生模仿老师，口口相传。老师带领学生模仿演唱主干旋律声部，一改用钢琴伴奏的模式，保留非洲音乐最原始的传唱模式，进行口口相传。（出示谱例）

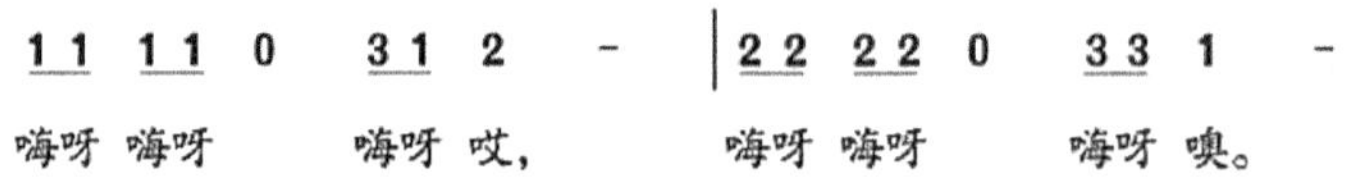

1 1 1 1 0 3 1 2 - | 2 2 2 2 0 3 3 1 -
嗨呀 嗨呀 嗨呀 哎， 嗨呀 嗨呀 嗨呀 噢。

（2）声部依次加入，层层递进。在主旋律的演唱基础上，用声音与手势示意另外两组学生进行高声部及低声部的模仿。三声部同时演唱，感受和声的层次。

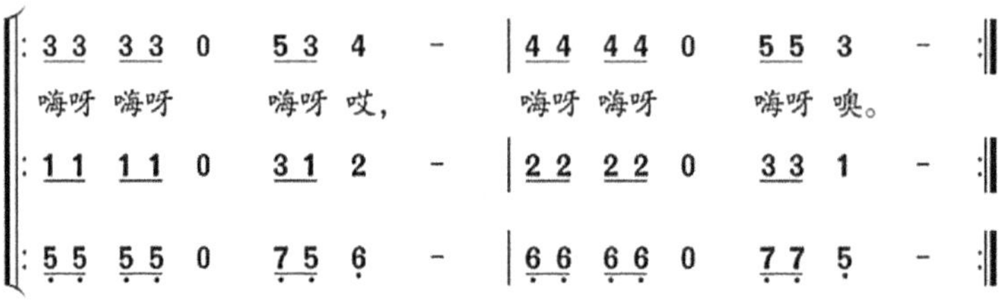

|: 3 3 3 3 0 5 3 4 - | 4 4 4 4 0 5 5 3 - :|
嗨呀 嗨呀 嗨呀 哎， 嗨呀 嗨呀 嗨呀 噢。
|: 1 1 1 1 0 3 1 2 - | 2 2 2 2 0 3 3 1 - :|
|: 5 5 5 5 0 7 5 6 - | 6 6 6 6 0 7 7 5 - :|

2. 细致化处理，模仿体验多种表达

（1）修饰唱法，辅助音色表达。引导学生用“叹气”的感觉演唱旋律，让歌曲的音色更加贴合非洲歌曲的特点。

（2）设计动作，把握情绪表现。老师示范眼睛看向远方，双手向前延伸至头顶，让歌曲情绪表现得更加虔诚，辅助学生找到重拍，更利于力度的变化。

3. 综合性表现，探究综合歌曲形式

（1）对比音频，深层品味歌曲。聆听歌曲《阿伊亚——非洲的灵感》，思考歌曲的演唱形式和歌词有什么特点。这是一首经过改编的中非民间歌谣，演唱形式是带有领唱的无伴奏女声三重唱。歌词中的“嗨呀，喵喵”这类词叫作衬词，表现出相互思念、呼唤的情景。

（2）加入领唱，多层表现歌曲。老师带领学生用6拍的鼓节奏作为前奏。三声部依次加入演唱，并加入双手的动作。老师加入领唱声部。三声部依次结束演唱。

◎环节设计意图：用身体律动来帮助演唱，尝试声部依次加入，和声的配合更能锻炼学生的听觉，学会相互聆听达到音乐课堂中“四感”的音色感，配合“表达层次”的丰满使得学生做到声部之间音量均衡和音准协调的“旋律感”。

（三）拓展提升，创编作品

1. 示范引导，模仿创编

（1）基于音乐文化，启发创作灵感。介绍非洲音乐的传播及对其他音乐文化的影响。如探戈、拉丁等。老师用鼓打击一条节奏，请同学们猜音乐风格，并引出附点与切分节奏在音乐风格中的重要性。请学生为《阿伊亚——非洲的灵感》进行附点切分的创编。

（2）基于节奏变化，改编歌曲风格。

①老师带领学生打鼓完成节奏打击（加粗为重拍）。

4/4 X.X X.X X **X**. | X.X X.X X **X**. | 4/4 **X** XX 0 **X** X | **X** XX 0 **X** X |
X.X X.X X **X**. | X.X X.X X **X**. | **X** XX 0 **X** X | **X** XX 0 **X** X |

②演唱两条变奏旋律，并跟随音乐伴奏演唱。

4/4 1.1 1.1 1 1. | 2.2 2.2 2 2. | 4/4 1 1 1 1 0 3 1 | 2 — — — |
嗨 呀 嗨 呀 嗨 呀　嗨 呀 嗨 呀 嗨 呀　嗨呀 嗨呀 嗨 呀　哎

3.3 3.3 3 3. | 1.1 1.1 1 1. | 2 2 2 2 0 3 3 | 1 — — — |
嗨 呀 嗨 呀 嗨 呀　嗨 呀 嗨 呀 嗨 呀　嗨呀 嗨呀 嗨 呀　噢

2. 合作探究，自主创编

（1）老师布置创编要求。每个小组创编一条长度为 4 拍的节奏。老师提供相应节奏型出示在黑板上。

（2）学生展示创编活动。每个小组的节奏展示和模仿挑选一条节奏，请组员把节奏组合出示在黑板上，全体同学打击这条节奏，作为连接动机。

3. 融汇形式，拓展呈现

（1）课外引申，举一反三。老师示范演唱几句《非洲之声》的片段，请同学们打击节奏，在歌曲中找找与所学歌曲的相同之处。这样更能帮助学生感受到非洲歌曲和节奏的特点。

（2）特点梳理，延伸拓展。总结非洲歌曲和节奏的特点：简单重复、一领众合、多声部演奏演唱。非洲音乐的共同点：即兴性。

（3）灵感梳理，多维呈现。将歌曲演唱、节奏互动、创编活动串联在一起讲述一个非洲黑奴思念家乡的故事。用回旋曲式的方式演绎“我们的灵感”。

【教学流程】

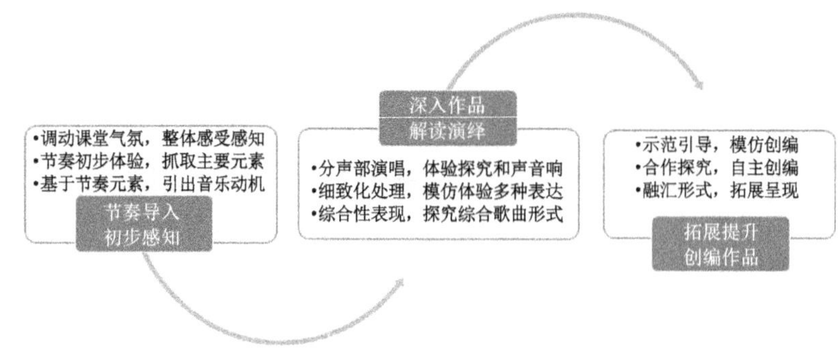

【教学反思】

1. 反复中体现层次

在课堂的学唱环节，通过步步引导、层层叠加的变化重复，让学生从易到难地完成多声部的歌曲演唱。从旋律出发，加入肢体动作的配合，手动带动心动，更能辅助歌曲以情感饱满的状态呈现出来。课堂的饱满体现在由点到面、纵向性发展，欣赏课中领会音乐作品的典型动机与作品背后的素材，学唱课才能掌握歌曲的旋律演唱及情感表达。

2. 配合中引导技能

课堂的环环相扣还离不开师生的配合，同时在配合中也引导了师生的每一项技能。在示范的时候一定是需要教师充分发挥探索精神，发挥个人特长。课堂内容的局限性反而可以让老师有更好的发挥空间，强化音乐体验，从课内到课外，从导入到拓展，将音乐要素之间微妙的变化撕碎再融合，可以成为课堂的调味剂。

3. 创编中激发灵感

创编是学生的创造性行为，虽然可能粗糙、不成熟，但是需要同学们的关注和老师正确的引导。如创编的节奏长度为 4 拍，结合老师黑板上提供的一些节奏型创作，学生的创作可以在有限的范围内得到更有效的灵感。

4. 表演中诠释精髓

非洲音乐的创作是随心而发的。在情景创设下，用故事线串联学习的内容，不仅让学生真切感受到非洲人民对音乐的无限热爱，同时又能让学生在课堂里玩起来，使其发现非洲音乐并不遥远。

此课曾获杭州市中学优质课赛课一等奖

设计、执教：杭州翠苑中学　姜盼婧

指导教师：高峰、王鸣、范琳等

第七章 音乐学科多元化学业评价

音乐评价不应该只是一把尺子，

用统一的标准去衡量不同的人。

而更应该是一面镜子，

照出、折射出每个人不同的闪光点。

——高峰

学业评价是指以国家的教育教学目标为依据，运用恰当的、有效的工具和途径，系统地收集学生在学科学习中认知行为上的变化信息和证据，并对学生的知识和能力水平进行价值判断的过程。音乐学科的学业评价应充分体现全面推进素质教育的精神，贯彻音乐课程标准所阐述的课程理念，着眼于评价的诊断、激励与改善的功能，对课程的实施起着重要的导向和质量监控的作用。评价的目标功能、目标体系和方式方法等各方面都直接影响着课程培养目标的实现，影响着课程功能的转向与落实。科学的学业评价，有利于学生了解自己的进步，增强学习的信心与动力，有利于教师反思自己的教学，有效改进教学，促进课程教学质量的不断提高。[①]本章节重点阐述对学生音乐学业评价的区域模式和校本模式。

第一节‖ 音乐学业评价的区域探索

音乐学业的评价，不仅仅局限于单纯地对音乐知识与能力等纸面上的内容进行评价，而是应该进行多方面的、概括的、持续的评价，必须评价包括学习者的态度、能力等在内的实际状态，并且在采取相应措施方面做出努力。[②]2017年9月，浙江省开展小学生综合评价改革试点工作。西湖区作为首批试点区，根据浙江省小学生综合评价改革试点要求，以学科分项等级评价为抓手，全域、全面、全过程地推进小学生综合评价改革试点工作。西湖区是开展学科分项等级评价最早的区域之一，自20世纪90年代初就开始实践，1999年以省市课题为引领，实施区域音乐分项等级评价，逐步摸索和形成了一个较为科学合理的评价模式，到目前已有20余年实践经验。此次，根据浙江省评价改革主要精神和新时期教育评价理念，并结合原有基础和区域实际，西湖区以学科核心素养为导向，进一步完善音乐学科分项等级评价标准与细则，进一步完善各校音乐学科评价与实施方案，进一步丰富和拓展评价方法、策略与路径，有序推进综合评价改革工作在全区的落地，有力推动区域音乐学科健康发展，进而有效提升学生音乐素养。

一、分项等级评价标准

学生音乐分项等级评价应突出学科特点，凸显课程性质，以音乐学科素养为导

① 中华人民共和国教育部．义务教育音乐课程标准［M］．北京：北京师范大学出版社，2011.
② 高萩保治．音乐学科教学法概论［M］．缪裴言，林能杰，缪力，译．北京：人民音乐出版社，2006：197.

向，关注学生的音乐情感体验、审美感知、艺术表现和文化理解等素养的发展，注重音乐基本素养在实际音乐情境或活动中的综合运用，使教学与评价相结合、定性与定量相结合、终结性评价与形成性评价相结合、自评互评和他评相结合，真正发挥评价的诊断、激励与改善等功能。学科分项主要从学生的学习表现出发，包括知识与技能、过程与方法、情感·态度·价值观三个维度，从评价的操作性出发，将课标中的三个维度归类为音乐学习过程和音乐学习水平两个方面的评价来分项实施，同时将“创造”和“音乐与相关文化”内容整合到感受与欣赏领域、表现领域之中，在这两个领域的内容标准中有所体现，不再单独分项。

音乐学习过程的评价主要是关于学生在音乐学习过程中的情感、态度、价值观、过程与方法等方面的评价，如课堂参与、学习表现、学习兴趣、学习方法、国家音乐课程的落实情况、学生参与学校课外音乐教育活动的情况等。

音乐学业水平主要是对学生的学习结果及能力水平的评价。重点评价学生的音乐“感受与欣赏”“表现”两个学习领域的学习情况，以及在欣赏与表现过程中所表现出来的创造思维和创造能力、音乐文化理解等素养。为体现学生的课外音乐学习情况，标准中增加了特长展示内容，主要是针对少部分有音乐特长学生的学习情况进行评价。据此，确定了各年级学科分项等级评价标准和学业水平评价标准。下表为西湖区制定的三年级音乐学业水平评价标准。

三年级音乐学业水平评价标准

（一）内容标准

评价维度 学科分项		评价内容	内容标准
基础指标	感受与欣赏	音乐表现要素、音乐情绪与情感、音乐体裁与形式、音乐风格与流派	1. 音色：认识了解教材中重点呈现的中国民族乐器（二胡、笛子、古筝、琵琶、唢呐、笙）、西洋乐器（钢琴、电子琴、小提琴、手风琴、口琴、吉他）和人声分类（女高音、女中音、男高音），并能听辨其音色。 2. 节奏：认识并听辨出由二分音符、四分音符、八分音符等单纯音符组成的简单节奏，并能听辨密集与宽松的节奏变化。 3. 节拍：在音乐中感受 2/4、3/4 两种节拍，并能做出相应的反应。 4. 速度：能在音乐中感受快速、中速和慢速的变化。 5. 旋律：感受旋律行进特点，能听辨感知乐句旋律的重复和变化。 6. 结构：认识和了解乐句的概念，能听辨简单歌曲中的乐句（2~4 句）。 7. 表现形式：感受和了解器乐独奏、民乐合奏、小提琴协奏等不同的器乐表现形式，了解和听辨各种演唱形式（如独唱、齐唱、二重唱、轮唱、合唱等）。 8. 情绪与情感：能感受音乐中不同的音乐情绪（欢快明朗、宽广抒情、雄壮有力、悲伤等），并做出相应的体态反应。 9. 音乐主题：听辨主题旋律的重复与变化，并能记住 4~6 首经典乐曲的主题，能说出曲名。 10. 作曲家：了解中国作曲家冼星海、刘天华。

续表

学科分项 \ 评价维度		评价内容	内容标准
基础指标	表现	演唱	1. 学会演唱的正确姿势及呼吸方法，能够对指挥动作及前奏做出恰当的反应。 2. 能用自然的声音，自信地演唱，具有一定的表现力。 3. 初步建立和声的概念，能进行简单的二声部轮唱与合唱。 4. 能够对自己和他人的演唱从音准、节奏、表现力等方面做简单评价。 5. 能够背唱 4~6 首歌曲。
		演奏	1. 能运用身体乐器或选择合适的打击乐器为歌曲伴奏。 2. 学习一种课堂乐器，掌握演奏的基本方法，养成良好的演奏习惯，参与歌曲或乐曲的演奏。 3. 能对自己和他人的演奏从演奏姿势、方法、音准、气息、表现力等方面进行简单评价。 4. 每学年能够演奏简单乐曲 2~4 首。
		综合性表演	1. 能和他人一起运用所学的音乐表现形式围绕主题或特定情境进行表演。 2. 能模仿学习简单的戏曲动作并随音乐模唱。 3. 能对自己或他人的表演进行简单评价。
		识读乐谱与编创	1. 认识二分音符、四分音符、八分音符、十六分音符、四分休止符、八分休止符、全音符和各种音乐记号，如延长音记号、反复跳跃记号、顿音记号。 2. 认识音名与唱名：5 6 7 1 2 3 4 5 6 7 1 2。 3. 能选择合适的音符和节奏将简单旋律补充完整。 4. 能根据节奏谱进行模仿拍击。 5. 能准确演唱由 3–5–6 组成的基本音列或简单旋律。
发展指标	特长展示		在基础性学业质量标准之外，能展现某方面的艺术特长（包括声乐、器乐、舞蹈、戏剧、戏曲等）。

（二）分项等级标准

学科分项	等级	评价标准
感受与欣赏	优秀	1. 具有较强的音乐感受与欣赏能力，能快速、准确地听辨本年级要求的各种音乐表现要素、体裁与形式、风格与流派等，能听辨出经典乐曲主题至少 6 首，并说出曲名。 2. 具有较丰富和敏感的音乐情绪与情感体验能力，善于通过语言描述或肢体动作较为准确地表达对音乐的感受。
	良好	1. 具有一定的音乐感受与欣赏能力，能较准确听辨本年级要求的各种音乐要素、体裁与形式、风格与流派等，能听辨出所学经典乐曲的主题 4~5 首，并能说出曲名。 2. 具有一定的音乐情绪与情感的体验能力，并能通过语言描述或肢体动作表达对音乐的感受。
	合格	1. 具有基本的音乐感受与欣赏能力，能基本听辨出本年级要求的部分音乐要素、体裁与形式、风格与流派等，能听辨出所学经典乐曲的主题 1~3 首，并能说出曲名。 2. 具有初步的音乐情绪与情感的体验能力，在教师引导下能通过语言描述或肢体动作表达对音乐的感受。
表现	优秀	1. 熟练掌握音乐相关表现形式（如唱、奏、演、动、舞、创）的知识与技能。 2. 演唱和演奏的姿势和方法正确，音准、节奏准确，乐曲表达完整，能背唱歌曲 5~6 首，演奏乐曲 3~4 首。 3. 具有较强的表现力（速度、力度、感情等处理得当，流畅性较好）、自信心和创意表达的能力，能较好地表达出音乐作品的情感、风格、音乐形象或意境。
	良好	1. 基本掌握音乐相关表现形式（如唱、奏、演、动、舞、创）的知识与技能。 2. 演唱和演奏的姿势和方法正确，音准、节奏较准确、乐曲表达较完整，能背唱歌曲 3~4 首，演奏乐曲 2~3 首。 3. 具有一定的表现力（速度、力度、感情等处理符合音乐表现基本要求，流畅性较好）和自信心，能在教师引导下较准确地表达出音乐作品的情感、风格、音乐形象或意境。

续表

学科分项	等级	评价标准
表现	合格	1. 初步掌握基本的音乐相关表现形式（如唱、奏、演、动、舞、创）的知识与技能 2. 演唱和演奏的姿势和方法基本正确，音准、节奏基本准确，能背唱歌曲 2~3 首，演奏乐曲 1~2 首。 3. 具有初步的表现力（有对音乐速度、力度、感情等方面的处理，音乐表现基本流畅），能够在公众面前进行一定的表演，能基本表达音乐作品的情感、风格、音乐形象或意境。
特长展示	优秀	较好地掌握所学特长的知识与技能，特长展示（或表演）具有较高的水平及较强的表现力。
	良好	基本掌握所学特长的知识与技能，特长展示（或表演）具有一定水平及表现力。
	合格	初步掌握所学特长的知识与技能，特长展示（或表演）具有初级水平和基本的表现力。

二、分项等级评价细则特点

2017 版普通高中音乐课程标准明确指出，音乐学科的核心素养是审美感知、艺术表现和文化理解。[①] 从小学到高中是一个整体，因此，义务教育阶段的音乐学科核心素养培养也大体呈现这个方向。音乐学科培养的核心素养在学科领域更多地指向学科的关键能力，即学生的欣赏听辨能力、演唱演奏能力、识读乐谱能力和综合表演能力等。

在全程参与学科分项等级评价细则研制的过程中，笔者深深体会到本次综合评价改革的推动性和全面性。音乐学科分项等级评价包括评价标准、评价方法和实施建议。其中评价标准又包含了学习过程评价等级标准、学业水平评价标准和分项等级标准。而学业水平评价标准则具体涵盖了 1~9 年级的内容标准。细细解读评价细则与评价操作建议，具有以下特点。

1. 基于音乐要素，更具音乐性

音乐是听觉艺术，学科教学需要具有学科特性——音乐性，因此在学科评价中也应该体现音乐性。各年级的内容标准围绕音乐要素——情绪、节奏、速度、力度、旋律、节拍、音色、体裁、结构等制定，为教师的日常教学与评价指明了方向，凸显了音乐学科的音乐属性。

2. 基于学习内容，更具实践性

音乐是实践性很强的学科。音乐学习内容中的欣赏、歌唱、器乐、综合性表演和创造等都需要亲身实践。各个年级的教学内容非常清晰，教学序列也逐步明朗。体验、模仿、探究、合作与综合的过程，使教学与评价更加具体化，也更具实践性。

3. 基于评价维度，更具多元性

义务教育音乐课程标准指向情感态度与价值观、过程与方法、知识与技能三个维

① 中华人民共和国教育部．普通高中音乐课程标准［M］．北京：人民教育出版社，2017.

度，学科的评价现阶段也是指向三维目标。但在提倡学科核心素养的当下，我们的学科评价标准与细则制定还应结合新修订的高中音乐课标所阐述的学科核心素养，即审美感知、艺术表现和文化理解，将这三者与三维目标进行有效整合与融合。

4. 基于评价指标，更具层次性

音乐审美具有主观意向，艺术表现也具有主观意愿，因此很难用分数来准确衡量。在经过多次研究、协商和论证的基础上，音乐学科采用优秀、良好、合格、待评的等级制评价。在某一项音乐能力达到一定程度的时候，可以在同一区间上下浮动。这既肯定了学习者的学习成果，又保护了学习者的学习积极性，同时激发了学习者的学习热情和欲望，使之追求更加优异的学习成绩。这体现了学科评价的层次性。

5. 基于省均水平，更具普适性

鉴于全省范围内在教育投入、学科教学、师资水平、生源状况等的差异，在标准制定过程中充分考虑了这些因素，将达成标准适当放低，以便能够适应全省不同区域的实际，体现了标准的普适性。但作为试点区的西湖区，我们应该就高不就低，不人为降低标准，而是应该在原有基础上，通过加大投入、加强学科建设、提升教师水平和改善生源结构等途径，逐年稳步提升。同时缩小城乡教育差距，力求高位均衡发展。

6. 基于评价方法，更具操作性

针对音乐学科的不同学习板块，可以有不同的操作方法。比如在感受与欣赏领域，在学期末采用听音乐书面答题的形式进行，采用百分制评分。西湖区一直采用答题卡电脑阅卷的形式。对表现领域的评价可以采用现场的个体表演、集体表演、录音、录像等形式，重点从唱（奏）姿势、唱（奏）方法、准确度（音准、节奏、完整性等）、表现力（速度、力度、流畅性、感情等）四个维度的指标对学生的音乐表现能力做出合理评价。识读乐谱可结合感受与欣赏或其他表现领域的测评，采用书面、电脑或现场表现的方式进行评价。特长展示评价可根据学生的现场展示情况测评，并可在“评语栏”用语言进行描述性评价。最后的呈现方式既可以是几项成绩相结合，采用等级制予以综合评定；也可以分别就感受与欣赏、音乐表现和特长展示分块分项呈现。[①]

三、分项等级评价区域模式

教学评价是依据教学目标对教学过程及结果进行价值判断并为教学决策服务的活

① 高峰．音乐学科分项等级评价的区校联动模式研究［J］．中小学音乐教育．2020（4）．

动。[1]在浙江省音乐学科分项等级评价标准的基础上，为了更好地推进区域学科分项等级评价工作，使之更具西湖特色，我们做了更进一步的区域探索。

（一）基于标准，新理念引领

对于浙江省制定的学科评价标准，首先要让老师读懂会用，提升其评价的基本理念，这样才能使标准落地。我们在教研组长和全体教师等不同层面组织解读标准、理解标准、读懂标准，继而达成会用标准的目的。音乐学科的评价工作千头万绪，有评价的理念、评价的内容、评价的策略、评价的方法，甚至是评价的评价等。在省里统一的要求下，既做到规范有效，又能够结合区域实际创出特色，是尤为重要的，因为区域层面的推进，对于全区学校来讲就是一种导向。

1. 基于学科核心素养培育的学业评价

我们的学、教、评都应该围绕学科核心素养来开展。教学面向的是全体学生，评价更应该面向全体学生。学科的核心素养是音乐学习的目的地，也是始发地。在学业评价上，我们应该从原先的三维目标指向过渡到核心素养指向。三维目标指向的评价维度是情感态度、过程方法和知识技能，而核心素养指向的评价维度则应该是欣赏感知、艺术表现和文化理解。因此，基于学科核心素养培育的学业评价才是当下最符合学生全面发展的评价。

2. 分项是核心与关键

分项如何分？以什么标准分？每一门学科都有最基本的能力素养。音乐学科的核心素养与关键能力就是对音乐音响的欣赏感知、演唱演奏、综合表演及文化理解等，再加上对音乐学习的情感态度与价值观。分项的目的是为了更加全面而客观地评价一个学生在音乐学习中的各个方面。对于不同的学生来说，不同的学习内容有不同的学习兴趣和困难点，教师在教学中应该帮助学生更好地学习音乐。同时，每一个个体在各个学习领域都有长短，各项能力素养的发展也不均衡。因此，分项评价就应运而生。

3. 等级是路径与外显

在分项的基础上，采用等级制评价，而非百分制或者分数制评价。其目的第一是为了更加有效地发挥评价的激励功能，让每一位学生能够在原有基础之上更进一步；第二是体现模糊评价的优势，采用优秀、良好、合格、待评或者 A、B、C、D 的等级制，有效规避了分数制的弊端。尤其是音乐学科，一个学生的演唱优劣，不是用分数能够

① 杜宏斌. 浙江省中小学学科教学建议［M］. 杭州：浙江教育出版社，2015：164.

准确评价的，90分和95分都是优秀，孰优孰劣，仁者见仁、智者见智。

同时，音乐学科的评价应该注重过程性评价的操作。为此，我们基本规范和统一制作了全区音乐学科过程性评价的记录表。在此基础上，各校结合校情可有不同。

西湖区音乐学科分项等级评价记录表

项目 学生	情感态度	审美感知		艺术表现				特长	
		欣赏	听辨	演唱	演奏	识读乐谱	综合表演	项目	成绩
1									
2									
3									
4									
5									
……									

（二）基于教研，让标准落地

在统一了评价理念和操作规范之后，通过有效的区域教研，使标准有效落地。

1. 片组交流，深入教研

西湖区组织了主题为“分项等级评价，促进多元成长”的分片音乐评价研讨活动。小学6个片50多所学校的教研组围绕自己学校的音乐分项等级评价方案进行了深入的研讨交流。大家对各自学校的评价操作方法讲述得条理清晰。这些评价方案既符合分项等级要求，又有自己的创新特色。教师们从音乐课程三个维度“情感·态度·价值观、过程与方法、知识与技能”与课程的四个领域“感受与欣赏、表现、创造、音乐与相关文化”出发，根据不同年级的学习要求，参照相应年级的具体评价标准，在纵向、横向的评价标准上都进行了统一的系统规范化，在立足音乐审美、突出学科特点、体现学段差异、重视表现领域和加强评价过程五个方面开展有效的音乐学科分项评价交流，体现了以三维目标为核心、以核心素养为导向的新评价体系特征。

2. 现场展示，共研分享

西湖区音乐学科分项等级评价现场会交流展示了两节评价现场课。评价现场课的导向是立足音乐本体，在体验中多元评价。这给全区教师带去在评价操作中的一点建议、一个蓝本和一些思考。

评价案例1　五年级评价课《争星游园会》。以信息技术和iPad为载体，老师化身为“星光大道”的主持人，带领着“银河之星”“闪亮之星”“启明之星”“北斗七星”这四个小队展开了激烈的比拼。通过听辨节拍、演唱形式、民族、地区、乐段、节奏，以及融入演唱、打击乐器、身体乐器、杯子节奏的综合表演等音乐素养内容，设计了个人赛“群星闪耀”、晋级赛“众星捧月”及小组赛“星满校园”。每个赛段都有不同的加分规则，小选手们根据自己的答题情况给自己加星，最后根据他们的累计得星数角逐出“艺乐金星”“艺乐银星”“艺乐铜星”。整堂课将信息技术和音乐评价有机结合，利用 iPad 对学生答题的准确率快速地进行了数据的分析与反馈，帮助教师第一时间了解和掌握学生的学习状况。课堂教学过程层层递进，通过自评、互评、他评、生评、师评等多种评价形式引导学生进一步学习音乐，更好地感受体验音乐。

本课教学设计、执教：杭州市三墩小学　王丽娟

指导教师：杭州市西湖区教育发展研究院　高峰、南霞

评价案例 2　三年级评价课《音乐小达人》。通过“我是歌手”“节奏大师”“听辨达人”这三个关卡评选出最后的“音乐小达人”。在第一关，教师通过“我爱记歌词”和“我会唱”这两个环节，让孩子们在师生接唱、完整演唱的不同层次中巩固学习过的歌曲并进行不同形式的有效评价。第二关，首先迎来的是“记忆大比拼”，在这一环节中，教师设计了一个非常新颖有趣的音乐抢答环节。四个小组每组一个打击乐器，学生通过演奏乐器的快慢进行抢答，有音乐，有氛围，有刺激，有挑战。接着进入“节奏拼图”环节，通过小组的力量将教师提供的节奏用节奏贴纸拼凑出来。最后一关，教师用了抽签的方式让学生以小组为单位听辨乐器音色，还进行了小组的歌曲表演展示，让学生在聆听、演唱、律动、讨论的过程中提高音乐学习能力，增强音乐团队合作。

本课教学设计、执教：杭州市保俶塔实验学校　应亚文

指导教师：杭州市西湖区教育发展研究院　高峰、邬淑颖

（三）基于评价，探区域监测

为了全面了解区域中小学生艺术（音乐）素养的总体水平，了解区域艺术（音乐）课程实施和课堂教学状况，以及影响艺术（音乐）教育质量的主要因素，应加强音乐学科日常教学的监测与评价，促进教师关注质量形成的过程，科学运用评价结果，诊断与改进教育教学，发挥教育评价的积极导向作用，提升全区中小学生艺术（音乐）素养。

区域监测力求能力导向和素养指向，引导教师夯实日常课堂教学，提升学生的音乐欣赏听辨能力和表现能力，非死记硬背，而是聆听感受体验之后的内化与生成。注

重音乐要素听辨和综合能力的运用，正确掌握演唱、演奏、表现与合作技能，提升音乐素养。历经10余年的实践，不断地总结与改进，西湖区形成了“欣赏听辨+表现表演”的区域音乐学科监测模式。欣赏听辨主要监测学生个体的音乐欣赏听辨的能力及学习效果；表现表演监测学生群体的表现能力及学习成果，可以是班级合唱、班级器乐等。这样的监测模式具备实效性、针对性、主题性、音乐性和体验性强五个特征，符合音乐学科面向全体的齐唱、齐奏、合唱、合奏等日常教学样态，凸显了音乐学习监测的学科属性。

区域监测体现出三个特点：常态——常态的真教育，监测依据课标，注重常态教学，丰富与完善监测形式；全面——全面的质量观，面向全体学生，追求全面发展，注重个性培养，每一位学生不一定要达到相同的高度，但都要合格，是可持续、整体、和谐、全面的科学质量观。素养——学科关键能力，欣赏感知、演唱演奏、识读乐谱、综合表现等。在监测工具的开发上，力求做到七个立足，充分体现音乐学科评价特点。

1. 立足常态，注重日常质量

监测立足常态教学，抽取小学、初中某年级各一个班级进行监测。欣赏聆听监测内容为小学3~6年级，初中1~3年级。表现板块依据中小学歌唱和器乐教学要求，测查学习的一首歌曲或乐曲。监测是为了检验日常音乐课堂教学的有效性，引导教师注重日常教学，向常态40分钟课堂要质量。因此，在监测命题的开发中，体现课标精神，通俗讲即“教什么”“考什么”，从中检验学校教学管理与实施的规范性、有序性和科学性，以及课程开设的严谨性、教师课堂教学的有效性和落实性。

2. 立足学科，体现音乐属性

监测立足音乐学科特点，遵循音乐学科是听觉艺术的客观规律，采用以音乐的节奏节拍、速度力度、旋律乐句、音色、音乐体裁和风格等为主的听辨，以答题卡的形式，尽可能客观地评价学生的音乐欣赏听辨能力，培养学生最基本的音乐鉴赏能力。同时，音乐又是表现艺术，学科关键能力是通过演唱、演奏等主要载体表现出来的。音乐学习也更多是通过集体学习的方式呈现的。因此，用班级齐唱、齐奏、合奏或合唱的方式监测音乐学习效果，则更好地体现了音乐学科的学科属性和学科本质。

3. 立足师生，重学、教、评一致

监测立足教师和学生，体现以人为本的教育理念，以发展的眼光看待学生的学和教师的教。通过欣赏听辨，适度评价学生对音乐整体及各要素的理解和掌握情况；通过演唱、演奏适度评价学生对歌曲、乐曲的熟练程度与表现力。一是检测学生对音乐学习内容、知识和技能的实际掌握与灵活运用程度，从听辨单一音乐要素到围绕同一作品各音乐要素的综合听辨，进一步提高学生综合听辨音乐的能力，体现了学生综合听辨能力培养的重要性。同时，表现板块需要学生能够将学习的知识技能通过演唱演奏形式等表现出来，这中间涵盖了情绪、速度、力度、旋律和演奏技巧等多种元素，既有个人表现能力的体现，又有集体的默契合作体现。二是检测教师对教材的系统认知、解读，重点和难点的把握，教学的系统性，教学方法策略的运用等，教材中该让学生掌握的知识与技能有没有落实，落实得如何，实际掌握情况如何等，真正注重了学、教、评的一致性。

4. 立足诊断，分项监测评价

浙江省小学生综合评价改革工作强调学科的分项等级评价，发挥评价的导向、激励和诊断功能。在学校评价中，注重分项等级评价，更多地趋向于对学生音乐学习的激励和导向性，培养学生的学习兴趣，激发学生更投入地学习音乐。而作为区域性的监测评价，则更多趋向于教学的诊断性。区域监测从欣赏聆听和表现表演两个板块进行分项监测，欣赏听辨以分数的形式体现，表现表演则以等级制 + 赋分的形式体现，更好地激发学校、教师和学生向高一等级靠拢，力争优秀等级。

5. 立足素养，注重能力表现

必备品格和关键能力是素养的重要组成部分，而音乐素养则涵盖了审美感知、艺术表现和文化理解，这三者是相互独立又相互融合的有机整体。一个人的音乐素养更多的是从音乐表现中体现出来的，因此，在欣赏听辨的基础上，进行齐唱表现的监测，更多地从表现层面来检测学生的音乐表现能力，可以更好地诠释音乐素养习得与养成的要义，也从一方面体现教师在教学中如何从培养学生音乐素养的角度入手，运用了哪些素养培养的方法和策略。

下面是 2018 年中学八年级和 2019 年小学六年级区域艺术监测试卷。

学校________ 班级________ 姓名________ 学号________

2018 年初中八年级音乐监测试卷

2018 年西湖区中小学生艺术素养监测

（八年级音乐）

第一板块：欣赏听辨（50%）

第 1 题 听辨演唱形式：聆听下列歌曲片段，选择演唱形式。（每曲播放 1 遍）（9%）

1. 第一首　　2. 第二首　　3. 第三首

A. 合唱　　B. 领唱 + 齐唱　　C. 领唱 + 合唱

第 2 题 综合听辨：聆听藏族民歌片段，回答下列问题。（音乐播放 2 遍）（6%）

1. 它被认为是藏族的宫廷歌舞，属于藏族民间哪种歌舞音乐体裁？（3%）

A. 弦子　　B. 堆谐　　C. 囊玛

2. 歌曲的曲名是？（3%）

A.《天路》　　B.《阿玛勒火》　　C.《正月十五那一天》　　D.《献上洁白的哈达》

第 3 题 综合听辨：聆听歌曲《雪绒花》，回答下列问题。（音乐播放 2 遍）（9%）

1. 歌曲的节拍是？（3%）

A.2/4　　B.3/4　　C.4/4　　D.3/8

2. 下面哪一条旋律在全曲中先后出现了三次？（3%）

A. 3 – 5 | 5 6 7 | $\dot{1}$ – – | $\dot{1}$ – – |　　B. 3 – 3 | 4 – – | 3 – 3 | 4 – – |

C. 3 – 5 | $\dot{2}$ – – | $\dot{1}$ – 5 | 4 – – |　　D. 3 – 3 | 3 4 5 | 6 – – | 5 – – |

3. 下列对于歌曲的描述，哪句是正确的？（3%）

A. 选自音乐剧《音乐之声》，歌曲为两段体结构

B. 选自音乐剧《悲惨世界》，歌曲为两段体结构

C. 选自音乐剧《音乐之声》，歌曲为一段体结构

D. 选自音乐剧《悲惨世界》，歌曲为一段体结构

第 4 题 综合听辨：聆听《御风万里》片段，回答下列问题。（音乐播放 3 遍）（12%）

1. 这段音乐始终贯穿着一条主题旋律，它的名称是？（3%）

A.《黄河船夫曲》　　B.《黄河纤夫曲》　　C.《黄河船歌》　　D.《黄河大合唱》

2. 这段音乐的主要演奏乐器是哪两件？（3%）

A. 单簧管和圆号　　B. 单簧管和小号　　C. 双簧管和圆号　　D. 双簧管和小号

3. 这段音乐呈现了两个主题旋律，分别代表着我国的两个民族，它们是？（3%）

A. 汉族和藏族　　B. 汉族和蒙古族　　C. 藏族和哈萨克族　　D. 汉族和哈萨克族

4.《御风万里》是郭文景为迎接香港回归而创作的，作品的音乐体裁是？（3%）

A. 协奏曲　　B. 交响诗　　C. 交响序曲　　D. 交响音画

第5题　综合听辨：聆听两个音乐片段，回答下列问题。（音乐播放3遍）（14%）

1. 这是一首交响诗，它的名称是？（3%）

A.《图画展览会》　　B.《黄鹤的故事》　　C.《沃尔塔瓦河》

2. 第一段音乐前半部分由两件乐器交替演奏，表现两股山泉潺潺而流的音乐形象，这两件乐器是？（4%）

A. 长笛和单簧管　　B. 短笛和单簧管　　C. 短笛和双簧管　　D. 长笛和双簧管

3. 第一段音乐结尾部分是整首作品的主题旋律，它的主奏乐器是？（3%）

A. 小提琴　　B. 中提琴　　C. 大提琴　　D. 低音提琴

4. 第二个片段表现的是捷克乡村婚礼场景，取材于哪种音乐体裁？（4%）

A. 圆舞曲　　B. 波尔卡舞曲　　C. 探戈舞曲　　D. 伦巴舞曲

第二板块：表现展示（50%）

第6题　课堂乐器：同学们，你们平时音乐课都有学习课堂乐器吧！下面要检验一下你们的学习成果。请同学们拿出课堂乐器，齐奏一首本学期学过的最拿手的乐曲。

学校________ 班级:________ 姓名:________ 学号:________

2019 年小学六年级音乐监测试卷

2019 年西湖区中小学生艺术素养监测

（六年级音乐）

同学们好！贝多芬说，音乐是比一切智能、一切哲学更高的启示。小学阶段，我们聆听和学习了很多音乐。下面，我们就从聆听和表现两个板块来做个测试。

第一部分：欣赏听辨（100%）

第 1 题 请听歌曲，选择这首歌曲的演唱形式。（播放 1 遍）

A. 独唱　　B. 轮唱　　C. 合唱　　D. 重唱

第 2 题 请听歌曲，选择这首民歌产生和流行的地区。（播放 1 遍）

A. 湖南　　B. 江浙　　C. 河南　　D. 云南

第 3 题 请听乐曲，选择正确的音乐体裁。（播放 1 遍）

A. 舞曲　　B. 摇篮曲　　C. 进行曲　　D. 圆舞曲

第 4 题 请听歌曲，选择这首歌曲出自以下哪部作品？（播放 1 遍）

A. 歌剧《女武神》　　B. 歌剧《图兰朵》　　C.《音乐之声》　　D.《炎黄风情》

第 5 题 请听乐曲，选择是由哪种乐器和乐队演奏的？（播放 1 遍）

A. 笛子和乐队　　B. 唢呐和乐队　　C. 钢琴和乐队　　D. 京胡和乐队

第 6 题 请听歌曲，选择其正确的演唱形式以及属于我国哪个地区？（播放 1 遍）

A. 轮唱 浙江　　B. 合唱 浙江　　C. 合唱 江苏　　D. 轮唱 江苏

第 7 题 请听音乐，选择符合旋律的图形谱？（播放 2 遍）

A.　　B.

C.　　D.

第 8 题 请聆听下列 6 个音乐片段，选择主要演奏乐器。（播放 1 遍）

8. 第一首　9. 第二首　10. 第三首　11. 第四首　12. 第五首　13. 第六首

A. 电子琴　B. 手风琴　C. 小提琴　D. 大提琴　E. 古筝　F. 二胡　G. 唢呐　H. 笙

第 9 题 请听戏曲，回答下列问题。（播放 1 遍）

14. 这是哪个剧种？

A. 越剧　　B. 京剧　　C. 豫剧　　D. 黄梅戏

15. 正确的作品名称是？

A.《迎来春色换人间》　B.《要学那泰山顶上一青松》

C.《包龙图打坐在开封府》　D.《你待同志亲如一家》

第 10 题 请听歌曲，回答下列问题。(播放 2 遍)

16. 歌曲有几个乐句组成?

A.2　B.4　C.6　D.8

17. 其中前两个乐句旋律的总体走向是?

A. 上行　B. 平行　C. 下行　D. 波浪行进

第 11 题 请听管弦乐，回答下列问题。(播放 2 遍)

18. 乐曲表现的是什么音乐形象?

A. 骏马　B. 奔牛　C. 喜羊羊　D. 小毛驴

19. 乐曲选自哪首管弦乐作品?

A.《大峡谷组曲之日出》　B.《大峡谷组曲之羊肠小道》

C.《大峡谷组曲之日落》　D.《大峡谷组曲之赤色沙漠》

第 12 题 请听乐曲，回答下列问题。(播放 2 遍)

20. 乐曲中反复出现的是下面哪个节奏型?

A. X.X　X X | XXXX　X X |　B. X X　X X | XXXX　X.X |

C. X X　X.X | XXXX　X X |　D. X X　X X | XXXX　X X |

21. 这个节奏是在模仿哪一种少数民族乐器的演奏?

A. 小鼓　B. 大鼓　C. 手鼓　D. 冬不拉

第 13 题 请听音乐，回答下列问题。(播放 2 遍)

22. 歌曲的拍号是?

A. $\frac{2}{4}$　B. $\frac{3}{4}$　C. $\frac{4}{4}$　D. $\frac{6}{8}$

23. 歌曲的旋律主要是由哪三个音变化组合而成的?

A.2 3 5　B.1 3 6　C.2 4 6　D.1 3 5

第 14 题 请听音乐，回答下列问题。(播放 2 遍)

24. 歌曲演唱形式是?

A. 男声合唱　B. 女声合唱　C. 童声合唱　D. 混声合唱

25. 作品的名称是?

A.《魔法师的弟子》　B.《大爱无疆》　C.《波斯市场》　D.《乘雪橇》

第 15 题 请听音乐，回答下列问题。（播放 2 遍）

26. 音乐的主要演奏乐器有？

A. 竹笛和乐队　　B. 长笛和乐队　　C. 长笛和短笛　　D. 短笛和乐队

27. 音乐是哪个国家的民歌？

A. 中国　　B. 日本　　C. 朝鲜　　D. 韩国

第 16 题 请听下面旋律，完成下列题目。（播放 3 遍）

28. 完成空白小节的填充。

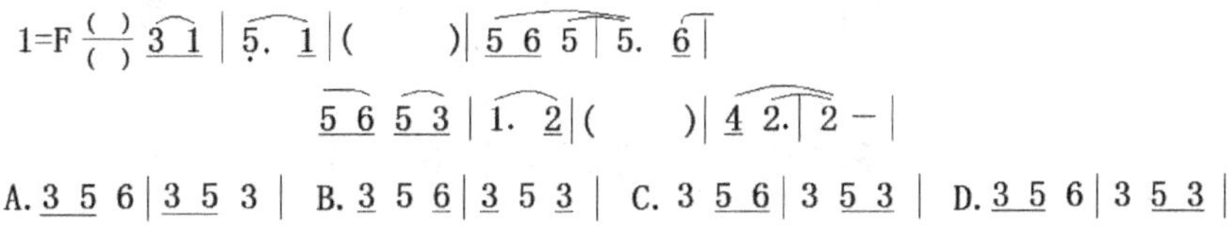

1=F $\frac{(\ )}{(\ )}$ 3 1 | 5. 1 | (　　) | 5 6 5 | 5. 6 |

5 6 5 3 | 1. 2 | (　　) | 4 2. | 2 − |

A. 3 5 6 | 3 5 3 |　B. 3 5 6 | 3 5 3 |　C. 3 5 6 | 3 5 3 |　D. 3 5 6 | 3 5 3 |

29. 填充小节的节奏是？

A. 二拍节奏　　B. 四拍节奏　　C. 切分节奏　　D. 附点节奏

30. 这段旋律的拍号是？

A. $\frac{2}{4}$　　B. $\frac{3}{4}$　　C. $\frac{4}{4}$　　D. $\frac{3}{8}$

第 17 题 请听管弦乐，回答下列问题。（播放 2 遍）

31. 乐曲表现的是怎样的音乐情景？

A. 晨曦微露　晨雾缭绕　　B. 太阳初升　朝霞微露

C. 红日高升　光芒四射　　D. 烈日当空　炙热难耐

32. 这段音乐是由哪一组乐器演奏的？

A. 弦乐组　　B. 铜管组　　C. 木管组　　D. 打击乐组

33. 这首作品的名称是？

A.《晨光》　　B.《晨曦》　　C.《晨景》　　D.《晨雾》

第 18 题 请听歌曲，回答下列问题。（播放 2 遍）

34. 歌曲一共有几个乐句？

A.1 个乐句　　B.2 个乐句　　C.3 个乐句　　D.4 个乐句

35. 歌曲是由哪种人声演唱的？

A. 男高音　　B. 男中音　　C. 男低音　　D. 女中音

36. 歌曲是哪个民族的民歌？

A. 藏族　　B. 彝族　　C. 蒙古族　　D. 维吾尔族

第 19 题 请听歌曲，回答下列问题。（播放 2 遍）

37. 歌曲一共有几个乐句？

A.1 个乐句　　B.2 个乐句　　C.3 个乐句　　D.4 个乐句

38. 歌曲是哪个少数民族的？

A. 傣族　　B. 彝族　　C. 苗族　　D. 朝鲜族

39. 下列关于乐句的描述正确的选项是？

A. 第一乐句和第二乐句旋律相同　　B. 第一乐句和第二乐句节奏型相同

C. 第三乐句和第四乐句旋律相同　　D. 第三乐句和第四乐句节奏型相同

第二部分：表现展示（100%）

第 20 题　演唱：同学们，小学阶段我们学唱表演了很多歌曲，下面要检验一下你们的学习成果。请根据提供的伴奏，全班演唱这首歌曲。

请根据提示一步一步操作！

第一步：准备阶段

（1）请听一遍原唱，复习歌曲；

（2）请听一遍伴奏，试唱歌曲。

第二步：录制阶段

（1）排好队伍，准备演唱；

（2）演唱歌曲，录制视频。

第二节‖ 音乐学业评价的校本实践

对学生的评价是音乐课程评价的主要方面，应以课标中各个教学领域的课程内容为依据，全面考查课程所涉及的情感态度与价值观、过程与方法、知识与技能方面的要求。采用形成性评价与总结性评价相结合、定性评价与定量评价相结合，以及自评、互评和他评相结合的方式。尤其是一个学期、学年结束时的终结性评价，学校往往会采取演唱、演奏和综合性艺术表演等方式开展评价。[①] 区域评价的作用就是示范

① 中华人民共和国教育部．义务教育音乐课程标准［M］．北京：北京师范大学出版社，2011.

引领，为学校的评价提供可供借鉴的方法与经验。而每个学校都有自己的校情，学校评价操作也要结合本校实际，探索具有校本特色的评价方法与策略。

西湖区名校林立，是学科分项等级评价实践最早的区域之一。在具体的操作实施过程中，各学校经过不断的实践探索，摒弃了原有复杂、低效的操作方法，充分发挥了音乐教师的智慧，坚持以生为本，立足个体差异，关注学习过程，注重过程性评价，有助于学生音乐学习的可持续发展，让评价在操作过程中更为便捷、有趣和高效。如平时的学习自评记录表、音乐激励贴纸、音乐绿卡、音乐积分币、音乐奖章等一系列符合儿童心理特点和学习兴趣的多元评价方式，不仅使评价成为一个连续进行的过程，更加公正、公平、合理，而且能够全面地反映学生的学习成效，鼓励学生不断进取。

在区域评价的总体要求之下，学校各采所长，各展所能，呈现了百花齐放的多样化评价态势。期末音乐评价时，学校根据学生的学段实际，以游戏或游园等趣味考核、演唱会或演奏会等展示考核等多种方法对学生进行立体化评价。许多富有儿童特色的评价方式应运而生，激励学生快乐地参与评价，获取成功的体验。总体上可以分五大类：主题游园式、情景模拟式、以演代考式、以游代考式、媒介辅助式等。

一、主题游园式

在学校整体评价方案的顶层设计引领之下，结合学科特点，开展音乐学科主题游园式评价。如文一街小学的“W 城”评价、行知小学的“陶园课程”评价、星洲小学的“星”评价、九莲小学的“莲娃”评价、大禹路小学的“禹娃”评价、留下小学的“西溪雅趣”评价、西湖第一实验学校的“茶艺园地”评价等，各具特色。

案例　主题游园式评价　《禹娃冲冲冲》

科目	小学音乐	内容	二年级评价课 《禹娃冲冲冲》
【活动背景】 二年级的游园主题结合学校文化背景故事“大禹治水”，以闯关的形式来进行。故事背景：大禹国水源遭到破坏，国王召集众人治理水源，只有集齐五种石头才能得到水精灵的帮助来治理水源，比如体育学科是力量之石，音乐学科是魔幻之石。音乐学科游园活动分叩响沉睡之门、智闯迷幻森林、共奏神奇乐音、唱唱跳跳小精灵、故事尾声五个环节。本次活动考查内容是从二年级上册内容中选取出来的，包括了听、唱、奏、演等板块，以音乐闯关为主线串联，以“评价过关卡”为评价载体进行。			
【学情分析】 低段学生好奇心强、活泼好动，易于被有趣的故事吸引。创设有故事情节的闯关活动，营造愉悦、欢快的学习氛围，让学生在情景中体验，边玩边进行“唱、奏、演”等活动，既符合低段学生身心特点，又能激发学生学习的欲望和兴趣。			
【活动目标】 1. 游园活动能够在一定的情境中进行，丰富有趣的活动，能够激发学生对音乐的兴趣，积极主动参与活动。 2. 在活动中提升学生的音乐各项能力，例如创编能力、小组合作能力等。 3. 能够关注学生的差异性，关注整体，以评价来促进活动的有效开展。			

续表

科目	小学音乐	内容	二年级评价课 《禹娃冲冲冲》
【教学重点和难点】 1. 小组合作的唱、演、奏。 2. 对音乐形象、要素的理解和掌握。（节奏、情感等）			
【活动准备】 1. 准备“禹娃冲冲冲”情景的道具、服装。 2. 学生分组：6~8 人一组。 3. 准备好评价过关卡。			

班级______ 姓名 ______ 分数 _____

	一、叩响沉睡之门	二、智闯迷幻森林	三、共奏神奇乐音	四、唱唱跳跳小精灵
棒极了				
不错哦				
加油哦				

【教学过程】

（一）读一读，了解故事背景

很久很久以前，洪水经常泛滥。大禹率领众人疏通河道，驱赶猛兽，大禹国的百姓重新过上了安居乐业的生活。

但好景不长，由于人们不合理用水，水源遭到了极大的破坏。河里漂浮着垃圾，原本清澈见底的河水散发着恶臭。河水里的小鱼也全都死了，露出了白白的肚皮。而人们喝了遭到污染的水，也开始生病。

于是，举国上下寻找能净化水源之人。一天，一位神秘老者前来觐见。“陛下，听说只有找到大禹水精灵，才能够帮助我们重新净化水源，但要通过重重考验方能找到水精灵。”

国王立即发布榜文：举国上下正遭受着水源污染的巨大灾难。现征集天下有能之士，寻找大禹水精灵，净化水源。记住，如果找不到水精灵帮助我们净化水源，整个国家就会因此灭亡！小禹娃们，为了碧海蓝天，为了我们的家园，勇敢出发吧！愿伟大的蓝色真理与你同在！

◎环节设计意图：以学校的文化背景故事“大禹治水”的故事创设情境，教师们扮演其中的各种角色，以闯关的形式进行，从学生的年龄特点和心理需求出发，贴近学生生活，调动了学生学习的积极性，激发了学生学习的愿望和兴趣。同时将环保意识与之相结合，只有顺利闯关，得到水精灵的帮助才能治理好大禹国的水资源。

（二）拍一拍，敲出节奏密码

叩响沉睡之门 小禹娃们准备就绪，准备出城寻找水精灵。可是，在那即将沉没的城市里，护城守卫陷入梦境。唯有正确的节奏密码方能唤醒守卫。如果你能成功唤醒守卫，就可获得通关秘籍。

测试题：聆听节奏，并模仿。

× × × | × × × | × × × | × –‖

题目要求	评价项目	评价标准		
		加油哦	不错哦	棒极了
独自完成节奏练习的模仿	节奏模仿	模仿时出现两小节以上错误，获得小笑脸。	模仿时出现一个小节的错误，获得小星星。	能够一次正确模仿出上面节奏唤醒守门人的，获得大拇指。

◎环节设计意图：本环节以“节奏密码”唤醒守门人，开启通关之旅。节奏密码以“跑跑”“走”“走欧”的基础节奏为主，关注大部分孩子的音乐能力。中间穿插一个切分节奏，只需通过模仿，发展和提高孩子的节奏能力。通过分层评价，划分三个等级，关注学生的差异性，促进学生发展，激发学生参与的兴趣和热情，提高学生参与积极性。

（三）听一听，感知音乐情绪

智闯迷幻森林　小禹娃们通过大门，蹚过小溪，越过高山，来到了迷幻森林。唯有通过森林女神的考验，才能顺利走出森林。

测试题：

（1）上古时期，黄河水泛滥，百姓遭殃，此刻的大禹看到百姓们流离失所、背井离乡，内心是怎样的？请你聆听下面两段音乐，辨别哪首更符合他的心情？并选出一种符合这个心情的颜色。

（2）大禹带领着大家治水，三过家门而不入，终于成功治理了大水，人们过上了安居乐业的生活。这里有两段音乐，你想把哪一段送给他们为他们庆祝成功？并选出一种符合这个心情的颜色。

题目要求	评价项目	评价标准		
		加油哦	不错哦	棒极了
选择符合情景的音乐	我会听	不能选出任何一首音乐	能够投入聆听，选出一首符合情景的音乐	能够投入聆听，准确地选出符合情景的音乐
选择符合音乐心情的颜色	我会选	不能选出任何一种颜色	能够选出其中一首音乐的心情颜色	能够选择出符合音乐心情的两种颜色

◎环节设计意图：在故事情境中感知音乐，从聆听中感知乐曲的情绪、画面、人物等内容，从而对色彩进行选择。用色彩表现情绪，是将音乐学科与美术学科进行了综合，但又突出音乐学科的特点，拓展学生艺术视野，深化学生对音乐艺术的理解。

在本环节，通过自我评价，强调学生对自我感知的认识，有效地激励学生对音乐内在的喜爱。

（四）编一编，共奏神奇乐音

共奏神奇乐音 小禹娃们顺利通过森林，不料被一个黑衣怪人拦住了去路。唯有团结合作，演奏出充满正能量的神奇乐音，才能驱走黑衣怪人。

测试题：亲爱的小禹娃，这是一首用两种不同打击乐器共同演绎的神奇乐音，需要你们跟随音乐共同合作才能通过这一关，你们能够挑战成功吗？

跟随歌曲《唢呐配喇叭》，小组成员选择使用（双响筒、碰铃或三角铁）一种乐器，配以一种简单的固定节奏，小组共同合作来完成。（小组可以试着练习一次）

题目要求	评价项目	评价标准		
		加油哦	不错哦	棒极了
小组配合演奏乐器	奏一奏	练习不够认真，使用乐器不规范，不能创作出固定的节奏型	能够认真练习，选择合适的乐器，或能跟随音乐演奏出一种固定的节奏型	能够认真练习，选择合适的乐器，并能跟随音乐演奏出一种固定的节奏型。

◎环节设计意图：学生选择适合歌曲情绪的打击乐器，根据自己平时在课堂上的积累，配以一种固定节奏，拥有充分的自主选择、自主创编的空间。通过观察学生练习时的态度、使用乐器的规范程度、小组成员之间的配合等，体现了对孩子学习过程的关注，突出过程性与小组评价的理念。

（五）演一演，唱唱跳跳真热闹

唱唱跳跳小精灵 小禹娃们成功摆脱了黑衣怪人，走进森林深处，看到一座小木屋。一位白胡子老爷爷走出来说："想要得到水精灵，你们得通过水精灵的考验哦！"

水精灵说："我在这屋子里沉睡了很久很久，你们来给我表演个节目解解乏吧！边唱边表演，通过测试我就跟你们去帮忙治理水源！"

测试题：从中选择一首歌进行小组表演唱：《彝家娃娃真幸福》《打花巴掌》《蜗牛与黄鹂鸟》《洋娃娃和小熊跳舞》《唢呐配喇叭》《母鸡叫咯咯》《大海》《过新年》。

题目要求	评价项目	评价标准		
		加油哦	不错哦	棒极了
小组合作完成表演唱	唱一唱	不能完整背唱歌曲，并有跑调	能自然流畅地背唱歌曲，无跑调	能充满情感地、自然流畅地背唱歌曲
	跳一跳	小组表演队形无变化，动作设计单一，表演流畅	小组表演队形有变化，有动作设计，表演流畅	小组表演队形变化丰富，动作设计优美，表演流畅
	大家评	在编排准备过程中，不够认真投入	在编排准备过程中，能够认真投入，能够团结合作	在编排准备过程中，能够出谋划策、认真投入，能够团结合作

◎**环节设计意图：**本环节考查的是小组表演唱，考查学生的综合能力。在小组的集体表演形式和实践过程中，学生能够积极参与，自由发挥、创作，能够与他人充分交流、密切合作，不断增强集体意识和协调能力。“大家评”是指在编排准备的过程中，小组成员评价他人对待排练的态度、与他人合作的能力。大家互相评价，由教师单向评价转向多向评价。

（六）评一评，颁发荣誉桂冠

故事尾声 国王：小禹娃们，感谢你们找到了水精灵，拯救了大禹国，大禹国人民感谢你们！我将颁发荣誉桂冠与你们，最能干的小禹娃们！

将6个人的分数统计相加，获得25分以上的小组，将得到魔幻之石。（拇指3分，星星2分，笑脸1分）

◎**环节设计意图：**故事情节完整贯穿，统计活动过程中的分数，获得终结性评价，得到魔幻之石，让学生有通过层层努力获得胜利的成就感。

此案例曾获西湖区评价案例评比一等奖

教学设计：杭州市大禹路小学　张舫

二、情景模拟式

以一个或多个主题情景串联，在具体的音乐情景中模拟体验音乐进行评价。如浙江省教研室附小的“班级音乐挑战赛”、育才外国语学校的“勇闯迪士尼和快乐音乐闯关赛”、保俶塔实验学校的“音乐小达人”、文理小学的“蒙古草原音乐之旅”、十五中的“音乐大擂台”等，精彩纷呈。

案例　情景模拟式评价《音乐大擂台》

科目	中学音乐	内容	八年级评价课《音乐大擂台》
【教学背景】 基于注重提升学生核心素养的要求，在评价中我们关注学生的兴趣爱好、参与态度和程度、业绩表现，更注意用发展的眼光从不同阶段的回顾和对比当中把握学生的进步和发展，使评价能够发挥出激励和促进的作用。《音乐大擂台》是一节期末复习评价课，我们模拟打擂台情景，对一个学期的学习进行定量测评、定性述评。其中融入了自我检测、同伴互评、组评记载，融评价于紧张而愉快的温习之中。这里，将八年级下册整个学期的内容，依据教材的逻辑性、贯穿性、主题性等特点，将内容归类为戏曲、乐器、亚洲音乐、民歌、外国名曲、乐谱实践、综合聆听，围绕这几个板块，小组在歌唱竞赛中争取专题的优先选择权，再以小组为单位竞赛式地进入相应专题进行答题，组员检测自评，组长记录组员，教师观察点拨，结束后组员间展开小结与互评，组长提交记载表，为期末总评提供了一项成绩。			
【学情分析】 八年级的学生处于一个特殊的青春期，一部分学生表现出极强的个性，但他们乐意接受新鲜事物，也具有一定的组织、策划、评价等能力。这时音乐评价活动可以适时放手让学生来组织、策划、记载、展开。教师可以尝试着去引导、点拨、拓展、延伸，捕捉学生音乐学习的兴趣点、热点、重点、难点，让评价实现温故知新且起到激励促进的作用。此课时，我们以“大擂台”的模式，开展温习与评价，最终累积总分最高的小组获胜，取得本学期擂主的称号。每个小组前三名获得“优秀擂者”称号。			

续表

科目	中学音乐	内容	八年级评价课《音乐大擂台》
【教学目标】 1. 通过评价，引领学生理清整个学期知识的脉络。 2. 通过评价，培养学生欣赏板块的综合解析能力。 3. 通过评价，使学生的歌唱能力、赏析能力、审美能力进一步提升，音乐情感得到升华。			
【教学重点和难点】 1. 对京剧唱段演唱风格准确理解、把握、呈现； 2. 各个板块问题的把握、解决、提升。			
【教学准备】 1. 课件、评价表、积分贴、小奖状。 2. 座位：6 人小组，分成 6 组。			

【教学过程】

（一）创设情景，模拟擂台

1. 导课热身，营造氛围（轻声播放京剧《这一封书信来得巧》）

导语 同学们，今天我们一起走进音乐大擂台，检验本学期的学习成果。请大家积极获取积分贴，请组长做好观察与记载。下面让我们一起进入热身环节，此环节积分多少决定后面的选题权哦！今天的“优秀擂者”与“擂主”将花落谁家，让我们拭目以待吧！

2. 热身环节——PK 京剧唱段（确定小组的答题板块）

集体唱《这一封书信来得巧》（评价过程与要求：表现京剧老生的唱腔，讲究精、气、神的呈现），教师巡回观察，给最佳的同学随即贴上积分贴—获得积分贴的同学起立再次展示—同伴评（指出自己应该学习之处，或者提出挑战再争积分贴）—再次集体唱。

◎环节设计意图：任何一个课时都需要塑造学习氛围，评价课更应如此，运用本学期演唱的重点曲目作为背景音乐及这一课时的热身作品，通过师评、自评、互评，引导学生把握风格唱好京剧，激活学习的热情。

（二）宣布规则，进入擂台

1. 出示题库

按照小组积分最多的优先选主题，根据选择进入相应板块答题。

2. 宣布规则

（1）一个专题一个小组内完成，外组旁观与思考，该组回答不了的，外组可抢答。

（2）组长进行记录，教师进行观察，根据学生的掌握程度，对知识点进行适时的提点、补充。

（3）分发组长记载卡及教师观察表。

表 1 （组长记载卡）

专题：						共获（ ）分	
题目 分组	热身	题 1	题 2	题 3	题 4	抢答	总分
本组最佳：							

表 2 （教师观察表）

姓名			
情感		能力	
综评			

◎**环节设计意图：**明确评价的规则，对学习态度、参与热情、知识能力的一次过程性评价。自评通过答题多少获取，组评通过记载获取，师评通过观察，同伴评通过个体的表现，以获得积分贴的评价作为一条主线索进行串联。

（三）明晰规则，进入擂台

评价顺序：根据学生选择，板块可有各种顺序。

评价要求：学生选择各自专攻的擂台，教师把握主题要点，适时点拨、见机提升。

1. 擂台一：中国戏曲

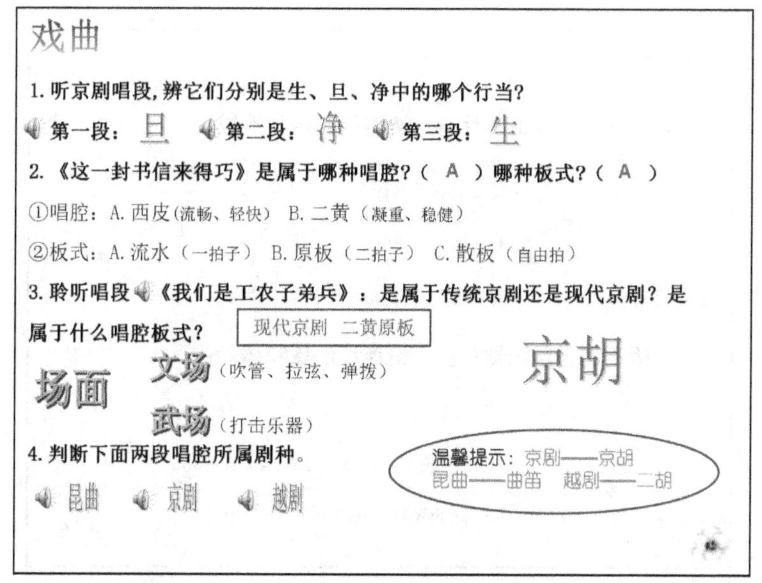

戏曲
1. 听京剧唱段，辨它们分别是生、旦、净中的哪个行当？
第一段：旦 第二段：净 第三段：生
2. 《这一封书信来得巧》是属于哪种唱腔？（ A ）哪种板式？（ A ）
①唱腔：A. 西皮（流畅、轻快） B. 二黄（凝重、稳健）
②板式：A. 流水（一拍子） B. 原板（二拍子） C. 散板（自由拍）
3. 聆听唱段《我们是工农子弟兵》：是属于传统京剧还是现代京剧？是属于什么唱腔板式？
现代京剧 二黄原板
场面
文场（吹管、拉弦、弹拨）
武场（打击乐器）
京胡
4. 判断下面两段唱腔所属剧种。
昆曲 京剧 越剧
温馨提示：京剧——京胡
昆曲——曲笛 越剧——二胡

评价要点:（1）西皮、二黄唱腔的特点。（2）京剧场面。（3）京剧与昆曲的听辨区分（穿插京胡演奏片段）。（4）老生与净的辨别（穿插净的唱段）。（5）自评、互评、他评，正确率，温故知新。

2. 擂台二：亚洲音乐

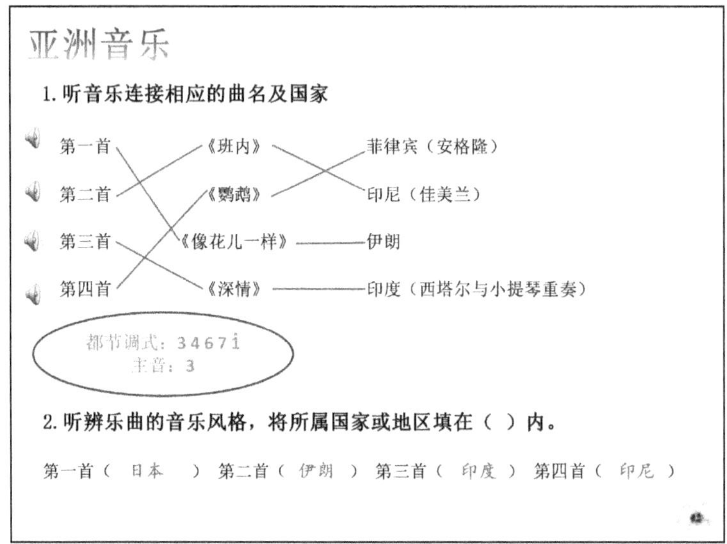

亚洲音乐
1. 听音乐连接相应的曲名及国家
第一首
第二首
第三首
第四首
《班内》
《鹦鹉》
《像花儿一样》
《深情》
菲律宾（安格隆）
印尼（佳美兰）
伊朗
印度（西塔尔与小提琴重奏）
都节调式：3 4 6 7 i
主音：3
2. 听辨乐曲的音乐风格，将所属国家或地区填在（ ）内。
第一首（ 日本 ） 第二首（ 伊朗 ） 第三首（ 印度 ） 第四首（ 印尼 ）

评价要点:（1）西塔尔的音色、佳美兰的特点。（2）印度、印尼、伊朗、菲律宾音乐特色及特点。（3）鼓励学生用 3 4 6 7 i 的任意创编旋律，把握日本都节调式的风格。（4）自评、互评、他评，正确率，温故知新。

3. 擂台三：中国民歌——山歌

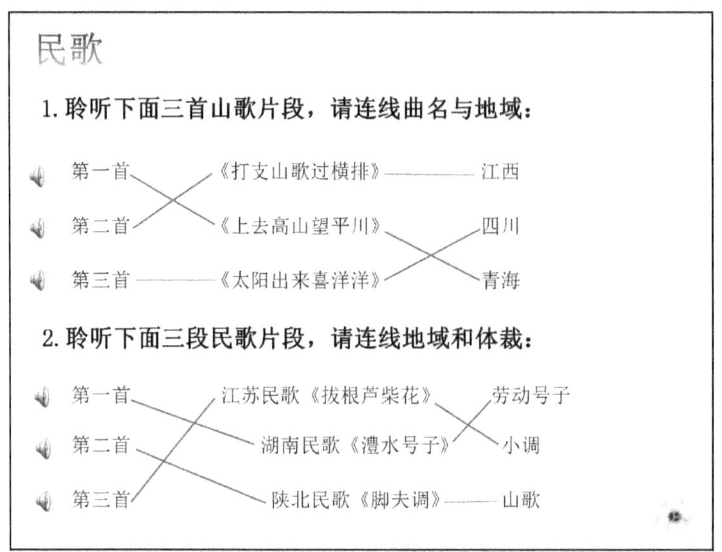

民歌
1. 聆听下面三首山歌片段，请连线曲名与地域：
第一首
第二首
第三首
《打支山歌过横排》
《上去高山望平川》
《太阳出来喜洋洋》
江西
四川
青海
2. 聆听下面三段民歌片段，请连线地域和体裁：
第一首
第二首
第三首
江苏民歌《拔根芦柴花》
湖南民歌《澧水号子》
陕北民歌《脚夫调》
劳动号子
小调
山歌

评价要点:（1）劳动号子、山歌、小调的分辨。（2）民歌地域的分辨（穿插阿宝的《山丹丹开花红艳艳》这首陕北信天游）。（3）自评、互评、他评，正确率，温故知新。

4. 擂台四：外国名曲

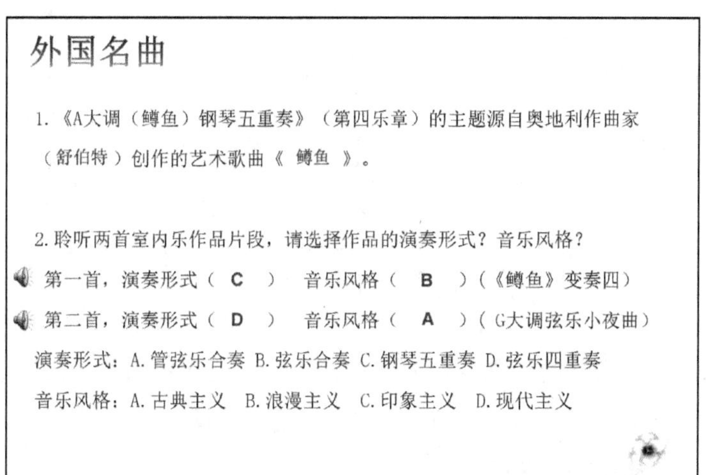

外国名曲
1.《A大调（鳟鱼）钢琴五重奏》（第四乐章）的主题源自奥地利作曲家（舒伯特）创作的艺术歌曲《 鳟鱼 》。
2. 聆听两首室内乐作品片段，请选择作品的演奏形式？音乐风格？
第一首，演奏形式（ C ） 音乐风格（ B ）（《鳟鱼》变奏四）
第二首，演奏形式（ D ） 音乐风格（ A ）（G大调弦乐小夜曲）
演奏形式：A. 管弦乐合奏 B. 弦乐合奏 C. 钢琴五重奏 D. 弦乐四重奏
音乐风格：A. 古典主义 B. 浪漫主义 C. 印象主义 D. 现代主义

评价要点:（1）《鳟鱼》《G大调弦乐小夜曲》的演奏形式、风格。（2）室内乐。（3）自评、互评、他评，正确率，温故知新。

5. 擂台五：西洋乐器

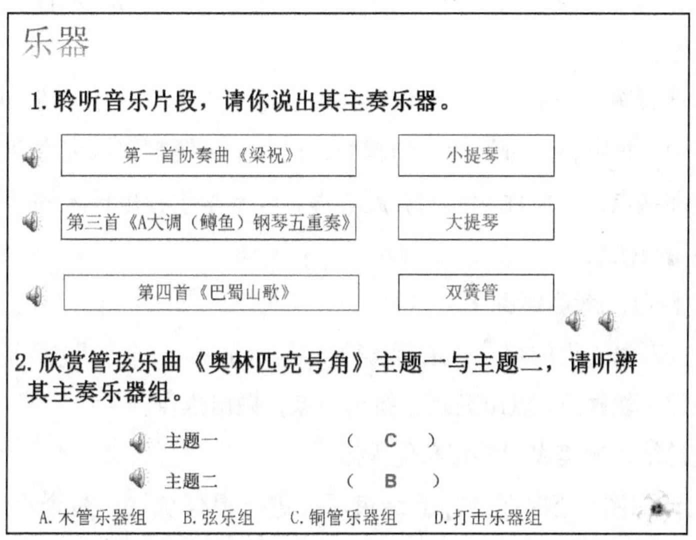

乐器
1. 聆听音乐片段，请你说出其主奏乐器。
第一首协奏曲《梁祝》
小提琴
第三首《A大调（鳟鱼）钢琴五重奏》
大提琴
第四首《巴蜀山歌》
双簧管
2. 欣赏管弦乐曲《奥林匹克号角》主题一与主题二，请听辨其主奏乐器组。
主题一 （ C ）
主题二 （ B ）
A. 木管乐器组 B. 弦乐组 C. 铜管乐器组 D. 打击乐器组

评价要点:（1）西洋管弦乐队中四个主要组别，各个组别整体音色辨别。（2）双簧管、小提琴、大提琴、圆号音色的辨别。（3）自评、互评、他评。

6. 擂台六：综合能力

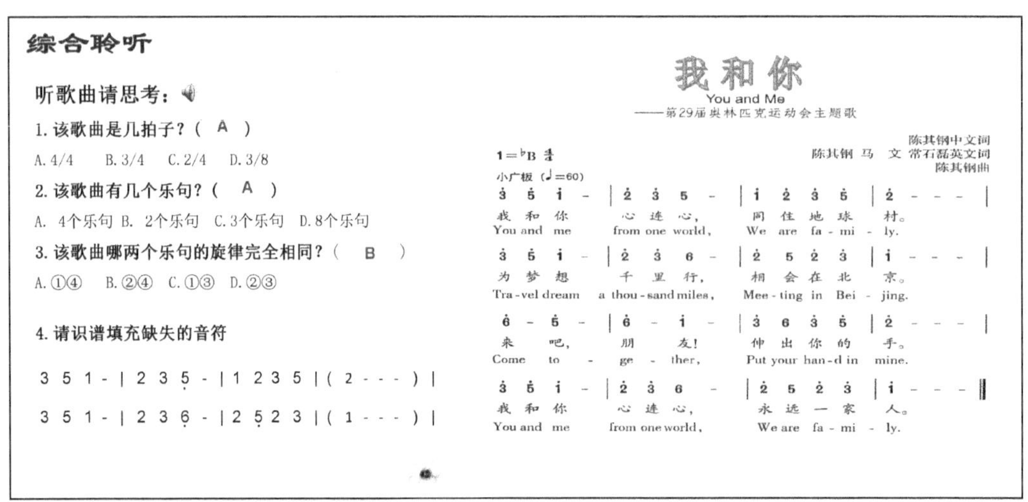

综合聆听
听歌曲请思考：
1. 该歌曲是几拍子？（ A ）
A. 4/4 B. 3/4 C. 2/4 D. 3/8
2. 该歌曲有几个乐句？（ A ）
A. 4个乐句 B. 2个乐句 C. 3个乐句 D. 8个乐句
3. 该歌曲哪两个乐句的旋律完全相同？（ B ）
A. ①④ B. ②④ C. ①③ D. ②③
4. 请识谱填充缺失的音符
3 5 1 - | 2 3 5 - | 1 2 3 5 | (2 - - -) |
3 5 1 - | 2 3 6 - | 2 5 2 3 | (1 - - -) |
我和你
You and Me
——第29届奥林匹克运动会主题歌
1＝♭B 4/4
小广板（♩=60）
陈其钢中文词
陈其钢 马 文 常石磊英文词
陈其钢曲
我和你 心连心， 同住地球村。
You and me from one world, We are fa - mi - ly.
为梦想 千里行， 相会在北京。
Tra-vel dream a thou-sand miles, Mee-ting in Bei - jing.
来吧， 朋友！ 伸出你的手。
Come to - ge - ther, Put your han-d in mine.
我和你 心连心， 永远一家人。
You and me from one world, We are fa - mi - ly.

评价要点：（1）歌曲的乐句、调式、曲式。（2）旋律的听辨。（3）合唱版本中演唱形式辨别。（4）自评、互评、他评，正确率，温故知新。

7. 擂台七：识读乐谱、演唱

每轮每组选派一名代表，比一条四小节乐谱，比哪组识谱能力强的人多。

（1）A 组指定旋律（《我和你》）。

（2）B 组即兴抽取旋律（本学期教材中截取）。

评价要点：（1）音准、节奏、旋律性、美感。（2）丰富演唱形式、表现力。（3）自评、互评、他评。

◎环节设计意图： 教师对每个专题要点的检测、指导、提升都悄然融入获得积分贴的评价过程中，根据各个班级学生的能力，把每个主题知识探究主动权尽可能地交给学生，教师即兴点拨，抓住学生的获胜心理，唤起学生积极投入的学习状态，从而达成高效的温习与拓展。

（四）统计校对，颁奖表彰

（1）统计校对每一组的得分，进行得分汇总。

（2）学生评，教师点：点出亮点，指出弱点，抛出焦点。

（3）师生总结，颁奖表彰并宣布优秀擂主。

◎环节设计意图： 全部擂台环节结束后，进行得分统计，整个小组为了获得满分也是铆足了劲，集体与个人都期盼取得好成绩。大擂台的评价渗透在教学的发生、发展、变化的过程中，围绕过程展开，让所有的“评”顺着美妙的作品情境悄然完成——有境；对评价的实施方向明确、遵循规则，做到了“评”得有依据、“评”得有意义、“评”得有深发性——有理。

此案例曾获西湖区评价案例评比一等奖

教学设计者：杭州市第十五中学教育集团（总校） 赵燕娜

三、以演代考式

给学生搭建展示舞台，以表现演艺的方式进行特长展示评价。如各校都在开展的“小小音乐会、演唱会、演奏会”“班级年级音乐会”“班班有歌声、班班有琴声”，还有翠苑一小的“我的舞台我做主”、行知小学的“四季音乐会”、竞舟小学的“我行我SHOW”、嘉绿苑小学的“草坪音乐会”、三墩中学的“为你转身，好声音！”等，热闹非凡。

案例　以演代考式评价 《为你转身，好声音！》

科目	初中音乐	内容	八年级评价课 《为你转身，好声音！》
【教学背景】 初中音乐教学评价的实施也在不断深入。现行主要采用的评价模式主要采用期末演唱、演奏、欣赏笔试等方式，形式较为单一。《为你转身，好声音！》是笔者根据综艺唱歌选秀节目《中国好声音》的灵感对音乐教学评价做出的尝试。评价的形式以导师选学员为主线，以“评价勋章”为评价载体，通过师评、生评、互评等不同形式对演唱板块进行评价。			
【学情分析】 初中阶段的学生已初步具有一定的感受和理解音乐、表现音乐的能力。课本里的音乐已难以满足他们的需求，偏爱流行音乐的他们有着自己独特的审美，但对音乐欣赏和演唱评价的专业性仍有所欠缺，存在一定的盲目性。因此，教师要善于引导，运用能够吸引学生的教学手段和方法，激发其兴趣，使学生积极主动参与到教学活动中来。			
【教学目标】 1. 同学们能乐于参与评价活动，通过评价，了解自己的优劣，增强学唱的信心与动力。 2. 通过班级“导师”与学员展开互评，在相互评价活动中互助互进。 3. 通过赠送勋章的评价方式，写自评小报，学会运用规范的语言评价自己和他人的歌唱水平。			
【教学重点和难点】 重点：对歌唱音乐会中的每个节目进行评价。 难点：学习如何规范地自评、他评。			
【教学准备】 1. 课件、音乐会节目、评价表、评价勋章的制作。 2. 座位：导师座位、学生座位。			

【教学过程】

（一）明星导师亮相，为你献唱

1. 小“导师”亮相，调动课堂气氛

姓名	出勤情况 10 分	课堂表现 30 分	K 歌作业 50 分	自我评价 10 分	总分

主持人：尊敬的老师们，亲爱的同学们，大家下午好，我是主持人，很高兴在属于我们自己的舞台上为大家主持。本学期积分榜排行前四位的同学是谁呢？相信大家都非常期待。请老师为我们揭晓吧！

教师公布本学期拓展课学习积分榜，公布前四名。

◎环节设计意图：采用了形成性评价方式，在一学期的学习过程中评选出优秀学生，作为"导师"，首先进行唱歌表演。

2. "导师"风采展

（1）"导师"献唱歌曲。

主持人：恭喜这四位同学！今天这四位同学荣升我们评歌会的"导师"，将为我们献唱歌曲一首。每位"导师"对应不同的幸运色，如果你喜欢他就请在你的投票牌上用对应的颜色画一颗爱心投票点赞。首先有请1号"导师"为我们带来独唱歌曲，她的"导师"幸运色是红色。

四位"导师"依次演唱歌曲，学员听完后在投票牌上画上相应的"导师"幸运色。

（2）师生点评"导师"演唱。

①嘉宾老师点评。

主持人：今天我们还邀请了点评嘉宾，音乐组的X老师、Y老师、Z老师，大家掌声欢迎。X老师，您对这四位同学的表演有什么话要说呢？

X老师：首先，我认为这四位选手，在音准、节奏上都把握得很好，演唱和伴奏没有出现脱节、抢拍的情况，可见这四位选手进行了充分的准备。剩下的留给学员们谈谈吧。

②学员点评。

主持人：台下的同学们，你更喜欢哪位"导师"呢？请举手接受我的采访点评吧，每参与点评的同学可获得一个5分的积分币哦，歌会最后将评选5名优秀评论员奖。

学员举手，主持人采访学员进行点评。

学员：我觉得1号"导师"的演唱气息控制得非常好，我喜欢她的声音，富有磁性。

学员：2号"导师"的声音控制很好；3号"导师"的舞台表现力很好，整个人很放松自然。

学员：4号选手的表现力很好，表情深情，打动人心。

（3）投票评选最具人气"导师"。

主持人：请所有学员将手中画好的投票牌举到头顶，根据投票得数，将评选出今天的第一个奖项——最具人气“导师”奖。如果有票数一样的“导师”，将进行新一轮比赛。

根据学员投票的微妙之差，最终评选出了最具人气“导师”，计票员立即在准备好的奖状上填好名字。

◎环节设计意图：用投票的方式其实是模拟了好声音中的一个大众评审举牌投票环节，形式新颖，能吸引学生的兴趣。同学们对投票并不陌生，投票直观，计票快速。同学们在评价唱歌时，多用的是“好，不错，还行”等模糊性评价的字眼，教师通过用专业的术语来点评，以此示范，让学生学习，通过师评来促进生评。

（二）学员歌唱展示，为你转身

1. 学员表演，“导师”转身

主持人：接下来，就是最精彩的“导师”转身环节啦！请“导师”们转过身，背对演员，为打动你的好声音而转身。请欣赏第一个节目。

学员按照顺序依次表演。

四位“导师”背向而坐，以转过转椅的方式对节目表示认可点赞。

每位转身的“导师”将对节目进行简单的点评，并且每位“导师”点评的角度不得重复。

记分员根据“导师”转身的人数增加相应的分数。

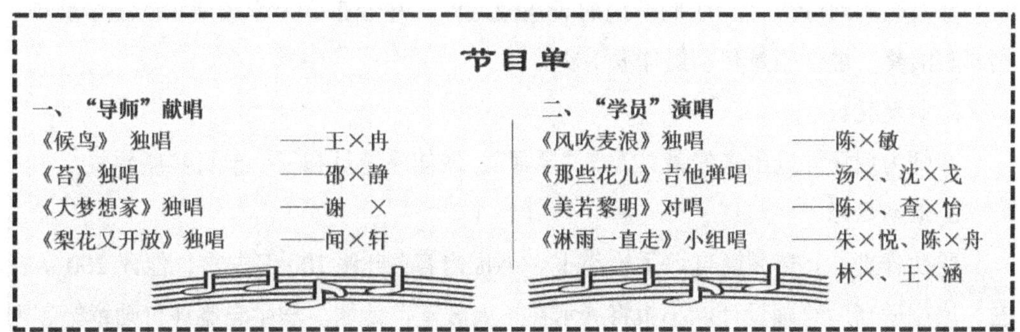

节目单

一、“导师”献唱		二、“学员”演唱	
《候鸟》 独唱	——王×冉	《风吹麦浪》独唱	——陈×敏
《苔》独唱	——邵×静	《那些花儿》吉他弹唱	——汤×、沈×戈
《大梦想家》独唱	——谢　×	《美若黎明》对唱	——陈×、查×怡
《梨花又开放》独唱	——闻×轩	《淋雨一直走》小组唱	——朱×悦、陈×舟林×、王×涵

2. 学员题目加试

主持人：作为一名歌手，不仅能唱动人的歌声，还需要掌握基本的音乐素养哦。接下来进行答题加试环节，请每个节目派一名代表进行测试。

每一个节目派一名代表进行视唱练耳测试。

题 1：听音模唱，听一个八度内的 5 个单音，听对每个音得 2 分。

题 2：旋律模唱，视唱一行简谱旋律，全对得 5 分，有错误不得分。

3. 学员书写评语卡片和勋章

主持人： 所有学员的表演展示完毕，请同学们为你的互评学员写上评语卡和评价勋章吧，好的评价卡片将有机会被评为最佳评价哦！

每位同学根据课前分配好的互评学员，互相为对方写评语及荣誉勋章。

嘉宾老师从中挑选一两则评语请评价员当场朗读。

评价参考表	
歌词	咬字、吐字清晰……
音准	音准较好（个别音有偏差）
音色	高音明亮、富有磁性，声音甜美，声音浑厚，音色独特……
节拍	节拍稳定，不抢拍，不拖拍，节拍感较好
气息	平稳，延长音气息悠长
演唱技巧	歌曲难度大，音域宽广，真假声结合较好，流畅动听……
台风	仪态大方、端庄、自然得体，舞蹈、乐器伴奏与歌唱配合协调……
表情	富有感情、有感染力、演唱投入、表情深情、愉悦……
创意	形式新颖，吸引人……
语言组织	挑选适合的角度，参考或模仿写几句简单评语，也可创造性地增加一小段文字，可用上不同修辞手法。 例：XX 的歌声亲切动听，在她的歌声中，我被陶醉，仿佛置身于轻柔的风和金黄的麦浪中。

（三）特邀嘉宾点评，为你喝彩

1. 嘉宾总结点评

嘉宾教师对今天活动中同学们的表现做点评，并公布今天学员展示的三个奖项：精彩表演奖、最佳创意奖、最佳歌手奖。

2. 颁发奖状

教师为现场评选出来的最具人气"导师"、最佳评论员和三个节目奖项颁奖。

3. 活动后记

学生作业： 上交一篇自评手绘小报。小报内容：自评 100 字左右，他评 200 字左右，增添适当的绘画设计。小报将展示在拓展教室宣传墙。学生自制评价勋章标签列举：天籁之音、实力唱将、亚洲歌王、C 位出道等。

学生自评小报举例：

学生 A： 以前我总觉得唱歌不跑调就算唱得好了，现在发现这里面大有学问，节奏感和气息控制也很重要，我还要多加练习。

学生 B： 虽然我唱歌的功底还可以，但是演唱表情、舞台表现力非常欠缺。这次表演，在一定程度上激发了我的动力，我相信我会变得更好。

4. 终结性评价

教师根据歌会学员的表现，计算每个学员的总分作为终结性评价的成绩。

评价歌会学员总分				
导师评价 （1转10分，总分40分）	回答问题 （15分）	嘉宾打分 （25分）	评价他人得分 （总分20分）	总分

◎**环节设计意图：**本环节是同学们用多种方式评价演唱的重要环节，然而如何更好地进行多方面评价是需要同学们学习的。因此，教师制作了评价参考表，让同学们在书写评价语和赠送荣誉勋章的环节中，掌握更多的评价小窍门。

此案例曾获西湖区评价案例评比一等奖

教学设计者：杭州市三墩中学　吴晨曦

四、以游代考式

以游戏或旅游的形式，用一条主线串联进行评价。如“快乐的冬令营、夏令营”“乐器王国旅行记”“小音符环游记”“快乐音乐宫”“快乐游戏宫”等，多姿多彩。

案例　以游代考式评价 《快乐的音乐冬令营》

科目	小学音乐	内容	二年级评价课 《快乐的音乐冬令营》
【教学背景】 在新课程改革日益推进的今天，小学音乐教学评价实施也在不断深入。教师们都在尝试着各种各样的评价方式，有传统的节奏、识谱、唱歌、欣赏，以及小小音乐会等形式的评价模式。《快乐的音乐会》是笔者对低段音乐教学评价做出的尝试。原课型是完整的40分钟，包括欣赏板块和歌唱板块。本节课重点是对二年级上册的所有欣赏乐曲进行梳理，并选取具有代表性的乐曲进行考核评价，评价的形式以音乐冬令营为主线，以“音乐星标”为评价载体，通过听、赏、辨、表、演等形式对欣赏板块进行评价。			
【学情分析】 二年级的学生好奇心强、活泼好动，善于模仿，身心可塑性强，但注意力集中时间较短，因此需让学生在玩中体验，玩中创造。如用“听、赏、辨、表、演等形式”不断地吸引学生的兴趣和鼓励学生参与，符合二年级学生身心特点。营造愉悦、欢快的学习氛围，运用多种活动增强学生参与的广度和深度，有助于在音乐体验中进行有效的学习，保持学生学习的欲望和兴趣，从而提高学习效果。			
【教学目标】 1. 通过评价，了解学生本学期学习内容（主要指欣赏曲）的掌握程度。 2. 通过评价，培养学生欣赏板块的基本评价能力。 3. 通过评价，使学生的音乐情感进一步升华。			
【教学重点和难点】 1. 对音乐形象的理解、记忆和达成（图片、旋律线、情景等） 2. 对音乐要素的理解、掌握和达成（速度、力度、情绪等）			
【教学准备】 1. 课件、音乐星标的制作等，课前每生贴好“音乐星标” 2. 座位：6人小组，6~8组 			

【教学过程】

（一）导入，贴上“音乐星标”

1. 创设课堂情境，调动学生情绪

小朋友们，你们看，老师胸前也和你们一样贴上了“音乐星标”。今天，老师就要带领大家进行一次奇妙的音乐冬令营。这个“音乐星标”就是用来记录我们在音乐之旅中所取得的成绩的。你们准备好了吗?

2. 初步感知音乐，带领学生律动

好！那我们就坐上汽车，跟着老师一起出发吧！

播放《在钟表店里》，教师带领学生律动。

◎环节设计意图： 首先以“音乐冬令营”的情境创设，能较有趣、有效地吸引学生参与到音乐活动中来。“音乐星标”作为旅程的言语设计，充满童趣，也将评价的方式进行了一个介绍。律动作为初次感知音乐，符合学生好动乐动的身心特点，有利于带动学生更快地进入音乐活动。

（二）听一听，选一选：找出相应图片

1. 询问内容，学生思考

（1）出示图片《在钟表店里》。

小朋友们，你们看！我们的第一站来到了哪里?

是啊！我们的第一站来到了钟表店！钟表店里有各式各样的钟表，真是多得数也数不清！

（2）播放老爷爷录音。

你听！钟表店的老爷爷也来欢迎我们啦！他要和我们做一个游戏！

2. 全员参与，评估贴“星”

（1）仔细聆听。

待会儿请你安静地聆听音乐，音乐停了，等老师倒数“三、二、一”，你再举手出示手指。请同桌之间互相监督。听明白了吗？好，我们开始！

播放第一段音乐。

（2）寻找音乐。

好！三、二、一。到底是第几幅呢？揭晓答案——“当当当当”。请选择正确的小朋友以最快的速度在“音乐星标”为自己贴上一颗星。

（3）听辨与揭示曲名。

①有谁知道这首乐曲的名称呢？——是啊，是《袋鼠》。老师为你贴上一颗星，

答案和她一样的同学也可以为自己贴上一颗星。

②听辨第二首乐曲。

应该是哪幅图呢？“当当当当”揭晓，原来是第一幅，请选择正确的小朋友贴上一颗星。那么，这首乐曲的名称是什么？是的，是《森林水车》，你能用一两句话说说《森林水车》所描绘的情景吗？

乐曲描绘：清晨，人们仿佛听到轻风吹拂着树叶，小鸟雀跃枝头，用歌声迎接黎明；山水流成的瀑布水花飞溅，推动着古老的水车唱着“吱吱呀呀”的歌。

教师及时为说得好的学生贴星。

③好，说得真棒！我们来听第三首。——揭晓——请选择正确的小朋友贴上一颗星。那么这首乐曲的名称是什么呢？

一起说《小天鹅舞曲》。

（4）乐曲总结，拓展感受。

三首乐曲听完了。这三首乐曲都是管弦乐。小朋友的表现都非常棒！老师有一个主意，想为大家来助助兴。这里有餐巾纸，我们来放松一下，欣赏老师为大家带来的手指芭蕾舞，想看吗？掌声欢迎一下！（乐曲进行一半时）你们能跟着老师一起来跳跳手指芭蕾舞吗？

3. 阶段评估，查看得“星”

好，谢谢大家！现在我们看看一共获得了几颗星啊！来，请获得三颗星以上的小朋友起立。

◎环节设计意图：在本环节中借助图片的“视觉”，结合聆听的“听觉”，让学生在感受音乐的同时，也在“听辨”音乐。从聆听中，补充到乐曲中的情绪、角色、画面等内容，从而对图片的对应进行契合的选择，有助于加深学生对乐曲的理解与记忆。同时，在本环节的教学过程中，“音乐标星”的评价是作为设问、学生回答的及时性反馈，更有利、有效地激发学生参与的兴趣和热情，使学生参与积极性高，课堂气氛好。

（三）听一听，说一说

1. 复听巩固，聆听新曲目

（1）情境衔接，律动过渡。

哇！这么多！钟表店里可真好玩啊！可是，时间到了，我们要继续出发了。

播放《在钟表店里》，教师带领学生律动。

（2）情境搭建，进入主题。

看！我们来到了第二站——哪里？——哇！是美丽的音乐城堡！让我们走进音乐城堡，去看看城堡里的人们在干吗！噢！原来他们在召开音乐欣赏会呢！让我们也一起去参加，好吗？

2. 分组挑战，明晰规则

（1）确定内容，告知得分标准。

在音乐欣赏会上，我们要分组进行挑战。你们有信心接受挑战吗？

音乐鉴赏会有两首乐曲，每首乐曲各有两个问题，回答正确一题得一颗星；分内圈和外圈两组同学先后接受挑战。接受挑战的小组同学将答案悄悄告诉对面同学，由对面同学做评委。

（2）分曲欣赏，分组角色。

①好！你们看！我们要挑战的曲目有两首，由哪组先来挑战？

②好，内圈先来。那要请外圈同学做评委，请内圈同学将答案悄悄地告诉对面的同学，由对面的同学来判断正确与否。对一题可以得一颗五角星。

③交换角色，环节相同。

（3）拓展版本，听辨乐器。

老师还为大家准备了另一个版本的《窗花舞》，请你说说这首《窗花舞》的演奏乐器是什么。

（钢琴）

3. 阶段评估，查看得"星"

教师为回答正确的同学贴五角星，其他同学答案正确的可以自己为自己贴五角星。

◎环节设计意图：在本环节中以"音乐鉴赏会"为情境，并进行了内外圈的角色分组，有"答题者"，也有"评委"。在小组角色的自评、互评过程中，不仅有意识地培养学生的良好习惯，同时也锻炼了学生的聆听、判断能力。对乐曲的多次欣赏，不同问题的思考，可以深入巩固所学乐曲，最后以不同乐器的同曲演奏带给学生拓展版本的欣赏，使其感受乐器的变化与乐曲聆听感受的不同，拓展学生的欣赏面。

（四）听一听，演一演

1. 复听欣赏，预设提问

（1）情境衔接，聆听思考。

①哇！音乐城堡的节目真精彩！小朋友们，这个学期我们还欣赏过一首管弦乐

《调皮的小闹钟》，你们还记得吗？小闹钟啊会发出“铃铃铃”的报时声。请你仔细听听，听到报时声时可以用手模仿一下，再数一数报时声一共出现了几次。

播放音乐《调皮的小闹钟》，一边听一边模仿打铃的动作。

②请你举手表示小闹钟的报时声，一共出现了几次？

宣布：8次。

请正确的小朋友赶紧为自己贴上一颗星。

（2）模仿律动，有趣互动。

这真是一只调皮的小闹钟。请你跟着音乐学一学小闹钟调皮可爱的样子。

播放音乐《调皮的小闹钟》，教师带领学生跟着音乐模仿小闹钟，可以请表演好的学生上台表演。

（3）得“星”有理，阶段自查。

好！有几个小朋友学得真像调皮可爱的小闹钟。老师为他贴上金色的五角星。

此时，教师及时为表现好的小朋友贴上五角星。

如果你觉得刚才模仿小闹钟时做得很好，可以为自己再贴上一颗星。

◎环节设计意图：在本环节中，以学过的乐曲《调皮的小闹钟》为考查内容，运用了聆听音乐变化、律动模仿等方式进行了音乐的活动。在这个过程中，针对熟悉的乐曲做听辨，有助于学生进行自我评估，对所学内容的掌握程度有一个更清晰准确的了解。其间，为表演较好的学生搭设展示平台，给予学生表现的机会，同时也能激发其他同学的积极性。最后的自评跳出设问和回答的标准性评价，获得“星星”，也提高学生对自我认知后进行自我评估的反馈能力。

（五）总结与评价，收获音乐计数“星星”

（1）小朋友们，今天老师和大家一起度过了一个非常愉快的音乐冬令营！小朋友们收获满满！讲讲“音乐星标”：我们的音乐星标上贴满了五角星，看看获得了几颗星：5颗以上的有？6颗以上的有？7颗以上的有？8颗以上的有？一会儿请到老师这里来登记，今天获得6颗星以上的小朋友在这个环节可以得到优秀。

（2）好了，今天的课就上到这里。希望小朋友们能够在平时的每一天都享受音乐带来的快乐。

此案例曾在杭州市评价教学专题研讨会上展示

教学设计者：杭州市西湖区教育发展研究院　高峰

五、媒介辅助式

媒介辅助式也叫技术支撑式。以电脑、网络等现代教育技术为支撑，探索音乐学科评价。如三墩小学的 iPad 评价、文一街小学的“唱吧”评价、十三中的“MIDI”系统评价等，便捷高效。

案例　媒介辅助式评价《步入 PAD 星光大道》

科目	小学音乐	内容	五年级评价课 《步入 PAD 星光大道》
【教学背景】 新一轮课程改革的推进，对音乐分项等级评价提出了明确要求，教师要对学生的音乐学习效果进行即时评价与反馈，以实现评价活动促进学生学习行为的改变。《步入 PAD 星光大道》是笔者对高段音乐即时性评价做出的尝试，通过信息学科和音乐学科相融合，借助“iPad”实现信息的高效连通和交互。本节课综合小学音乐 2~5 年级音乐教材中的歌唱作品，评价的形式以“步入 PAD 星光大道”为主线，以“艺乐星争星榜”为评价载体，从听辨节拍、演唱形式、民族地区和综合听辨四个内容及时生成评价数据，实现学生学习效果的即时反馈。			
【学情分析】 五年级的学生生活范围和认知领域进一步发展，体验、感受与探索创造的活动能力增强。五年级学生对信息技术充满好奇和兴趣，并且已经有了一定的操作能力。借助 iPad“聆听音乐、挑战答题、争星评价”等形式设计学生感兴趣的评价方式，符合五年级学生的身心特点。灵活多样、创意新奇的课堂更有利于学生发现和发展自己音乐的潜能，了解自己在音乐学习上的能力，建立音乐学习的自信心。			
【教学目标】 1. 通过 iPad“睿智云 APP”的评价，激发学生对音乐知识学习的兴趣。 2. 通过 iPad 评价数据分析，了解学生对音乐节拍、演唱形式、民族地区等知识的掌握程度。 3. 通过 iPad 即时评价与反馈，促进学生学习效果的改进及音乐学习能力的提升。			
【教学重点和难点】 1. 掌握 2~5 年级（上）所涉及的音乐知识点（节拍、演唱形式、民族地区等）。 2. 小组合作展示（地区、乐段、节奏、乐器音色等）。			
【教学准备】 1. 课件、iPad、评分牌、“艺乐星”、拍手掌， 课前每生贴好“艺乐星争星榜”。 2. 座位：11 人为一小组，分成 4 组。    			

【教学过程】

（一）创设课堂情境，调动学习氛围

1. 四组选手进场，步入“星光大道”

各位同学，大家好，欢迎步入“星光大道”！今天我们的“星光大道”迎来了四组选手。这四组选手各个身怀音乐技能，今天将在这里展示他们的风采。接下来有请他们闪亮登场。

2. 小组自我介绍，喊出“挑战口号”

接下来有请各小组进行自我介绍。

小队长：我们小组的名称是：（齐说）××××，

我们的口号是：（齐说）××××，加上动作。

四个小组个个精神饱满、斗志昂扬，看来已经做好了充分的准备。

3. 介绍“艺乐争星”，迎接“PAD 挑战”

同学们，今天你们胸前都贴上了“争星榜”，是用来记录我们在星光大道挑战中所取得的“艺乐星”的。我们的星光大道分为三个赛事：个人赛、晋级赛、小组赛。在各赛事中，选手将通过 iPad 答题、数据分析，获得不同数量的“艺乐星”，最后我们将评出“艺乐金星”“艺乐银星”“艺乐铜星”，届时将送出神秘大礼。你们准备好了吗？

◎**环节设计意图：**以“步入星光大道”为导入环节，增强挑战赛的仪式感，营造课堂热烈的氛围，激发学习的热情；“小组口号”可以增强队员之间的团结协作，培养团队精神；“iPad 答题”更是吸引学生的注意力，增强学习效果；通过“争星榜”评价，激发学生学习的兴趣与积极性。

（二）iPad 答题分析评价，及时掌握学习情况

1. 个人赛——“群星闪耀”

我们首先进入“群星闪耀”环节。规则：一共有两个大题，答对一题得一星。

（1）听辨歌曲节拍，数据“个性分析”。

①第一大题，听辨节拍。播放第一首，你只要有答案，就可以马上选择，并提交，音乐停止，答题结束。同学们准备好了吗？（歌曲：《牧场上的家》《哦，十分钟》）

②教师发送答案，全对的同学请起立，先给予他们热烈的掌声。同学们根据自己答题的情况给自己贴星，对一题，贴一星。

③我们来看一下第一题的全班正确率，达到了 98.7%，正确的有这么多同学，错误的只有 × 号等几位同学，说明我们同学对 2/4 拍和 3/4 拍掌握得非常好。

（2）听辨演唱形式，拓展“阿卡贝拉”。

①接下来我们进入演唱形式的比拼，规则跟之前一样，准备发题。

（歌曲：《谁不说俺家乡好》《钟声叮叮当》《我们大家跳起来》《嘹亮歌声》）

②教师发送答案，全对的同学请起立，先给予热烈的掌声。同学们根据自己答题的情况给自己贴星，对一题，贴一星。

③同学们，刚才我们聆听了独唱、齐唱、轮唱、合唱四种演唱形式，你们都表现得不错，现在奖励大家欣赏一种新的演唱形式。同学们知道这种演唱形式叫什么吗？

“阿卡贝拉”，即无伴奏合唱，是用人声代替乐器，展现丰富的和声效果。我们学校的合唱社团已经在尝试进行“阿卡贝拉”的训练，有兴趣的同学希望认真学习，以后也有机会参加这样的演出。

◎**环节设计意图：**这一环节在信息技术的辅助下即时生成数据，教师可以掌握学生答题的情况，及时了解学生对“节拍和演唱形式”的掌握程度，并能针对某一位学生的答题做出分析，保留学生答题的数据。当学生已完成所有的题目之后，按照教师事先制定好的评价规则，要求学生总结自己的得分，并且 iPad 会给出一份数据分析报告，总结学生答题的优势和劣势，供老师对学生以后的音乐学习提出要求和进步措施。

2. 晋级赛——“众星捧月”

（PPT：出现台阶，一群同学往上跳两级。）好，现在我们来到了什么环节——“众星捧月”。

（1）多样赛制，面向全体。

这是一项晋级赛，题目分为一星级、二星级、三星级，答对一星级加一颗星，答对二星级加两颗星，答对三星级加三颗星，当然题目的难度也随之增加。

一星级：二选一（地区：江苏《杨柳青》、云南《猜调》）加一星，刚才没有拿到星的同学不要气馁，挑战二星级。

二星级：三选二（朝鲜族：《桔梗谣》《小白船》，藏族：《我的家在日喀则》）加三星。

三星级：五选三（蒙古族：《草原上》《我是草原小牧民》《嘎达梅林》，彝族：《彝家娃娃真幸福》，仡佬族：《荡秋千》）加五星。

（2）延伸拓展，师生互评。

①除了刚才的民族，其实我们课本上还学习了其他很多少数民族的歌曲。接下来，老师跳一段舞蹈《掀起你的盖头来》，注意看是哪个地方的？（说出来加一星）谢谢，老师从你们的掌声中感受到了你们对我的评价，你们觉得老师表演可以得到几星？（贴星）

②你还知道新疆的哪些歌曲？（《小巴郎，童年的太阳》《我是少年阿凡提》《我爱雪莲花》）

一个学生演唱（加一星），带领全班唱一唱。

◎**环节设计意图：**这一环节的设计既面向全体，又突出个性发展，为不同层次的学生提供了不同的“星级挑战”，帮助每个学生建立评价信心。iPad 答题和数据反馈，更凸显出即时评价的实效性和重要性，能够对学生学习行为及时做出改进。这样的即时性评价让学生知道自己某方面的分数较高，或者某一方面的能力还需提高，也便于教师实时调整自己的教学策略，让教学变得更加有效。

3. 小组赛——“星满校园”

恭喜同学们又获得了那么多“艺乐星”，我们离“艺乐金星”越来越近了（台阶再上两级）好，我们最后来到了什么环节——“星满校园”。

（1）聆听作品，听辨地区。

前面我们听了各民族的歌曲，今天老师还带来了另外一首歌曲，听一听是哪个地区的？（播放《外婆的澎湖湾》，边听边做动作，答对加星）是的，这是一首来自我国宝岛台湾的歌曲，名字叫什么？

（2）聆听乐段，分析节奏。

这首歌曲可以分为几个乐段？（两个）加星。

分析两个乐段节奏上有什么不同？（A 乐段节奏比较紧密，B 乐段节奏比较宽松）加星。

（3）提炼节奏，身势律动。

我们从歌曲中提炼了两种节奏，一起来看一下。我们一起来拍一拍。想一想可以在哪些地方加伴奏呢？

（4）分组合作，乐器伴奏。

老师在这里为大家提供打击乐器、杯子乐器，还有我们的身体乐器。我们四个小组来分分工，哪个小组愿意为大家送出最美的歌声？哪个小组愿意和打击乐器合作？哪个小组玩杯子游戏？哪个小组做身势？

（5）小组排练，明确要求。

在排练的过程中，我们要注意：第一，小组分工合作，表现 A、B 两段的不同；第二，表演形式要多样性。大家听清楚了吗？我们准备开始。

（6）师生合作，完整展示。

现在我们要把四组小节目串成一个汇报演出，老师来当导演，大家分工合作，请看我的指挥，我会提前预示。

评价：先把掌声送给最棒的自己！请同学来对刚才自己的表演或者别人的表演做一个简单评价，可以说说优点，也可以说说不足。（从音准、节奏、动作、表情、组员合作等方面评价）

老师非常赞同刚才两位同学的评价，不管是刚才的演唱组、身势组，还是我们乐器、杯子组，都表现得很棒，所以给每个小组都加三星。

◎环节设计意图：这个环节是一个综合性知识的挑战环节，比前几关难度大，主要从地区、乐段、节奏等要素对音乐进行综合性分析。通过 iPad 的分析反馈，考虑到学生的能力差异，所以以小组的形式展示，可以从自己较为擅长的方面去展示。因此，在这关，学生可以根据自己的能力选择演唱、律动、伴奏等表演形式。教师通过这一方式培养学生共同解决问题的能力，使其在合作中互帮互助。

（三）iPad 分享总体评价，数星颁奖“艺乐星”

（PPT：跳到最高台阶，加上音效，礼花开花）

同学们，这节课我们经过了“群星闪耀”“众星捧月”“星满校园”三个环节，聆听了很多音乐作品，也表现了很多音乐作品，老师相信每位同学都收获满满。

请所有同学数一数自己的“艺乐星”，10 星以上的同学获得“艺乐金星”称号，5~9 星的同学获得“艺乐银星”称号，1~5 星的同学获得“艺乐铜星”称号。请各艺乐星获得者上台领奖。

今天我们的“PAD 星光大道”挑战赛到此结束，希望同学们在音乐的学习中收获满满！

此案例曾获西湖区评价案例评比一等奖，并在西湖区评价教学专题研讨会上展示

教学设计者：杭州市三墩小学兰里校区　王丽娟　南霞

指导教师：杭州市西湖区教育发展研究院　高峰

如此丰富多元的评价，目标上指向学科关键能力，培养学生核心素养；操作上便捷合理有效，使学生充满兴趣；结果上多维度呈现，既分项又全面，真正体现了音乐学科分项等级的多元化评价，进一步培养了学生的音乐能力，激发了学生的创新思维，也让学生收获了学习音乐的成就感。但我们又必须清醒地认识到，学科分项等级评价是一个系统工程，学生艺术素养的提升更是任重而道远。音乐评价不仅仅只有听辨能力的评价，还有大量的表现表演领域甚至是音乐文化领域的评价需要体现。评价不应该只是一把尺子，用统一的标准去衡量不同的人。评价更应该是一面镜子，照出、折射出每个人不同的闪光点。教育不是注满一桶水，而是点燃一把火，并让星星之火可以燎原。教育是一个逐步发现和成长的过程，最终到达毕生进行自我教育的彼岸。

参考文献

[1] 中华人民共和国教育部 . 义务教育音乐课程标准［M］. 北京：北京师范大学出版社，2011.

[2] 中华人民共和国教育部 . 普通高中音乐课程标准［M］. 北京：人民教育出版社，2017.

[3] 杜宏斌 . 浙江省中小学学科教学建议［M］. 杭州：浙江教育出版社，2015.

[4] 贝内特・雷默 . 音乐教育的哲学［M］. 熊蕾，译 . 北京：人民音乐出版社，2003.

[5] 高萩保治 . 音乐学科教学法概论［M］. 缪裴言，林能杰，缪力，译 . 北京：人民音乐出版社，2006.

[6] 戴维・埃里奥特 . 关注音乐实践：新音乐教育哲学［M］. 上海：上海音乐出版社，2013.

[7] 格雷珍・希尔尼穆斯・比尔 . 体验音乐：美国音乐教育理念与教学案例［M］. 杨力，译 . 北京：人民音乐出版社，2009.

[8] 埃德温・戈登 . 音乐的学习顺序：现代音乐学习理论［M］. 梁小娟，译 . 上海：上海音乐出版社，2018.

[9] 艾伦・科普兰 . 如何听懂音乐［M］. 曹利群，译 . 北京：百花文艺出版社，2017.

[10] 芥川也寸志 . 音乐是什么［M］. 曹逸冰，译 . 海口：南海出版公司，2018.

[11] 马克・埃利，埃米・拉希金 . 音乐教育术语手册［M］. 刘沛，译 . 北京：中央音乐学院出版社，2016.

[12] 布鲁斯・阿道夫 . 内心听觉：每天必做的音乐想象力练习［M］. 北京：中国友谊出版公司，2019.

[13] 曹理 . 曹理音乐教育文集［M］. 2 版 . 上海：上海音乐出版社，2016.

[14] 修海林 . 中国古代学校音乐教育［M］. 上海：上海教育出版社，2010.

[15] 伍雍谊 . 中国近现代学校音乐教育（1840—1949）［M］. 上海：上海教育出版社，2010.

[16] 姚思源 . 中国当代学校音乐教育研究文集（1949—1995）［M］. 上海：上海教育出版社，2010.

[17] 金桥 . 萧友梅与中国近代音乐教育［M］. 上海：上海音乐学院出版社，2006.

[18] 蔡觉民，杨立梅 . 达尔克罗兹音乐教育理论与实践［M］. 上海：上海教育出版社，1999.

[19] 杨立梅 . 柯达伊音乐教育思想与匈牙利音乐教育［M］. 上海：上海教育出版社，2010.

[20] 洛伊斯·乔克西.柯达伊教学法 Ⅰ：综合音乐教育［M］.北京：中央音乐学院出版社，2008.

[21] 李旦娜，修海林，尹爱青.奥尔夫音乐教育思想与实践［M］.上海：上海教育出版社，2010.

[22] 陈蓉.音乐教学法教程［M］.上海：上海音乐学院出版社，2013.

[23] 铃木镇一.儿童早期音乐教育：理论与实践［M］.卜大炜，译.北京：人民音乐出版社，2004.

[24] 铃木镇一.才能开发从0岁开始［M］.吴永宽，译.北京：北京科学普及出版社，1986.

[25] 周海宏.音乐何需懂：面对审美困惑的思辨历程［M］.北京：中央音乐学院出版社，2011.

[26] 安亮山，刘诚.音乐听觉训练 [M].北京：中国人民大学出版社，1999 年.

[27] 学习基础素养项目组.素养何以在课堂中生长［M］.上海：华东师范大学出版社，2017.

[28] 黄光雄，蔡清田.核心素养：课程发展与设计新论［M］.上海：华东师范大学出版社，2017.

[29] 余文森.核心素养导向的课堂教学［M］.上海：上海教育出版社，2017.

[30] 廖哲勋，田慧生.课程新论［M］.北京：教育科学出版社，2003.

[31] 张华.课程与教学论［M］.上海：上海教育出版社，2000.

[32] 小威廉姆·E.多尔.后现代课程观［M］.王红宇，译.北京：教育科学出版社，2006.

[33] 陈柏华.教师教材观研究［M］.杭州：浙江大学出版社，2012.

[34] 李文萱.指向学科核心素养的课堂教学范式［M］.上海：华东师范大学出版社，2019.

[35] 杰伊·麦克泰，格兰特·威金斯.理解为先单元教学设计实例［M］.盛群力，等，译.宁波：宁波出版社，2020.

[36] 霍华德·加德纳.多元智能［M］.北京：新华出版社，1999.

[37] 孙培青.中国教育史［M］.上海：华东师范大学出版社，2000

[38] 陆雄文.管理学大辞典［M］.上海：上海辞书出版社，2013.

[39] 舒新城.中国近代教育史资料下册［M］.北京：人民教育出版社，1981.

[40] 高平叔.蔡元培教育论著选［M］.北京：人民教育出版社，1991.

[41] 李楠明.价值主体性［M］.北京：社会科学文献出版社，2005.

[42] 朱立元.美学大辞典［M］.上海：上海辞书出版社，2014.

后记

踏浪而行　乘风破浪

一只鸡，二会飞，三个铜板买来滴，四川带来滴，五颜六色滴，骆驼背来滴，七高八低的，爸爸买来滴，酒里浸过滴，实在没有滴，骗骗伢儿滴。

杭州小伢儿，头上戴帽儿，坐的小凳儿，吃饭用筷儿，喝汤用瓢儿，吃好嘎事儿。

摇啊摇，摇到外婆桥，外婆请我吃年糕。糖蘸蘸，多吃块；盐蘸蘸，少吃块；酱油蘸蘸没吃头。

出生于20世纪70年代的我，儿时最深的记忆便是这些杭州童谣，念了一遍又一遍，甚是欢喜。这些童谣在小朋友间传诵极广，成为同龄人心中永恒的记忆。儿时的我，与小伙伴们嬉戏于田间地头，穿梭于农舍阡陌，奔跑在葱绿的、金黄的大地上……抓青蛙、捉泥鳅、扎猛子；课间游戏也都是拐洋片儿、弹珠儿、绑线儿、滚铁环……儿时的我，还喜欢音乐，热爱唱歌，听着收音机学会了《一剪梅》《年轻朋友来相会》……看着14英寸的黑白电视机学会了《霍元甲》《上海滩》……少年时期有了生平第一只随身听，装着一张老式卡带每天循环播放，爱不释手。

中学毕业后，我成为一名光荣的中等师范生。在师范的三年，是青葱的三年、快乐的三年，更是素质教育的三年。19岁不到我就稀里糊涂、懵懵懂懂地做了老师。1995年8月，我被分配到刚建校3年的杭州市翠苑第三小学（2003年4月更名为浙江省教育厅教研室附属小学）工作，吃住在学校，每天与孩子们学在一起、玩在一起，成了一个不折不扣的孩子王。在学校辛勤耕耘18载，我把自己最美好的青春年华奉献给了自己所热爱的这份事业。

2013年，我开始担任西湖区中小学音乐教研员，开启了全新的工作历程，自觉身上的责任更重了，肩上的担子沉甸甸的。但我坚信勤能补拙，只要勤奋踏实肯干，定能有所作为。8年来，我从开始的懵懵懂懂，到快速进入角色，每一天都是充实而又美好的。学科教研是引领教师学科研究方向和提升教师教育教学能力的主要渠道。我们将"营造一个音乐教育氛围、锻造一支音乐教师队伍、打造一项音乐艺术特色"作为音乐学科发展的目标，形成"区域引领、片区协同、校际联盟、名师联动和校本自助"的网格化教研格局，构建了"教研员—学科带头人—名师工作室"项目联动机制，坚持以项目制主题化的方式开展学科联动研究，通过教研员领衔，首席教师引领，骨干教师助力，年轻教师抱团，构建学科研究智库，制定研究指南，把握研究方向，打造研究团队，实践研究思路，提炼研究经验，分享研究成果，助力更多教师成长，形成了 70 后示范引领，80 后独当一面，90 后崭露头角的格局，有效构筑了"金字塔"型名优师资队伍结构，引领全区音乐教师提升与发展。

本书以西湖区中小学音乐课堂教学为线索，从音乐教育、音乐课堂的历史到理念、内容、策略、方法与路径、教学范式及学业评价，试图从一个相对较新的视角诠释西湖音乐课堂教学的点点滴滴。本书从开始构思到基本成型，在一年多的时间里，历经成百上千次反复修改。在书稿的撰写过程中，我更是得到了很多领导、专家的指点、帮助与支持。西湖区教育局和西湖区教育发展研究院的领导大力支持教研员著书立说；浙江省著名特级教师王家祥老师和浙江省音乐教研员、特级教师杜宏斌老师在我构思书稿时给予了宝贵意见，并分别为书作序；浙江省著名书法家吴子建老师为本书亲笔题写书名；浙江大学出版社赵静编辑为此书的编审付出辛劳。在此，向领导、专家和老师表达诚挚的谢意！

在本书的撰写过程中，得到了南霞、金帆、郑小芸等区内音乐教师的大力支持。本书中收录了区内一些老师的教学设计，为此书增色不少。他们是陈秀月、陈舒、陆平平、张玉、郑洁、金帆、朱凯璐、王腾飞、项百川、姜盼婧、南霞、吴月影、王雨卉、张舫、赵燕娜、吴晨曦、王丽娟等。同时，本书还引用了江雯、任一波、邬淑颖、蒋麒、孔明明、阮洁、丁敏波、朱亚盼、方媛、夏飞、应亚文、卢薇薇、郑小芸、张炜翔等老师的课例。另，邱晨瑜老师为本书设计封面。在此一并表示感谢！但因篇幅所限，还有很多老师辛苦撰写与修改的课例未能收录其中，在此深表遗憾！由于本人才疏学浅，研究还不够深入，书中还存在很多不足之处，敬请广大读者及同行批评指正。

"音为爱，所以乐。"——因为音乐，因为爱音乐，我们走到一起，也因为音乐教育，更因为热爱音乐教育，我们快乐追寻。"四感三层"多感官体验音乐教学是我们在教学实践中有效继承原有教学经验，并借鉴国际著名音乐教学法理念，提出的具有西湖特色的音乐课堂教学理念。5 年来，在全体同仁的共同努力下，从开放型课堂教学策略—多感官体验教学—基于“四感三层”学理的多感官体验教学范式的承接式研究逐渐形成。现在的西湖音乐教育教研氛围好，教师队伍强，教学特色显。接下去，我们将继续本着“音乐教育从音乐本源出发”的理念，团结和带领全区 300 多位音乐教师，以学科核心素养为导向，上有温度、有深度、有广度的音乐课，做温暖的、专业精深、内心丰盈的音乐教师。就像我在为西湖音乐教育写的西湖音乐教师之歌——《一群人的音乐之船》中唱的那样：“这一群人深耕课堂，畅游乐海，抚慰心灵，谱写西湖音乐新篇章；这一群人坚守信念，怀揣理想，未来可期，创造西湖音乐新辉煌。西湖教育踏浪而行，音乐之船乘风破浪。”我们将一直致力于打造“创新求变、和谐共赢”的音乐教研团队，践行“多感官体验音乐之美，全方位提升音乐素养”的音乐教学之路。希望我们共同努力、携手共进，使西湖音乐教育的明天更加美好，更加精致，更有品位。

高峰

辛丑年春于西溪湿地畔

西湖教育，共同成长

——杭州市西湖区教育发展研究院之歌

作词：高　峰 主创
王曜君、廖忠祥
王艺、商静儿等 联合协创
作曲：高　峰

𝄋1 中速、抒情、激情、向上

1=C $\frac{4}{4}$

*1.*听 课 路　上　来 回 奔　波，教 研 路　上　反 复 研 磨，
*2.*全 程 生　长　高 位 引　领，全 域 优　质　数 智 赋 能，
𝄋*1.* *3.*西 湖 校　园　播 撒 希　望，挑 灯 夜　晚　收 获 星 光，

一个个精 彩 的课　堂，一 段 段 研 磨 的旅　程，凝 聚 着 教 研
一项项丰 硕 的成　果，一 次 次 喜 人 的突　破，汇 聚 着 教 研
一丝丝感 人 的蜕　变，一 幕 幕 动 人 的成　长，谱 写 着 西 湖

1.　人 的点　点 智 慧。
2.　人 的满　满 能 量。　唻，
𝄋*2.3.* 唻，

中　枢 的 作 用　导 学 研，　唻，　智　库 的 魅 力　创 一 流，
教　育 的 真 谛　真 善 美，　唻，　美　好 的 教 育　首 善 区，

研 究 院　啊，助 力 教　师成 长 的 平　台，研 究 院　啊，助 推 学　校发 展 的 希
研 究 院　啊，共 建 优　质教 育 的 窗　口，研 究 院　啊，共 享 西　湖教 育 的 辉

望。　3.　***D.S.1.*** 教 育篇　篇 华 章。　4.　***D.S.2.*** 煌。　结束句　***D.S.3.*** 煌。

研究院之歌 1　研究院之歌 2

图书在版编目（CIP）数据

音为爱　所以乐 ：“四感三层”理念下的音乐课堂 / 高峰著. -- 杭州 : 浙江大学出版社, 2022.1
ISBN 978-7-308-22239-6

Ⅰ. ①音… Ⅱ. ①高… Ⅲ. ①音乐课－教学研究－中小学 Ⅳ. ①G633.951.2

中国版本图书馆CIP数据核字(2022)第004492号

音为爱　所以乐——“四感三层”理念下的音乐课堂
高　峰　著

责任编辑　赵　静
责任校对　胡　畔
封面设计　林智广告
出版发行　浙江大学出版社
（杭州市天目山路148号　　邮政编码　310007）
（网址：http：//www.zjupress.com）
排　　版　杭州林智广告有限公司
印　　刷　广东虎彩云印刷有限公司绍兴分公司
开　　本　787mm×1092mm　1/16
印　　张　15
字　　数　300千
版 印 次　2022年1月第1版　2022年1月第1次印刷
书　　号　ISBN 978-7-308-22239-6
定　　价　65.00元

浙江大学出版社市场运营中心联系方式：0571－88925591；http：//zjdxcbs.tmall.com